黑龙江省
农村产业融合模式研究

金光春　胡胜德　◎著

中国社会科学出版社

图书在版编目（CIP）数据

黑龙江省农村产业融合模式研究/金光春，胡胜德著.—北京：中国社会科学出版社，2022.5
ISBN 978-7-5227-0023-6

Ⅰ.①黑… Ⅱ.①金… ②胡… Ⅲ.①农业产业—产业发展—研究—黑龙江省 Ⅳ.①F327.35

中国版本图书馆 CIP 数据核字（2022）第 054845 号

出 版 人	赵剑英
责任编辑	戴玉龙
责任校对	周晓东
责任印制	王　超
出　　版	中国社会科学出版社
社　　址	北京鼓楼西大街甲 158 号
邮　　编	100720
网　　址	http://www.csspw.cn
发 行 部	010－84083685
门 市 部	010－84029450
经　　销	新华书店及其他书店
印　　刷	北京明恒达印务有限公司
装　　订	廊坊市广阳区广增装订厂
版　　次	2022 年 5 月第 1 版
印　　次	2022 年 5 月第 1 次印刷
开　　本	710×1000　1/16
印　　张	14.5
插　　页	2
字　　数	222 千字
定　　价	98.00 元

凡购买中国社会科学出版社图书，如有质量问题请与本社营销中心联系调换
电话：010－84083683
版权所有　侵权必究

前　言

在 2015 年中央一号文件中，明确提出："推进农村一二三产业融合发展"以来，我国农村一二三产业融合取得了较大发展，可总结归纳为农业产业链向前向后延长、农村产业经营领域扩张、农民收入增加导致生活质量提高。正是在这种背景下，黑龙江省政府为了响应党中央号召，通过现代农业生产体系、经营体系和管理体系建设，将东北独具特色的"粮头工尾"和"农头食尾"为着力点，以现代社会需求为主导，重点扶植农村一二三产业融合各经营主体，通过摸索多类型农村一二三产业融合发展模式作为抓手，强化农村一二三产业融合复合的现代农业产业体系，实现农业多功能、技术及产业链的相互融合，促使价值链不断提高，供应链重新组合，依托新型城镇化带来的契机，推动农业供给侧改良，使农业变强、农民变富、农村变美的新局面，全面建成小康社会奠定基础，为我国全面建成小康社会和国民经济健康稳步发展贡献黑龙江的力量。

本书以产业融合理论、商业生态系统理论、农业多功能理论、产业集群理论和价值链理论为基础，综合采用文献研究与比较分析相结合、理论与实证分析相结合和定性与定量分析相结合的研究方法，对黑龙江省农村一二三产业融合模式选择问题进行了深入研究。该书的主要内容和创新成果如下。

第一部分为引言，在已有研究成果的基础上，主要对本研究的选题背景、研究目的和意义进行介绍，并提出本研究的国内外研究现状及综述、基本框架、研究方法、技术路线及创新之处。

第二部分为相关概念界定及理论基础。在相关概念界定方面，本书对中日韩三国农村一二三产业融合内涵以及专家学者们的观点进行了汇总与分析，列举了15个具有代表性的农村一二三产业融合概念，揭示出农村一二三产业融合具有生态化、可持续化、科技化、标准化、信息化、规模化、产业化、社会化和商品化等特点。而且，根据商业生态系统理论，提出农村一二三产业融合模式的概念，并提出"政产学研+农工商"合作模式。另外，在理论基础方面，本书提出了产业融合理论、商业生态系统理论、农业多功能理论、产业集群理论和价值链理论。最后，对上述内容进行了小结。

第三部分为黑龙江省农村一二三产业融合发展现状及存在问题研究。在上述理论研究的基础上，不仅深入研究黑龙江省农村一二三产业融合发展现状，即从总体发展思路、基本原则、相关政策制定、财政扶持、发展类型归纳、发展特点、多元化主体培育、利益联结机制构建、多渠道服务、运行管理机制建立、保障措施等多个方面进行了现状分析；提出黑龙江省农村一二三产业融合存在农业产业体系不完善、农业多功能价值有待发掘、利益融合进展较慢单一、农业生产方面扶持居多、组织创新能力尚待提升、补助资金落不到位的问题。

第四部分为黑龙江省农村一二三产业融合模式分析。在模式分析方面，列举了黑龙江省农村一二三产业融合主要模式，即从主体角度有政府培育模式、龙头企业带动模式、乡村共同体自发模式、专业合作社主导模式和家庭农场主导模式共五种模式，并对每个模式进行了概念界定、优劣势分析以及案例分析。在模式选择方面，从模式的目的、决定因素、主导思想、具体对策、特点及功能、保障机制共六个方面进行了分析，并提出"政产学研+农工商"合作模式是最佳模式。

第五部分为黑龙江省农村一二三产业融合模式的评价。根据我国农业农村经济发展历程，结合黑龙江省农业农村发展现状，以科学性原则、可操作性原则、系统性原则、层次性原则、代表性原则、动态性原则，在GEM模型"三要素六因素"理论的基础上，根据产业集群理论构建了农村一二三产业融合模式评价指标体系，并用模糊综合评价方法进行了分析，得出黑龙江省农村一二三产业融合现有模式"一般"的结果。

第六部分为日韩两国发展"6次产业化"模式的经验及借鉴。该部分从促进背景、概念界定及特点、发展现状、政策扶持、法律法规、组织机构、财政投资、支援服务体系、"6次产业化"教育培训、研究与开发、认证程序、事后管理、发展模式及相关案例的角度，对日本和韩国发展"6次产业化"模式的具体做法进行了详细分析，并提出日韩两国面临的主要问题。最后，分析出日韩两国"6次产业化"发展模式的实施效果。

第七部分为对策建议研究。从生产要素思维角度，提出创建农业科技推广保障机制、培育及引进农业产业化龙头企业、大力发展农民专业合作社规模及运营能力、大力培育和扶持家庭农场、加大力度培养和引进农村产业融合专业人才、拓宽融资渠道的对策建议；从经营要素思维角度，提出进一步提升农产品精深加工、完善农产品流通体系建设、充分发挥农产品行业协会作用、强化产学研合作力度、农业多功能价值有待开发、建立利益联结机制及多种模式的对策建议；从环境要素思维角度，提出创新市场监管机制、充分发挥乡风文明传承功能、健全和强化政府组织机构、建立经济环境运行机制的对策建议。

本书创新点在于：（1）采用商业生态系统理论界定了农村一二三产业融合模式；（2）构建了黑龙江省农村一二三产业融合模式评价指标体系；（3）黑龙江省农村一二三产业融合不同发展模式进行了实证评价，并提出了选择依据。

本书由青岛农业大学经济管理学院（合作社学院）金光春讲师负责前言、第一章、第二章、第三章、第四章、第五章、第六章的内容，由东北农业大学经济管理学院胡胜德教授负责第七章和结论的内容。本书为青岛农业大学高层次人才科研基金项目（编号：6631119705）、青岛市哲学社会科学规划项目（编号：QDSKL2101245）、黑龙江省政府博士后基金资助项目（编号：LBH-Z17024）、黑龙江省社科基金一般项目（编号：16JYD02）的研究成果。

在这里特别感谢黑龙江省发改委农村经济处孟维亮处长、黑龙江省农委产业化处马晓飞处长、黑龙江省农信社展昭海主任、东北农业大学经济管理学院郭翔宇教授和李翠霞教授,尤其是感谢我的博士后导师胡胜德教授的指点和关心。另外,本书参考了很多专家学者的研究成果,在此表示衷心感谢!

尽管作者本人做了最大努力,但因水平有限,如书中存在错误和疏漏之处,敬请读者批评指正。

金光春

2022 年 3 月

目 录

第一章 引言 ·· 1

 第一节 研究背景 ·· 1

 第二节 研究目的与意义 ······································ 3

 第三节 国内外研究现状及述评 ································ 6

 第四节 研究内容 ·· 21

 第五节 研究方法和技术路线 ·································· 22

 第六节 研究的创新点与不足 ·································· 23

第二章 相关概念界定及研究的理论基础 ······················ 25

 第一节 相关概念界定 ·· 25

 第二节 理论基础 ·· 33

 第三节 本章小结 ·· 48

第三章 黑龙江省农村一二三产业融合发展现状及存在问题 ······ 49

 第一节 黑龙江省农村一二三产业融合发展现状 ·················· 49

 第二节 黑龙江省农村一二三产业融合存在的问题 ················ 83

 第三节 本章小结 ·· 91

第四章 黑龙江省农村一二三产业融合模式分析 ················ 92

 第一节 黑龙江省农村一二三产业融合模式分析 ·················· 92

 第二节 黑龙江省农村一二三产业融合

    实施模式案例分析 ································ 102

第三节　黑龙江省农村一二三产业融合模式的选择 …………… 114
　　第四节　本章小结 …………………………………………… 117

第五章　黑龙江省农村一二三产业融合模式的评价研究 ………… 119
　　第一节　黑龙江省农村一二三产业融合模式评价指标
　　　　　　体系的构建 ………………………………………… 119
　　第二节　黑龙江省农村一二三产业融合模式评价方法 …… 126
　　第三节　黑龙江省农村一二三产业融合模式评价的
　　　　　　实证研究 …………………………………………… 128
　　第四节　本章小结 …………………………………………… 143

第六章　日韩两国发展"6次产业化"模式的经验及借鉴 ………… 145
　　第一节　日本发展"6次产业化"模式的具体做法 ………… 145
　　第二节　韩国发展"6次产业化"模式的具体做法 ………… 164
　　第三节　模式面临的主要问题 ……………………………… 179
　　第四节　实施效果分析 ……………………………………… 180
　　第五节　经验借鉴 …………………………………………… 182
　　第六节　本章小结 …………………………………………… 183

第七章　完善黑龙江省农村一二三产业融合模式的对策建议 …… 184
　　第一节　从生产要素思维角度的对策建议 ………………… 184
　　第二节　从经营要素思维角度的对策建议 ………………… 196
　　第三节　从环境要素思维角度的对策建议 ………………… 208
　　第四节　本章小结 …………………………………………… 213

第八章　结论 ………………………………………………………… 214

参考文献 ……………………………………………………………… 218

附　录 ………………………………………………………………… 224

第一章　引言

第一节　研究背景

中共中央、国务院 2015 年印发的中央一号文件中，明确提出："推进农村一二三产业融合发展"，这是中央一号文件的新亮点。根据中日韩三国发展农村一二三产业融合经验看，农村一二三产业融合将以第一产业为依托，将各生产要素优化组合和重新构建，形成产业互动、产业集中、技术融合、机制创新等方式，使农村一二三产业有机结合，相互联系和协同发展，最终实现农业产业链条向前向后延伸、农业经营范围扩大和农民增加收入[①]。很明显，以第一产业为核心资源，在农村地区，将第一、二、三产业有机地融合，农民不仅在产业链中发挥更大作用，获得更多收益，而且加快农业现代化建设，提高农业产业化档次，推进乡村建设行动；有利于农村形成新商业和新业态，促使国民经济增长；有效促进城乡融合发展，强化农民政治地位，发展城乡一体化建设。

进入 21 世纪，随着我国"新型四化"建设的有效推进，我国政府对农业农村基础设施建设的大力扶持，现代工业技术和信息技术的不断应用，农村地区逐渐涌现出第一产业与第二、三产业融合的趋势。比如，在北京郊区，一些有经营头脑的企业家经营休闲农业、都市农业和设施农业等新业态；在烟台市艾维农园里，利用鱼菜共生系

[①] 马晓河：《推进农村一二三产业深度融合发展》，《中国合作经济》2015 年第 2 期。

统种植出有机蔬菜，农园里不仅采用社区服务农业（CSA）销售有机蔬菜，而且经营旅游观光、科普教育、农事体验、生态餐饮等多种项目，形成商业化的高端农场。概括起来，我国农村一二三产业融合发展可概括为以下五种类型：第一种是在涉农企业内部或多个涉农企业间，经过协商后进行分工合作，重新组成一个产业联合体，形成涉农企业产业链前延后伸；第二种是农村以"一村一品、一乡一业"为重要突破方式，使涉农企业家到农村设厂经营，形成集群化或网络化等局面；第三种是通过"企业＋合作社＋农户＋电商"等形式，将加工后的农产品借助信息化和网络化进行销售，形成线上线下融合的网络链接；第四种是大力开发农业多功能性，发展生态农业、特色小镇、田园综合体、休闲农庄、亲子农业等多种业态；第五种是通过绿色低碳发展和本地化经营，将生产的农产品减少中间商环节，向社会公开产品信息，降低生产成本，进而降低消费者购买产品的费用。

因此，我国农村一二三产业融合近些年取得了显赫成果，可总结归纳为农业产业链向前向后延长、经营领域扩张、农民收入增加导致生活质量提高。而且党中央、国务院除了 2015 年颁布中央一号文件外[①]，为了落实农村一二三产业融合发展，创造了多种多样的农民增收途径，建立现代农业产业"三个"体系，加快改变传统农业发展方向，探寻出具有中国特色社会主义现代化农业农村发展道路，农业农村部、国务院办公厅陆续出台了《全国绿色食品一二三产业融合发展示范园建设试点办法》和《关于进一步做好农村一二三产业融合发展试点示范工作的通知》等文件。正是在这种背景下，黑龙江省政府为了响应党中央号召，通过现代农业生产体系、经营体系和管理体系建设，将以东北独具特色的"粮头工尾"和"农头食尾"为着力点，以现代社会需求为主导，重点扶植农村一二三产业融合各经营主体，通过摸索多类型农村一二三产业融合发展模式作为抓手，强化农村一二三产业融合复合的现代农业产业体系。黑龙江省政府通过出台《关

---

① 中共中央、国务院：《关于加大改革创新力度加快农业现代化建设的若干意见》，http://www.gov.cn/zhengce/2015-02/01/content_ 2813034.htm。

于推进农村一二三产业融合发展的实施意见》和《黑龙江省农村一二三产业融合发展试点实施方案》等文件，实现农业多功能、技术及产业链的相互融合，促使价值链不断提高、供应链重新组合，依托新型城镇化带来的契机，推动农业供给侧改良，使农业变强、农民变富、农村变美的新局面，为全面建成小康社会奠定基础，为我国全面建成小康社会和国民经济健康稳步发展贡献力量。

综上，在当前这样一个全新的发展阶段，由于起步较晚、涉及面较窄，我国农村一二三产业融合还停留在初级阶段。为了促进农村一二三产业融合良性发展，应当以市场需求为导向，加大力度发展农村第二、三产业。为此，在黑龙江省农业农村经济转型期，本研究以"农村一二三产业融合"为中心议题，探索符合黑龙江省的农村一二三产业融合模式及对策显得尤为重要。

第二节　研究目的与意义

一　研究目的

本研究在继承和发展前人研究成果的基础上，对黑龙江省农村一二三产业融合现状及实施模式进行了分析，并选用具体典型案例加以解释。本研究以黑龙江省农村一二三产业融合试点示范地区为调研地点，从生产要素、经营要素和环境要素三个思维角度，构建了黑龙江省农村一二三产业融合模式选择的评价指标体系，并对农村一二三产业融合模式进行了评价。通过理论研究和实证分析，建立既符合农村一二三产业融合发展规律，又与当地特殊的背景和条件相适应的农村一二三产业融合模式，希望为黑龙江省发改委和省农委等有关部门提供决策参考，并有益于突破已有理论的局限和束缚，深化对农村一二三产业融合的理论认识，推进农村一二三产业融合稳步发展。

二　研究意义

我国工业化整体水平已经达到工业2.0，正在向工业3.0迈进。但世界经济全球化和我国多年来的改革开放，带来了信息技术、生物技术、纳米技术等现代产业高尖端技术，为我国农村一二三产业融合发展提供了技术支撑。城镇居民对农产品质量安全意识提升，消费结构升级趋势还在延续，使得深度体验式消费成为现代商业热点，促使我国农村经济发展方式转型升级，也为我国农村一二三产业融合发展创造了市场条件。另外，随着我国农业农村经济出现"五新"，即"新产业、新模式、新业态、新商业、新零售"，推动着我国农业农村向"农业+工业4.0"发展，新型农业经营主体成为农村一二三产业融合主力军，社会工商业界也不断参与到乡村振兴建设当中，这就为农村一二三产业融合提供了优良的组织保障。

目前，我国正在关键决胜期，要全面建成小康社会的战略目标，就必须加快转变农业发展方式，推动农业现代化，提高农业价值链，延伸产业链，促进农业科技创新水平和能力，乡村振兴战略才能实现。而农村一二三产业融合就是实现乡村振兴战略的重要途径之一，不仅要主动顺应经济新常态的发展要求，而且要克服农业生产成本上涨和农村生态环境污染等问题，如滥用我国资源、农用物资和生态环境搞粗放型农业，已经逆时代潮流。因此，要想实现农村一二三产业相互协调、融合发展，尤其是实现农民对更高生活质量的期盼，对农村一二三产业融合模式进行研究，设计出黑龙江省农村一二三产业融合模式框架，不仅具有一定的理论意义，而且具有更高的现实意义。

（一）理论意义

对于农村一二三产业融合相关问题而言，我国学者近些年进行了广泛而深入的研究，这些研究取得了丰硕的学术成果，具有重要的理论价值和现实意义，但仍有许多问题尚待研究。从现有的研究成果来看，学者们的研究主题几乎涉及了与农村一二三产业融合相关的所有领域。在众多的研究主题中，学者关注较多的问题，包括韩日两国相互比较与启示、发展的思路与政策、发展的路径和着力点、现状分析与对策建议等方面。

通过对农村一二三产业融合相关研究文献的整理，发现在理论研究领域存在着三点不足。

首先，就理论建构而言，现有理论研究涉及的内容非常庞杂，未形成一个统一的、规范的理论体系。研究者们研究的目标和内容随着国家大政方针变化而不断变化，这使得现有文献中对策性研究多，而致力于理论建构的研究少，这显然不利于该研究领域的发展。

其次，现有研究还存在研究范式和研究方法相对单一的问题。现有研究中，理论研究过多使用经济学的方法，这不仅可能导致大量的研究重复，还可能使得很多重要的问题被忽视，从而不利于现实问题的解决。

最后，仍有很多重要的理论问题没有受到足够的关注，如本书重点关注的"农村一二三产业融合模式"等问题。政府需要改变过去主要将农业政策倾向于生产环节的做法，应当同时将注意力置于经营主体的价值链方面，唯有如此才能理顺农村一二三产业之间的衔接关系，实现二者的良性互动，引导政府以农民合作社、龙头企业等方式，参与到农村一二三产业融合发展当中，实现"农民合作社"与"大市场"之间的有效对接。本研究采用商业生态系统、产业融合、产业集群和价值链等理论作为基础，从政府的视角切入，以农村一二三产业融合模式作为研究主题，针对该研究领域理论建构相对薄弱的环节展开理论与实证研究，希望为农村一二三产业融合领域的研究，提供更为广阔的分析内容和更为丰富的理论基础。

（二）实践意义

首先，有利于提高农民的收益。我国推动农村一二三产业融合发展，使传统的农业生产向其他产业扩张，不仅带动了第二产业（农产品加工等环节），而且带动了第三产业（贮藏、包装、销售、输送等环节）的发展，随之而来的增值收益绝大部分存留在农村地区，为农民创造了更多的就业机会，拓宽了多样化增收渠道，实现收入增加。发展农村一二三产业融合，可以有效搞活农村社会经济，提高农民财产性收入，进而提升农民生活质量。

其次，有利于加快农业提档升级，推进农业现代化发展。我国推动农村一二三产业发展，可利用现代农业科技成果，向生态农业、设施农业和高端农业迈进，不但有利于改善我国农村地区农业生产结构单一、农产品销售渠道不多等问题，推动农村内部结构转变；而且有利于我国农村利用农业科技创新和现代企业管理机制，将粗放型农业生产向节约型农业转型，提升农业可持续发展能力。不仅有利于发挥第二产业对农产品的加工和制造，提高农产品附加值，还有利于第三产业更多姿多彩地发挥服务功能，促使农产品电商等现代农村服务业发展方式变革，起到引导和拉动作用，进一步助推我国农村向农业现代化发展。

再次，有利于农村形成新商业和新业态，提高地方经济竞争力。我国在发展农村一二三产业融合过程中，可以将农村地区的产业适度融合和空间链接，不仅会产生如智能农业、乡村旅游、休闲农业、农事体验等新业态，而且会产生"互联网+农业"、CSA（社区支持农业）、周末农场等新商业，以此顺应现代消费观念和引领消费潮流，更好地满足城镇居民对农村商品的期待，形成城镇居民消费热点话题，提高国民经济增长，促进农业生产向多元化经营转变。

最后，有利于合理选择发展模式。本研究采用调查问卷及实证分析法，选取黑龙江省农村一二三产业融合发展试点示范地区作为研究对象，通过实地调研及相关数据分析，总结归纳了"政府培育模式""龙头企业带动模式""乡村共同体自发模式""专业合作社主导模式""家庭农场主导模式"共五种主要基本模式，对于各地利用不同的农业资源禀赋开发、农村经济发展水平及政府集中发展哪种产业，都具有借鉴和参考意义。

第三节　国内外研究现状及述评

一　国外相关研究现状

农村一二三产业融合的内涵实质上就是日本东京大学农业经济学专家今村奈良臣于1996年提出的"第六产业"，而"第六产业"已经成为发达国家发展现代农业的重要举措之一。在国外，韩日两国对农村一二三产业融合发展的研究居多。

第一，理论方面。韩国申孝忠认为韩国"6次产业化"发展过程中，农业和农村发展一直依靠政府的财政投资，这种外源型发展模式使得农村地区以外的资本流入农村。然而，农民在生产和生活过程中，将农村地区资本重新流入城市，导致农村地区无法完成资本积累，严重制约了农村地区加工业和服务业的发展。为了提高农村地区产业化发展水平，到一定规模时，农业生产经营体（农户、农业合作社等）参与到生产、加工、流通、旅游观光等商业活动中，不仅创造了就业岗位，而且提升了农产品附加值，促使农民增收，进而提高了地区经济实力。由于创造新产品和新价值，研究开发的财政投入也随之增加，最终经济、社会、文化等众多因素向"6次产业化"发展，形成了内源型和外源型相混合的发展模式。

韩国李炳昕认为农业经营体从事生产、加工、流通、观光等行业过程中，各供应链与信息通信技术等尖端技术相结合，努力提高价值链，经营多元化，且农业经营体各事业部门与制造业和流通业等行业联合协作，形成经营效率化。

韩国姜震九[①]认为韩国的"6次产业化"从农产品加工企业的角度看，一方面是经营多元化。假如企业在发展前期主要依靠产品价格和性能在市场上竞争的话，那么中后期发展就是核心竞争力的比较。农产品加工企业以技术创新作为其原始核心动力，将涉农企业的战略经营目标、详细战术内容、生产加工、经营销售、管理控制进行整合，开发新产品，向新的市场、新的事业畛域发展，使其具有可持续发展的有利竞争条件，这是一个企业长期谋求竞争优势的基本战略。另一方面是垂直系列化。农产品加工企业从现有的经营领域垂直扩张，打造成农产品生产到销售商品的一条龙产业链，使各部门有机联系形成一个完整的产业系统。因此，"6次产业化"是经营多元化和垂直系列化融合和复合的产物，也是为农民创造更多劳动机会，增加农民经营收入，搞活农村地区竞争力的经济活动。

第二，内涵的界定。今村奈良臣[②]认为第一产业（农业）要向第

---

① 姜震九："6次产业化的经营战略内涵和外延"，农业6次产业化接班人研讨会，2014年。

② 今村奈良臣：《把第六次产业的创造作为21世纪农业花形产业》，《月刊地域制作》1996年第1期。

二产业（加工和制造）和第三产业（销售、信息服务、旅游观光等服务业）扩张，挖掘农村新价值，给高龄者和女性新的就业机会，能够自己创造价值的产业及活动。

小林茂典[①]认为"6次产业化"是提高如农林水产品、景观和文化等地区资源的附加值，使消费者和实际需求者融合经营，为农山渔村创造出更多的收益，构建有活力的地区社会事业。

韩国农林畜产食品部提出，"6次产业化"是以农民为中心，依托农村拥有的有形和无形资源，将农产品或农特产品（第一产业）、制造业和加工业（第二产业）、包括农产品流通及销售、观光旅游、农事体验等行业在内的服务业（第三产业）进行有机的融合和复合，创造新价值的一种经济活动。

韩国农村经济研究院研究员朴时炫[②]认为，"6次产业化"是在个别经营体（如农户或法人等）或者农村，以第一产业为中心，与第二产业（农产品加工等）和第三产业（销售、观光和服务）有机地融合，使包括高龄者在内的农村居民为经营主体，充分利用地区拥有的各种资源（农产品、自然资源和文化等），在生产过程中，形成加工、销售、交换等垂直融合的生态系统，是创造新价值的商业。

第三，特点方面。日韩两国"6次产业化"发展的特点主要体现在六个方面。一是将当地生产的农产品直销店里直接销售的情况比较多；二是从事"6次产业化"的农民合作社比较多；三是在农村女性自发地组织起来，共同经营，相互间关系比较牢固，农家乐饭店基本采用当地农产品；四是日本比韩国发展较早，"6次产业化"发展稳步上升；五是在农村对蔬菜、水果和大米等农产品加工率较高；六是主要以农业合作组织为"6次产业化"的经营主体。

第四，类型方面。根据研究的视角与判断的标准不同，日韩两国"6次产业化"发展的类型也不同。日韩部分学者从不同视角划分为

---

① 小林茂典：《日本6次产业化发展方向及课题》，《世界农业》，2012年第7期。
② 朴时炫：《为了农村6次产业化的农村观光发展方向》，韩国农村经济研究院出版社2013年版。

农工商联合型，如加工和农园观光等多样化型、食品产业集群型、家庭农场主导型、农村集体主导型、企业主导型、地区政府主导型等多个类型。

因此，虽然韩日两国学者从不同角度划分类型很多，看似比较全面，但没有学者总结韩日两国的类型。而我国学者王乐君和赵海[①]认为日本主要围绕地产地销发展"6次产业化"，而且由农协组织加工，建立直销店的情况比较普遍；韩国则主要扶持农业协同组合地向前和向后延伸发展"6次产业化"。一方面从产业链思维角度分析，可分为四个类型：第一个类型是农产品产加销型，即利用当地农产品加工后销售或者在农村地区不仅生产农产品，而且开设加工厂，经加工后，开店销售；第二个类型是农产品直接销售型，即开设农产品销售店，销售当地农产品和加工商品；第三个类型是农工商联合型，即在农村地区形成"生产+加工+销售"一体化发展；第四个类型是旅游体验型，即利用农村地区的自然资源和历史文化遗产，经营采摘体验、餐饮、娱乐、洗浴、住宿等项目。另一方面从主体维度来看，"6次产业化"主要有五种类型，分别是农业生产者向后延伸型、农协主导型、合作社引领型、地方政府推动型、农工商合作型。

第五，机制与效应方面。一般理论认为，"6次产业化"是农村内外部环境变化、科技不断发展、现代企业管理的创新致使各产业间相互融合和复合。韩国金泰坤[②]认为，在农村，一方面农民认为去年某种农作物销售好，那么今年规模生产去年销售好的农作物，虽然在一整年时间里形成了规模经济，但在销售过程中，很容易产生滞销情况发生，经营风险很大。所以，农民生产多种农作物，规避风险，形成农业生产水平多样化；另一方面农民作为"6次产业化"经营主体，加工农产品后，农产品附加值得到了提高，同时农民通过劳动，加入到农产品配送、网络销售等新商业领域，不但形成范围经济，而

[①] 王乐君、赵海：《日本韩国发展六次产业的启示与借鉴》，《农村经营管理》2016年第161期。

[②] 金泰坤等：《农业6次产业化概念设定和创业方法》，韩国农村经济研究院出版社2013年版。

且由第一产业向第二、三产业发展,即垂直多样化。柳学列①等认为,发展"6次产业化",必须扩大农民的认识,培育专业人才,设立支援和运营组织机构,为小规模经营体策划销售和流通渠道,能够知道怎么有效利用农村产业融合相关联企业的设施设备,培育可持续发展的农业。而要想使农村产业融合成功,根本在于农村有丰富的农业资源,农民有着自力更生的精神,充分利用农村的有形和无形资源,恢复农村共同体的机能,有机地进行经济活动②。所以,无论是定性研究,还是定量分析,最终研究的结果都认为"6次产业化"是农民参与农村一二三产业融合经营,获得更多收益和学习更多技能,实现现代农业的最主要路径之一,也是破解"三农"问题的重要途径之一。

第六,问题与对策方面。在国外很多政府事业单位、专家教授开展了相关研究,尤其是日韩两国发展"6次产业化"较早。国外在发展"6次产业化"时,对产生的问题分析得比较深刻,研究成果具有具体和详尽的特点。

从商业角度看,"6次产业化"一般以开发商品和提高质量为主,通过营销活动销售,在农村生产低廉的农产品,加工后,以高价格销售到城市。

从发展策略看,将农村地区规模农产品深加工后,生产出符合消费者喜好的现代商品,创造新市场。并且,经营者在宣传和营销时,要符合地区和特性,提高了对消费者的知名度,向全国市场范围扩张,进而出口到国外。

从培育经营主体的角度看,将具有熟练农业技术的农民培育成"6次产业化"专业人才,政府出台可持续性的有关培育专业人才的政策和财政投资,制定培育专业人才的具体计划和措施,设置或指定专门培育机构,培育能够生产高品质和高附加值商品和满足市场需求

---

① 柳学列等:《为了创造农业6次产业化》,韩国农村经济研究院出版社2014年版。
② 李炳昕:《日本农业农村的第六产业化政策及启示》,《韩国江原农业生命环境研究》2013年第2期。

的专业人才。

从政策法律角度看时，日本农林水产省通过颁布"6次产业化法"，制定了为农林渔业者利用地区资源创造新产业政策及充分利用农林水产品的相关政策，不但要振兴农林渔业，而且能够提高国家粮食自给率；而韩国农林畜产食品部通过出台"6次产业化法"，对"6次产业化"有关事项进行了规定，不仅要培育及支援"6次产业化"，力图激活农村地区社会经济发展，而且创造就业，增加农民收入，为国民经济发展作贡献。

综上，国外学者对农村一二三产业融合的研究分为"理论研究"和"应用研究"两大派。前者以韩国姜震九[1]为代表，他认为农村"6次产业化"发展主体应是农业经营体，各产业间价值链通过垂直系列化和经营多样化的融合发展，可以克服"三农"问题；后者以韩国李炳昕和日本小林茂典为代表，他们根据分析韩日两国农村"6次产业化"发展现状，得出农村"6次产业化"发展必须由国家政府部门通过颁布法律、财政扶持等政策措施逐步实现农村"6次产业化"。韩国金泰坤等的观点可以粗略地认为处于两者之间，同时他们认为农村"6次产业化"发展是通过水平多样化和垂直多样化后，形成农工商融合发展，然后逐步实现农村"6次产业化"。因此，其后的农村"6次产业化"的研究借鉴了上述结论，韩国金勇列[2]等通过分析农村产业统计数据和总结现状，归纳出农村"6次产业化"的概念、特征、类型、发展方案和战略。

二 国内相关研究现状

国内学者近几年对农村一二三产业融合的研究比较多，主要有两条追溯路径，即借鉴日韩两国"6次产业化"发展经验和国内农业农村经济发展探索和实践。一方面，在借鉴日韩两国"6次产业化"发展经验上，主要学者如崔振东通过分析日本"6次产业化"，提出我

---

[1] 姜震九：ّ"6次产业化的经营战略内涵和外延"，农业6次产业化接班人研讨会，2014年。

[2] 金勇列等：《基于农村产业统计动向分析的6次产业发展战略研究》，韩国农村经济研究院出版社2014年版。

国乡村地区可持续发展应优先选择外源型发展模式，逐步推进内外源型混合发展模式的建议。王志刚和江笛认为充分发挥政府的引导和扶持作用，扩展农业的内涵和外延，重视利用农村当地资源，利用生物技术和农业的文化，从产业融合的角度发展现代农业。金光春等认为我国的"6次产业化"发展应发挥政府的主导作用，合理规划布局，发展以农民为主体的"农工商+政产学研"融合模式，且形成商业生态系统，结合地方有形和无形资源，积极开发第三代生物技术产品，实现蓝海战略，推动农业现代化发展。姜长云[①]通过对比中国农村一二三产业融合和日本的"6次产业化"后，得出了中日两国相同点和不同点，并揭示出我国可以取日本发展经验的精华，但我国是大国，各地农村一二三产业融合发展实际情况不同，可根据我国各地资源禀赋等要素情况借鉴经验。金光春等认为我国可以学习韩国"6次产业化"事业发展经验，从制定相关政策措施，科学规划和合理投资，以"农工商+政产学研"合作模式，发展我国的农村一二三产业融合。

另一方面，在国内农业农村经济发展探索和实践中，以姜长云、马晓河等学者为代表，从理论、概念与特点、类型、模式、机制与效应、问题与对策共六大方面，对我国农村一二三产业融合发展进行了深入研究，具体内容如下。

第一，理论方面。农村一二三产业融合的本质就是在农村地区居住的居民和农民，为了强化农业现代化发展、农民劳动致富、农村美丽建设，进而推动农村一二三产业融合经济活动。自1979年我国改革开放以来，乡镇企业和农村工业化开始起步。到了20世纪80年代中期以后，随着乡镇企业的逐渐兴起，农村工业化成为一个理论热点，顾益康认为农村工业缺少与农业的经济联系，农村工业的兴起没能给农业发展带来变化，导致农业向第二、三产业延伸受到限制，提出农村工业化就是农业生产资料供应、农产品加工、销售及配送、各种现代生产技术服务等生产环节紧密联系成一体的过程，形成农工商

---

① 姜长云：《推进农村三次产业融合发展要有新思路》，《宏观经济管理》2015年第7期。

一体化，同步发展农村工业化与农业集约化。之后，杨犹龙[①]认为农村发展第二、三产业，可以开拓农民封闭式自然经济观念，向开放式商品经济观念转变，使一些农民从事第二、三产业，实行以工补农、以工建农，实现农工商一体化，加速农业农村经济运行。到了 90 年代中期，我国逐步迈进了农业产业化时代，每个地方经济发展需要有自己的主导产业，必须培育发展新的支柱性地方农产品产业，实现地方农业规模经营，在农村实施了"一村一品、一乡一业、一片一个特色"的新格局，特别是在第二、三产业比较发达地区，强化农产品加工，使产加销一体化各环节不可分割，振兴农村经济。而江登斌[②]试论了农村多元经济融合，提出农村经济不仅要发展第一产业，还得发展第二、三产业，发展成第一、二、三产业多元格局，相互渗透、相互依赖，形成产供销一体化、贸工农一体化的农村经济新格局。所以，我国专家学者早就提出了农村一二三产业融合思想，最先被公认的业态是农业农村与加工业和销售之间的融合，随着我国国民经济的快速发展，逐渐拓展到休闲农业和乡村旅游，满足我国城镇居民多样化的需求。

第二，概念及特点方面。我国学者从不同的思维角度对"农村一二三产业融合"概念进行了研究。如金光春等认为"农村一二三产业融合是指居住在农村地区的居民作为主要经营主体，利用农村地区有形和无形资源，将农村地区的第一产业（如农业规模生产或农业精耕细作等）、第二产业（如特色农产品加工和制造）和第三产业（如农产品流通及销售、乡村旅游观光、康养保健等）进行生产多样化和农工商一体化经营，从而提高农村地区资源的附加值，创造新的工作岗位，是创造新商业和新价值的搞活乡村经济的经济活动"。但随着研究的不断深入，虽然有不同的解释，但对其核心内容达成了基本共识，即农村一二三产业融合将以第一产业为依托，将各生产要素优化组合和重新构建，形成产业互动、产业集中、技术融合、机制创新等

[①] 杨犹龙：《发展乡镇企业，促进农业适度规模经营》，《吉林农业大学学报》1990 年第 1 期。

[②] 江登斌：《试论农村多元经济融合》，《经济问题》1994 年第 8 期。

方式，使农村一二三产业有机地结合，相互联系和协同发展，最终实现农业产业链条向前向后延伸、农业经营范围扩大和农民增加收入①。

而党中央、国务院提出的"推动农村一二三产业融合发展"，更多地强调解决"三农"问题，将农村一二三产业融合作为解决"三农"问题、实现乡村振兴的重要举措之一。如金光春等认为农村一二三产业融合核心问题是将农民合作社和家庭农场作为经营主体，利用国家提出"农村一二三产业融合"这个大的平台，利用农村有形和无形资源，开发农业多功能性和价值，增加就业岗位，使农民增收。因此，到目前为止，社会各界多数认为农民合作社是最有利于发展农村一二三产业融合的经营主体，不但解决土地集约化问题，而且加入农村合作社的小农户和家庭农场，通过外部技术和先进的现代企业经营管理制度，将第一产业转变成具有第二、三产业的新业态和新商业模式，形成农村一二三产业融合，将获得的经济效益留在农村，区别于过去乡镇企业发展，资金流出农村，没有内部化。②

第三，类型方面。不同的研究角度和分类标准，划分的农村一二三产业融合类型也不同。一些研究者从不同视角划分，将它分为很多不同的类型，例如订单合作、垂直一体化、电商平台、农超对接等类型；而一些研究者通过实地查看和访谈后，基本归纳出农村产销结合、"合作社+农户+基地"型、电商运营型农业、农业科技园区、生态农业等类型。

由此可见，从单一角度和标准研究农村一二三产业融合，难免一叶障目。而多维度、多标准区分容易使农村一二三产业融合变得复杂化，很难厘清内涵。因此，农村一二三产业融合不能化繁为简，也不能一概而论，要用系统论的方法进行多维度研究，才能正确把握农村一二三产业融合发展类型。姜长云认为农村一二三产业融合发展类型多种多样，类型别具一格。一是在涉农企业内部或多个涉农企业间，

---

① 马晓河：《推进农村一二三产业深度融合发展》，《中国合作经济》2015年第2期。
② 姜长云：《推进农村三次产业融合发展要有新思路》，《宏观经济管理》2015年第7期。

经过协商后进行分工合作，重新组成一个产业联合体，形成涉农企业产业链前延后伸；二是通过"一村一品、一乡（镇）一产业"的发展方式，使得农产品加工企业在农村办厂，形成集群化或网络化等局面；三是通过"企业+合作社+农户+电商"等形式，将加工后的农产品借助信息化和网络化进行销售，形成线上线下融合的网络链接；四是大力开发农业多功能性，发展生态农业、特色小镇、田园综合体、休闲农庄、亲子农业等多种业态；五是通过绿色低碳发展和本地化经营，将生产的农产品减少中间商环节，向社会公开产品信息，降低生产成本，进而降低消费者购买产品的费用。①

第四，机制与效应方面。国内外很多学者在研究产业融合过程中，理论得到了进一步发展。如果从广义的角度看，产业融合是相同或不同产业的行业通过技术渗透和相互交融后，形成一体化产业，逐步形成新产业和新业态，是一个动态融合复合发展过程。因此，王昕坤认为农业产业化能够拓展农业生产经营单一模式，使农业可以与加工业和服务业融合或农业产业内部融合，原本各独立的商品或服务在同等标准下，通过部门重组、联合生产、外部经济和公共产品等因素，促使农业产业化向全产业链拓展。而梁伟军②通过交易成本理论，分析了产业融合可以从横向机制和纵向机制两个视角进行研究。其中，横向机制包括拓展型和整合型两种，即拓展型机制是通过大企业收购小微企业或企业间某些特定项目战略合作等方式，提高资产利用率，改变农业产出方式和结果，最终形成范围经济；整合机制是根据生态学理论，将循环农业利用到农业和养殖业，形成一体化，实现农业循环经济。纵向机制是企业与农户形成相互利用和共存的最大程度减少交易成本的合作关系，是将加工业和制造业先进技术、现代农业企业经营管理方式向第一产业渗透，使第一产业成为产业化联合经营部门。段海波在梁伟军的基础上，揭示了农业与其他产业交易成本降

---

① 姜长云：《推进农村三次产业融合发展要有新思路》，《宏观经济管理》2015年第7期。
② 梁伟军：《交易成本理论视角的现代农业产业融合发展机制研究》，《改革与战略》2010年第10期。

低，会促使更高水平的融合。所以，农业与加工业和服务业融合后，具有内源型发展动力，是农业科技创新、市场经济拉动、农业供给侧变革、效益推动等综合因素驱动的结果。

综上，研究者们一致认为农村一二三产业融合能够破解"三农"问题，是实现乡村振兴的重要途径之一。先前研究已揭示出农村产业融合能够创造新的横向一体化和纵向一体化，拉长产业链，提高价值链，使传统农业经营向现代农业经营转型升级，形成新的具有现代意义的新产业。梁伟军[①]将这种经济现象从宏观方面和微观方面进行了进一步说明，认为宏观方面可以实现农业科技创新，节约农业经济资源，降低社会交易成本，提高三产竞争能力；而微观方面在于三产融合改变了第一产业就是生产农产品的结论，农民不仅可以在生产过程中得到更多的收益，而且还能学习到新的谋生技能。因此，农村一二三产业融合的发展，有助于农民们享受相应的红利，实现农业现代化，成为农村经济新的增长点。

第五，问题与对策方面。自2015年2月，党中央、国务院在中央一号文件中提出"推进农村一二三产业融合发展"以来，各省由农业农村厅和省发改委牵头，组织农业经济专家对农村产业融合进行了大量实地调研和实证调查研究。

从全国范围看，我国农村一二三产业融合还处在萌芽阶段，显现出农村一二三产业融合程度低等具体问题，新型经营主体发展缓慢，高新技术或尖端技术渗透不够等问题，需要我国政府持续加强引导和扶持。而在研究对策措施方面，宗锦耀[②]认为农村产业融合要确立以"基在农业、利在农民、惠在农村"为理念；要以因地制宜、发挥地区优势和市场为导向，朝农工商一体化等思路发展。

从发展策略看，郑风田认为农产品加工业在农村一二三产业融合中主要起到增收的作用，需要政策扶持和资金培育，不但可以拉动种

---

① 梁伟军：《交易成本理论视角的现代农业产业融合发展机制研究》，《改革与战略》2010年第10期。

② 宗锦耀：《以农产品加工业为引领推进农村一二三产业融合发展》，《农村工作通讯》2015年第13期。

养业发展,而且农民们可以经营农家乐、传统农家民宿和休闲农业。然而,我国很多地区生态环境脆弱,在实施农村产业融合时,要区分生态脆弱区、生态资源丰富区、农业优势主产区、沿海与都市区。所以,在发展农村一二三产业融合时,各地区要以试点示范县(市、区)和示范园为优先发展的重点,将自身优势产业做好做大,改变临近农村农林牧渔业结构和发展方式,实现我国乡村振兴战略。

从创新驱动角度看,农村一二三产业融合重点是发展乡村,关键是创新,以此破解"三农"问题。姜长云认为,要用创新思路培育好新型经营主体,以市场经济为导向,发展第二、三产业,完善企业与农民之间的利益联结机制,出台相关政策,发展示范地区等几张牌。其核心内容就是劳动力、资本、技术等生产要素优化组合或重组,强化体制机制创新,为我国农村产业融合发展提供更多可行性驱动条件。

从培育经营主体角度看,我国近几年在发展农村一二三产业融合过程中,无论国家还是地方出台相关政策予以扶持和培育,最终会落实到地方新型农业经营主体上,关键还是人才问题,所以需要我国加快培养家庭农场、合作社、种养能手等新型农业经营主体,扶持和培育一批龙头企业,建立好龙头企业与新型经营主体(如家庭农场、合作社、种养大户等)利益联结机制,处理好之间的关系,充分发挥新型农业经营主体的示范带头作用,以此凝聚一般农户参与到农村一二三产业融合发展当中,使其分享带来的红利。

从构建政策和法律体系角度看,李文学[①]认为我国需要建立农村产业融合发展政策制度体系,包括农村产业融合经营主体间联盟与协作、资源合理配置保障重点产业优先发展的次序、创新创业激励机制、国家投资培育、"专业化+规模化+社会化"服务和纠正行政干预的自律六个方面的体系。而金光春认为当前中国缺少针对性和系统性的法律法规,我国的农村产业融合发展更多地倾向于民生扶贫工程,最终还是面临如管理体制、农用地制度、金融保险政策、科技人

---

① 李文学:《产业融合需要构建政策和法律保障体系》,《农业工程技术》2015年第29期。

才支持政策、农村基础设施建设以及环保政策等老问题,限制了农村产业融合的发展。因此,我国应顺应农业农村发展趋势,起草和颁布我国的农村一二三产业融合系列法律法规,构建健全的农村产业融合配套法律法规和保障制度。

从加强政府服务职能角度看,芦千文[①]认为政府应整理清楚职能边界,因农村产业融合是系统工程,需要农业农村部门与其他部门间协作,建立合作机制。与此同时,政府有关部门应强化政策落实与监管、制定行业操作规范和技术标准,引导服务组织或产业在农村产业融合中发挥支撑和引领作用。因此,强化政府职能,着力解决农村产业融合战略性问题,制定规划和监管政策尤其重要。

基于此,本研究将我国专家学者对农村一二三产业融合的研究成果总结归纳为四个阶段。第一阶段是我国将日本的"6次产业化"相关研究和理论引入;第二阶段是我国政府提出"推进农村一二三产业融合发展"后,农业经济学专家学者开始解读农村一二三产业融合阶段;第三阶段是根据国外"6次产业化"相关理论,国内学者开始结合我国实际情况进行实践总结;第四阶段是根据近几年我国农村一二三产业融合飞速发展,专家学者们开始厘清发展问题,逐渐提出对策方案。从总体看,当前研究主要还是以实地调研、案例研讨、定性分析、经验总结为主,对国外经验介绍为辅,缺乏将农村一二三产业融合模式进行具体研究。

三 国内外发展模式的研究现状

在国外,日韩两国"6次产业化"发展比较早,发展模式相对比较成熟。日本农林水产省政策研究所小林茂典从日本"6次产业化"事业特征的角度,将模式分为多样化型、农工商联合型、"产业+商业"型、地区共同体型、流通渠道利用型和商品交易所型六种。另外,韩国农林畜产食品部对韩国"6次产业化"模式从产业链的角度进行了分析,总结出农民主导型、农村主导型、法人主导型和地区单位主导型共

---

① 芦千文:《农村一二三产业融合发展研究述评》,《农业经济与管理》2016年第4期。

四类模式；其中，每一个主导型按照侧重点不同，又分为第一产业中心、第二产业中心和第三产业中心共三种模式。而韩国农村振兴厅将韩国的"6次产业化"模式分为了生产中心型、加工中心型、流通中心型、观光体验中心型、餐饮中心型和治愈中心型共六种模式。崔利硕[①]将韩国"6次产业化"模式分为"农产品商业模式"和"社会性经济模式"两种："农产品商业模式"是以农产品为中心，将农产品生产、加工、流通和销售等全过程创造价值最大化，且生产者和消费者通过供应链和价值链相互促进形成的一种模式；"社会性经济模式"是以国家和市场经济政策为依据，为了减少社会贫困，对地区生活领域进行必要的干预，让贫困者参与到此项事业而进行的地区管理模式。

近年来，国内有不少学者从发展模式的角度，分析并提出了农村一二三产业融合对破解"三农"问题具有正向效果。例如马晓河对我国农村一二三产业融合模式进行了总结概括，认为农业与加工业及服务业融合发展模式可归纳为四种类型，即农业内部产业整合型、农业产业链延伸型、农业与其他产业交叉型和先进要素技术对农业的渗透型。国家发展改革委宏观院和农经司课题组从两个角度探索出当前我国农村一二三产业融合主要发展模式，一是从因地制宜角度看，有种养结合型、链条延伸型、功能拓展型、技术渗透型和多元复合型；二是从利益联结机制角度看，有订单合同型、股份合作型、技术资本服务型、反租倒包再就业型。王乐君和寇广增认为农村一二三产业融合发展模式可以从产业链、主体和利益分享机制三个维度进行模式分析。其中从产业链维度研究模式时，包括农产品加工销售型、产加销综合型、休闲体验型、农产品直销型和产城融合型；从主体维度研究模式时，包括农业生产者向后延伸型、龙头企业引领型、企业集群型、农业产业化联合型；从利益分享机制维度研究模式时，包括订单农业型、合作型、股份合作型和服务带动型。吕岩威和刘洋通过结合国内的一些经典案例，总结归纳出我国农村一二三产业融合发展的主

[①] 崔利硕：《6次产业竞争力战略研究》，硕士学位论文，韩国百济大学，2013年。

要实践模式,即农业龙头企业带动模式、工商资本带动模式、垂直一体化经营模式和"互联网+农业"电商平台模式。

四 国内外研究述评

综上所述,国内外学者主要是针对农村一二三产业融合理论、内涵、特点、类型、模式、问题及运行机制、政策及建议作了不同程度的探讨,也已经取得了很多重要的成果。但是,随着各国国家综合实力和竞争力的不断提升,尤其是我国,在中国共产党第十九次全国代表大会上,两次提到了乡村振兴战略,成为我国全面建设小康社会需要攻坚实施的七大战略之一。这就要求我国研究者还要从国内实际情况出发,对农村一二三产业融合进行系统的全面深入研究。当前,国内学术界在研究农村一二三产业融合过程中,取得了诸多重要成果,研究和总结出了一些有效的农村一二三产业融合模式,例如"涉农企业+专业合作社+一般农户"模式等,这些模式对本研究进一步丰富农村一二三产业融合模式具有重要实践意义。国外学者对"6次产业化"的研究成果更多、更深入和更丰富,包括提出"6次产业化"基础理论及其发展主要取决于充分利用农村有形和无形资源等重要观点。与此同时,尽管诸多研究内容是以我国农村一二三产业融合实际情况,总结概况了农村一二三产业融合发展模式,但有些结论与实践应用还有一定程度上的偏差,主要是针对我国县(市、区)为研究对象得出的宏观层面的研究成果,并没有针对农村微观层面的农村一二三产业融合模式的研究,无法用通俗易懂的方式,让新型农业经营主体了解和学习好的发展经验,在农村一二三产业融合模式选择上还是有点心灰意冷现象。此外,国内学者对农村一二三产业融合模式的选择虽然进行了大量研究,但是从不同思维角度对农村一二三产业融合模式进行分类,并根据政府政策导向和新型经营主体建设情况,对农村一二三产业融合模式的选择给出了建议。但对于我国国家发展和改革委员会和农业农村部推行的农村一二三产业融合试点示范园、示范县(市、区),还未对模式选择进行深入探讨和研究,尤其是黑龙江省是我国重要的口粮生产基地,这就使得黑龙江省农村一二三产业融合模式的选择没有准确的引领,且没有建立农村一二三产业融合模式发展体系，严重妨碍了农村一二三产业融合向乡村发展，进而阻碍了我国乡村振兴战略和实现农业现代化的进程。因此，黑龙江省农村一二三产业融合选择科学公认的、可克隆的和可实际操作推广的农村一二三产业融合模式是黑龙江省未来能否实现乡村振兴的关键，农村一二三产业融合模式选择的实践意义重大，这就为本研究提供了研究空间和意义。

第四节 研究内容

本研究的内容主要是以黑龙江省农村一二三产业融合模式选择为基点，分别从农村一二三产业融合模式分析和评价两个层面进行研究，最后得出黑龙江省农村应该如何选择适宜的模式促进自身转型升级，以此落实党中央、国务院提出的乡村振兴战略。首先，系统地、全面地分析了中日韩三国专家学者对农村一二三产业融合内涵后，在此基础上，本研究提出了农村一二三产业融合模式的概念。其次，认真分析了黑龙江省当前实施模式，即分析了"政府培育模式""龙头企业带动模式""乡村共同体自发模式""专业合作社主导模式""家庭农场主导模式"共五种主要基本模式的含义和各模式的优势及劣势。再次，对黑龙江省农村一二三产业融合模式选择进行了评价研究，构建了黑龙江省农村一二三产业融合模式的评价指标体系，并选取具体的示范县（市、区）和示范园进行实例研究。最后，针对国内外研究概况提出了发展黑龙江省农村一二三产业融合模式的对策建议。

本书主要分五个部分，按照研究的基本思路和结构安排，将分为八章，其内容简介如下。

第一部分为基础研究。在这一章中主要对本研究的选题背景、研究目的和意义进行介绍，并提出本研究的国内外研究现状及综述、基本框架、研究方法、技术路线及创新之处。

第二部分为相关概念界定及理论基础，一方面对农村一二三产业融合和农村一二三产业融合模式的概念进行了界定；另一方面提出了本研究的理论基础，即产业融合、农业多功能、商业生态系统和价值链等理论。

第三部分为模式分析。首先对黑龙江省农村一二三产业融合发展现状及存在问题进行研究后,从黑龙江省农村一二三产业融合实施模式、实施模式案例分析和模式的选择三个方面对黑龙江省农村一二三产业融合模式进行了分析。

第四部分为模式评价。针对第三部分的分析结论,提出黑龙江省农村一二三产业融合模式评价指标体系,并且进行了评价。

第五部分为对策研究,包括第六、七章。在分析黑龙江省农村一二三产业融合模式现状和评价的基础上,先借鉴了日韩两国发展"6次产业化"模式的具体做法和经验,然后从生产要素、经营要素及环境要素三个方面提出了政策建议。

第五节　研究方法和技术路线

一　研究方法

为了从主体思维角度对黑龙江省农村一二三产业融合模式选择进行深入透彻的分析,提出科学实用的黑龙江省农村一二三产业融合模式选择的策略,并提高本研究研究成果的实践应用。本研究重点采用了文献研究与比较研究相结合、理论分析与实证分析相结合、定性分析与定量分析相结合等多种交替结合方法。

第一,文献研究与比较分析相结合。通过大量收集、阅读及整理国内外相关文献,对农村一二三产业融合和农村一二三产业融合模式的内涵分别进行了阐述和分析。通过比较研究,总结出黑龙江省农村一二三产业融合所采用的主要模式,包括"政府培育模式""龙头企业带动模式""乡村共同体自发模式""专业合作社主导模式""家庭农场主导模式"五种主要基本模式。

第二,理论与实证分析相结合。通过调查问卷和访谈收集数据,构建了模糊综合评价模型,并对模型中的各要素之间的关系进行了检验。

第三，定性与定量分析相结合。本研究以定性分析为基础，定量研究主要是构建了黑龙江省农村一二三产业融合模式选择的评价指标体系，对黑龙江省农村一二三产业融合模式选择进行了评价研究和实例分析。

二　技术路线

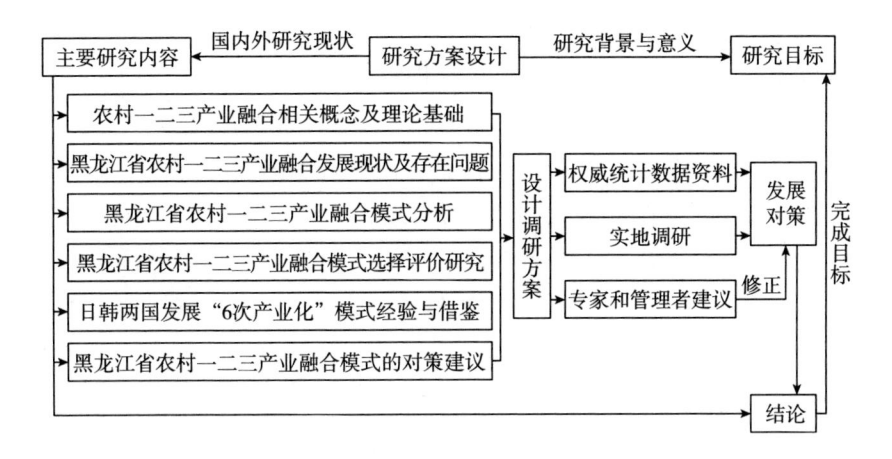

```
                  国内外研究现状         研究背景与意义
  主要研究内容  ←──────  研究方案设计  ──────→  研究目标
    │                          │                    │
    ├─ 农村一二三产业融合相关概念及理论基础           │
    │                          │                    │
    ├─ 黑龙江省农村一二三产业融合发展现状及存在问题    │
    │                     设计       权威统计数据资料  │
    ├─ 黑龙江省农村一二三产业融合模式分析    调研 ── 实地调研 ── 发展  完
    │                     方案                   对策  成
    ├─ 黑龙江省农村一二三产业融合模式选择评价研究         │  目
    │                              专家和管理者建议  修正 │  标
    ├─ 日韩两国发展"6次产业化"模式经验与借鉴              │
    │                                                    │
    └─ 黑龙江省农村一二三产业融合模式的对策建议 ────→ 结论
```

第六节　研究的创新点与不足

本研究可能的创新点有以下三个方面。

第一，采用商业生态系统理论界定了农村一二三产业融合模式。本研究在第二章中采用商业生态系统理论，界定了农村一二三产业融合模式的概念，提出黑龙江省在发展农村一二三产业融合过程中，最适合的模式就是通过农民、工人、商人、政府、企业、大学、研究所等七个行为主体，形成网络型组织结构，各主体承担着不同的功能，又形成相互依赖、相互生存，形成"农工商+政产学研"合作的经营模式。

第二，构建了黑龙江省农村一二三产业融合模式评价指标体系。本研究在系统分析国内外农村一二三产业融合评价指标体系的基础上，以黑龙江省农村一二三产业融合发展试点县（市、区）和示范园为例，通过对黑龙江省内农业经济学专家学者、相关涉农企业和政府官员的问卷调查收集第一手资料,构建了农村一二三产业融合模式的评价指标体系,为黑龙江省政府对农村一二三产业融合项目建设单位提供了具有可操作性的评价依据。

第三,对黑龙江省农村一二三产业融合不同发展模式进行了实证评价,并提出了选择依据。本研究在第五章中构建了一个基于模糊综合评价模型,分析了"政府培育模式""龙头企业带动模式""乡村共同体自发模式""专业合作社主导模式""家庭农场主导模式"五种主要基本模式。分析结论表明:黑龙江省农村一二三产业融合模式中,企业在模式中起到无可替代的作用。在企业与农户契约型交易条件下,企业获得了更高的联合利润总额,企业通常以高出0.5元左右的市场价回购农户生产的农产品,这意味着农户在整个农村一二三产业融合模式中,还是在价值链的最低端,没有参与到第二、三产业中,没能跳出农业生产。因此,根据黑龙江省实际情况,在优化农村一二三产业融合模式的过程中,大力发展农村企业,尤其是农业产业化龙头企业,通过利益联结机制,将农民变成股民,参与到第二、三产业当中,成为高端产业链环节经营主体,是农民增加经营性收入的重要途径。而农民经济收益增加又能提高农民参与农村一二三产业融合的积极性,从而促进我国乡村发展,进而推动全面小康社会的发展。

本研究的不足有以下两个方面。

第一,由于黑龙江省农村一二三产业融合还在萌芽阶段,虽然对农村一二三产业融合试点示范地区展开了实地调研和对相关人员进行了访谈,但获得的数据还是不够丰富。因此,在今后的研究中,为了能得到更为丰富的数据,还需要继续深入实地调研,以便补充和完善。

第二,农村一二三产业融合是一个农业产业系统工程,对该问题不仅要根据理论进行研究,还要调研开发地区的资源禀赋、政府政策引导等实际情况。而黑龙江省农村一二三产业融合是农业产业化的高级阶段的,以"农工商一体化""产加销一体化"模式为主,真正形成农村一二三产业融合的相对较少,本研究获取数据和案例不够丰富,有必要进一步研究和完善。

第二章 相关概念界定与研究的理论基础

第一节 相关概念界定

一 农村一二三产业融合

在国内外,与农村一二三产业融合相似的名称很多,有"6次产业化""农工商联合""田园综合体""农业产业化联合体"等名称。本研究在国内外研究综述中,对农村一二三产业融合内涵以及专家学者们的观点进行了汇总与分析,综合专家学者们研究结论认为,农村一二三产业融合具有生态化、可持续化、科技化、标准化、信息化、规模化、产业化、社会化和商品化等特点。可见,专家学者们的研究多集中于一个或几个视角进行研究。

日本"6次产业化"形成之前,日本农林水产省和经济产业省联手实行了"新联系事业""地区资源利用事业"和"农工商联合事业"。自从1996年日本农业经济专家今村奈良臣提出"6次产业"概念,即"6次产业"是指"第一产业(农业)要向第二产业(加工和制造)和第三产业(销售、信息服务、旅游观光等服务业)扩张,挖掘农村新价值,给高龄者和女性新的就业机会,能够自己创造的产业及活动"[①]后,日本农林水产省采纳了"6次产业化"的发展思想和理念。在政策法规方面,2008年开始,日本政府陆续颁布了相应法

---

① 今村奈良臣:《把第六次产业的创造作为21世纪农业花形产业》,《月刊地域制作》1996年第1期。

律及纲要性文件，以此推动农业农村"6次产业"的发展。2008年12月，日本民主党提出了《农山渔村六次产业发展目标》，且制定了《农工商合作促进法》；自2010年6月起，日本为了实现"强经济、强财政、强社会保障"的目标，制定了"新经济增长战略"，其中一个战略就是通过制定"6次产业"法律，实现其"农林水产业形成产业化"的长远规划；日本农林水产省于2010年12月3日颁布的《农林渔民利用地区资源，创造新事业的促进法》（简称《6次产业化——地产地销法》）和《股份公司农林渔业增长产业化支援机构法》（简称《基金法》）中，分别从农林渔民利用地区资源创造新事业，以及通过振兴农林渔业，提高粮食供给率这两个方面引导和规范"6次产业化"。同时，针对"6次产业化"经营的事业，通过政府出资、融资及财政支援，促进农林渔业的增长，使其形成产业化[1]。

韩国从2000年初开始，由农林畜产食品部、农村振兴厅等政府部门实施了"农村体验观光事业""新活力事业""乡土产业"和"农工商融合事业"，这些事业为韩国实现"6次产业化"确立了根基。根据韩国农林畜产食品部于2013年7月颁布的《6次产业化优秀事例集》中，提出"6次产业化"是以农民为中心，依托农村拥有的有形和无形资源，将农产品或农特产品（第一产业），制造业和加工业（第二产业），包括农产品流通及销售、观光旅游、农事体验等行业在内的服务业（第三产业）进行有机的融合复合，创造新价值的一种经济活动。韩国农林畜产食品部于2015年6月4日，颁布了《农村融复合产业培育及支援法》（简称《农村融复合产业法》）。根据韩国《农村融复合产业培育及支援法律》第二条第三款规定："所谓农村融复合产业，是指在农村地区居住的农民和外来者，利用农村地区的有形和无形资源，通过制造业和服务业复合性的结合，提供相关的产品和服务，创造附加值或国家总统令规定的高端产业[2]。"

---

[1] 李炳昕：《日本农业农村的第六产业化政策及启示》，《韩国江原农业生命环境研究》2013年第2期。

[2] 农林畜产食品部（农村产业科）：《农村融复合产业培育及支援相关法律实施规则》，http://www.law.go.kr/lsInfoP.do?lsiSeq=172314&efYd=20151223#0000。

我国政府 2015 年初提出了"农村一二三产业融合",这一名称主要是与国外的"6 次产业化"相区分,同时与"农业产业化"和"农业产业集群"相对应。因此,农村一二三产业融合的概念与界定本就应该是一个动态的过程,具有时代特征,故而对其概念界定也应该是发展的。最近,无论是"田园综合体",还是"农业产业化联合体",其实质还是农业"6 次产业化",只不过反映了当前我国的时代背景与特征。基于此,本研究结合国内外专家学者对概念界定的基础上,将我国现时段的农村一二三产业融合进行了抽象概括,定义如下:所谓农村一二三产业融合,就是新型农业经营主体利用农村的有形和无形资源,将乡村规模农产品(第一产业),制造业及加工业(第二产业),包括农产品物流配送、网络营销、旅游观光、休闲养生、医疗保健等行业在内的服务业(第三产业)进行有机的融合及复合,增加农业产业链环节,发展农村新商业业态,进而促进农业转型升级,是为农民创造更多的就业机会,实现增产增收的一种经济活动。

表 2-1　　　　　　　农村一二三产业融合概念的厘清

作者及概念界定	意义
日本今村奈良臣(1996):"6 次产业"是指"第一产业(农业)要向第二产业(加工和制造)和第三产业(销售、信息服务、旅游观光等服务业)扩张,挖掘农村新价值,给高龄者和女性新的就业机会,能够自己创造的产业及活动"。	主要鼓励高龄者和女性在农村经营多种行业,创造新价值。
日本农林水产省(2010):"6 次产业化"是指第一产业(农林渔业)、第二产业(制造业)和第三产业(零售业等服务业)促进成综合性的一体化,在充分利用地区资源的同时,创造新附加值的政策[①]。	依靠农业这个基础产业,才能取得农村地区经济效应的政策。

① 日本农林水产省:《6 次产业化促进事例集》,农林水产省出版社 2010 年版。

续表

作者及概念界定	意义
日本马相真等："6次产业化"是指以农民为主体，形成生产、加工和销售一元化，农业与第二、三产业融合复合，即在农山渔村，生产的农林水产品、生物量、农产渔村风景和村民们的经验及智慧等所有资源，与食品产业、观光业、IT产业等产业融合，开展地区服务和创造新业态，从而为农村创造新附加值，能够确保收入，年轻人口和儿童也能在农山渔村定居，最终构建地区社会[①]。	创造和提高新附加值，稳定收入，使更多年轻人定居农山渔村。
日本小林茂典："6次产业化"是指增加农产品、农村景观、农村文化等资源的附加值，联系消费者和实际需求者，创造农村区域居民的更大收益，确保收入和雇佣，建设具有活力的农村区域社会的事业。	创造新附加值的经济活动。
日本酒井富夫："6次产业化"是提高农村地区的农林水产品、自然风景和乡村文化等资源的附加值，为都市消费者和实际需要者服务，使农山渔村创造出更多的收益，确保收入和雇佣，构建有活力的地区社会事业[②]。	提高农村地区资源的附加值，搞活市场潜力。
韩国农林畜产食品部："6次产业化"是以农民为中心，依托农村拥有的有形和无形资源，将农产品或农特产品（第一产业）、制造业和加工业（第二产业），包括农产品流通及销售、观光旅游、农事体验等行业在内的服务业（第三产业）进行有机的融合复合，创造新价值的一种经济活动。	不仅给农民创造工作，使其有稳定的收入，而且挖掘农村地区资源，开发能够反映现代社会的商品，提高农民日常生活质量，缩小城乡差距。
韩国农林畜产食品部：所谓农村融复合产业，是指农民和在农村地区居住者，利用农村地区的有形和无形资源，通过制造业和服务业复合性的结合，提供相关的产品和服务，创造附加值或国家总统令规定的高端产业。	升级为创造高附加值的高端产业。

---

① 马相真等：《农业六次产业活性化方案——日本农业6次产业化现况和政策》，韩国农村经济研究院出版社2014年版。

② 酒井富夫：《日本6次产业化政策动向和区域案例》，农业6次产业化国际研讨会，2013年。

第二章　相关概念界定与研究的理论基础 / 29

续表

作者及概念界定	意义
韩国朴时炫:"6次产业化"是在个别经营体（如农户或法人等）或者农村,以第一产业为中心,与第二产业（农产品加工等）和第三产业（销售、观光和服务）有机地融合,使包括高龄者在内的农村居民为主导,充分利用地区拥有的各种资源（农产品、自然资源和文化等）,在生产过程中,形成加工、销售、交换等垂直融合的生态系统,是创造新价值的商业活动。	提出包括老年人和妇女在内的农村居民为主导,创造新价值的商业活动。
韩国金勇列等:"6次产业化"是农村地区各产业间的深层次融合复合,即在农村地区,围绕第一产业,与第二产业（如农产品加工、开发特色产品等）和第三产业（如直销店、餐饮业、住宿业、旅游观光业等）有机结合,增加产品附加值,提供更多的工作岗位。	增加产品附加值,创造更多工作岗位。
韩国申孝忠:"6次产业化"的基本含义是农业不再是以生产为主,农村不再是以农业为主,即农业农村的经济主体是农民或合作社,通过农产品生产、贮藏、加工、销售,以农产品加工方式,发展农业产业和食品产业,先让流通产业参与进来,农村的便利设施商品化,提高竞争力,发展农村。	未来农村:农村基本以农业（第一产业）为主,如果农村"6次产业化"取得成功,农村劳动力转移减少,反而归农者不断增加,能够保障韩国农村的未来。
韩国金泰坤:"6次产业化"是将农业生产、加工、销售等环节形成一体化经营,且将乡村旅游观光、都市与乡村交流、医疗治愈、农村福祉等农村拥有的新领域转变为市场化和商业化。	强调农工商一体化经营,将乡村资源市场化和商业化,激活乡村经济社会的活力。
韩国李炳昕:农业经营体从事生产、加工、流通、观光等行业过程中,各供应链与信息通信技术等尖端技术相结合,努力提高价值链,经营多元化,且农业经营体各事业部门与制造业和流通业等行业联合协作,形成经营效率化。	完善利益联结机制,实现农户更多地分享加工增值利润。

续表

作者及概念界定	意义
中国马晓河：农村一二三产业融合发展指的就是以农业为基本依托，通过产业联动、产业集聚、技术渗透、体制创新等方式，将资本、技术以及资源要素进行跨界集约化配置，使农业生产、农产品加工和销售、餐饮、休闲以及其他服务业有机地整合在一起，使得农村一二三产业之间紧密相连、协同发展，最终实现了农业产业链延伸、产业范围扩展和农民增收①。	将各生产要素优化组合和重新构建，形成产业互动、产业集中、技术融合、机制创新等方式，实现农业产业链条向前向后延伸、农业经营范围扩大和农民增加收入。
中国金光春等：农村一二三产业融合是指居住在农村地区的居民为主要经营主体，利用农村地区有形和无形资源，将农村地区的第一产业（如农业规模生产或农业精耕细作等）、第二产业（如特色农产品加工和制造）和第三产业（如农产品流通及销售、乡村旅游观光、康养保健等）进行生产多样化和农工商一体化经营，从而提高农村地区资源的附加值，创造新的工作岗位，是创造新商业和新价值的搞活乡村经济的经济活动。	强调生产多样化和农工商一体化经营，创造新商业和新价值，搞活乡村经济。
中国国家发展改革委宏观院和农经司课题组：农村一二三产业融合发展是以农业为基本依托，以新型经营主体为引领，以利益联结为纽带，通过产业链延伸、产业功能拓展和要素集聚、技术渗透及组织制度创新，跨界集约配置资本、技术和资源要素，促进农业生产、农产品加工流通、农资生产销售和休闲旅游等服务业有机整合、紧密相连的过程②。	强调以新型经营主体为主力军，通过利益联结机制，促进三产有机协调发展。

---

① 马晓河：《推进农村一二三产业深度融合发展》，《农民日报》2015年2月10日。
② 国家发展改革委宏观院和农经司课题组：《推进我国农村一二三产业融合发展问题研究》，《经济研究参考》2016年第4期。

续表

作者及概念界定	意义
中国姜长云：农村一二三产业融合发展以产业链延伸、产业范围拓展和产业功能转型为表征，以技术融合和体制机制创新为动力，以产业发展和发展方式转变为结果，通过实现农业、农产品加工业、农资生产和流通业、农业和农村服务业在农村的融合渗透与交叉重组，形成新技术、新业态、新商业模式，实现产业跨界融合、要素跨界流动和资源集约配置，激发新的市场需求及其在农村的整合集成，带动农村产业布局的优化调整[①]。	主要强调农业供给侧改革，转变农业农村经济发展方式。
中国王兴国：农村一二三产业融合，是指农业生产经营者统筹利用农村的自然、生态、文化资源，以农业生产为基础，以农业多功能性为依托，综合发展农产品加工、销售、餐饮、休闲、观光等产业形态，积极分享农业全产业链增值的过程[②]。	强调利用农村内部资源，挖掘和开发农村第二、三产业利润空间，扩大农民增收多方渠道，落实农民增收。

资料来源：根据国内外相关文献资料整理。

二 农村一二三产业融合模式

所谓模式，就是人类将经历的实践经验进行抽象和凝练，从反复出现的事物中找出规律，以此解决在生产和生活过程中出现的问题，帮助人类谋划出良好方案，是人类在认识论意义上的一种实践经验的综合概括。

目前学术界还没有将"农村一二三产业融合模式"作为经济学名词进行说明。本研究认为农村一二三产业融合模式应根据商业生态系统理论作出定义。因此，农村一二三产业融合模式是指在一定的运营机制下，不管是农村地区的农业生态系统，还是利用农产品及农村资源发展起来的产业生态系统，将农、林、畜、水产品作为核心资源，通过农民、工人、商人、政府有关部门、涉农企业、高等院校、研究中心等行为主体构成网络型组织结构，虽然各行为主体发挥着各自不

[①] 姜长云：《推进农村一二三产业融合发展的路径和着力点》，《中州学刊》2016年第5期。

[②] 王兴国：《推进农村一二三产业融合发展的思路与政策研究》，《东岳论丛》2016年第2期。

同的功能和作用，但又相互依赖、相互生存，形成"政产学研＋农工商"合作的经营模式。

其作用不但可以提升农业农村农产品销售竞争力，增加农产品附加值，使农民经营收入提高，而且生产出高品质、安全、新的商品，满足消费者个性需求。并且可以使农产品生产者、农产品加工企业、政府有关部门、高等院校、研究中心、消费者等主体构成价值链，不相一致的价值链相互复合成价值网，建立共生关系，共同创造利益，从而增强农村经济社会发展能力，实现乡村振兴战略。如果从农产品加工企业角度看，不但可以使农产品生产、加工、流通、销售等部门形成一个完整的价值链，使各部门间相互有机地、综合地融合，提高农产品加工企业的竞争力，而且以市场需求为导向，可以充分利用农村有形和无形资源，开发新产品，开拓新市场，提升产品品牌价值，实现蓝海战略，最终形成综合效应。

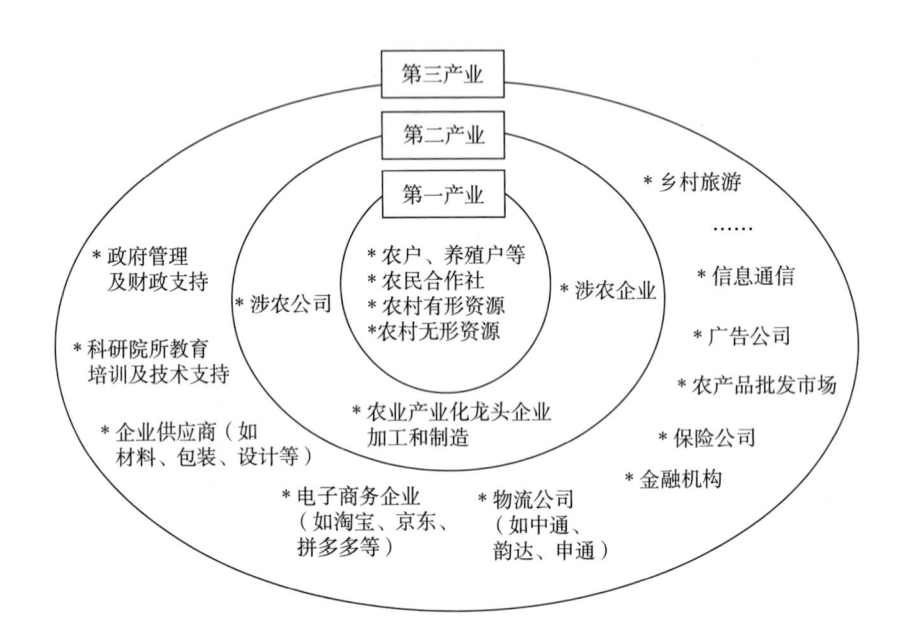

图 2-1 农业产业商业生态系统

第二节 理论基础

一 产业融合理论

产业融合（Industry Convergence）是指相同产业的不同行业或不同产业的各行业形成一体化，相互渗入、延长和重新整合，渐渐产生新产业的动态发展历程。产业融合分为产业渗入、产业延长和产业重新整合三类。其不仅是一种发展趋势，而且已经是各产业发展的重要选择。

产业融合主要方式有：首先，高尖端新技术渗入到产业各环节。也就是说高尖端新技术有关产业渗透到其他产业，逐步形成新产业。比如计算机、媒体和通信之间的融合；信息和智能技术产业以及农业高新技术化、信息和生物技术对传统工业的改造（比如机械仿生、光机电一体化、机械电子）、电子商务（如淘宝、京东）、网络型金融机构（如支付宝）等。传统产业与高新技术的持续融合渗透，对高新技术产业的升级和发展起到关键性作用，有利于提升传统产业的发展水平，加快传统产业高新技术化。主要表现在：增进传统产业高增加值，促成传统产业转变为新产业和生产出新产品，促使传统产业设备现代化。当前，智能技术、数字技术和信息技术不断渗透到各个产业环节当中，使得各个产业在生产、加工、物流、销售等生产经营环节发生前所未有的革命性变化。

其次，产业间的延伸融合。即产业之间经过延伸和互补，形成产业之间的融合。这种产业融合一般会发生在高科技产业链延伸的部分，通过给予原产业新附加功能和更强大的竞争力后，逐渐形成融合型产业新体系，显露出服务业向第一、二产业延伸。如现代农业生产服务体系中，加工业和制造业比例不断提高，同时也向金融、研发、设计、客服、广告、物流等第三产业发展，形成第一产业、第二产业、第三产业融合发展。

最后，产业内部的重组融合。即在相同标准原件约束或集合下，本来各不相关的独立的产品或服务通过重组全部形成一体的整合过程。而重组通常发生在有着紧密联系的产业或相似产业内部，经过重组融合，产生产品和服务。这是常常区别于原来产品或服务的全新产品或服务。如农业、畜牧业、渔业等第一产业的子产业间，以生物技术融合为基础，进行生物链重组，形成生态农业、绿色农业等新型农业产业。在信息技术和智能技术快速发展的今天，产业重组融合主要体现出以信息技术为基础、智能技术为根本、产业链上下游产业进行重新组合后，生产的产品显示出智能化、数字化、信息化的发展趋势，如果以第一产业为发展对象，"农业+工业4.0"成为世界农业未来发展的一个新趋势。

　　理论分析表明，在经济全球化和高新技术快速发展的今天，产业融合是产业提高生产效率和竞争力的一种重要产业组织形式，产生的效应主要有以下几个方面。第一，有利于促使传统产业创新，从而推动产业结构优化及产业升级发展。其原因是产业融合通常在高科技产业间产生，而产生的新科学技术，新产品、新业态和新市场，最终会提高消费者的购买需求，代替了一些传统技术、产品或服务，导致传统产业在所有产业结构中地位和作用持续下降；并且，产业融合催产出的新技术又融合其他传统产业，传统产业的生产和服务革命性的改变，促进生产出的产品和服务结构有质的升级，促进市场结构在企业竞争与合作变动中持续合理化和市场化。当代市场结构理论认为，在假设市场容量有限的情况下，与各企业谋求规模经济的意向结合起来，就能形成企业合并或兼并导致企业数目减少，但更加适应市场经济和规模经济。而产业融合以后，市场结构会发生错综复杂的新变化，通过建立企业间和产业间新的联系，从而改变竞争范围的话，竞争将从垄断竞争向完全竞争转变，经济效益会大幅度增加。第二，有利于产业竞争力的提升。在发展过程中，产业融合与产业竞争力均有内部动态雷同性。技术融合为产业融合提供了可能性，企业把产业融合连接到各个生产经营层面，进而实现了产业融合的可能性。各产业中的企业在横向一体化过程中，不仅提高了企业和产业的竞争力，而且加速了产业融合进度。如果产业融合过程中，企业竞争与合作关系发生变化，产业内的企业通过兼并或重组，数量不断减少，企业间竞争不断加剧，企业科技创新会提高到新的战略高度，进而那些没有创新能力的、传统的企业会很快地被市场淘汰。第三，有利于促进区域经济一体化发展。产业融合不仅增强区域间贸易效应和竞争效应，而且加快区域间资源流动和重组，即不但能够打破传统企业与行业间的界限，尤其是地区间的界限，而且利用信息网络技术，完成业务重组，产生贸易效应和竞争效应；也将促使企业网络化发展，提升区域间联络水平。产业融合不仅有利于区域之间的联系，而且有利于改善区域空间二元结构，扩大区域中心的扩散效应[1][2]。

综上，农村一二三产业融合的发展，将出现休闲农业、生态农业、智能农业、数字农业等新型产业形态，实现产加销一体化、农工商联合等新产业发展方式，创造更多就业岗位，延伸第一产业价值链，增加农产品附加值。

二　商业生态系统理论

自英国生态学家坦斯利（A. G. Tansley，1871—1955）在1935年提出生态系统的概念以来，人们对社会组织结构和生态系统研究的不断深入，发现人类社会组织和运转与生态系统非常相同，且将生态系统概念引入了社会科学领域。1993年，美国著名经济学家穆尔在他的《哈佛商业评论》上首次提出"商业生态系统"的概念。

商业生态系统是指以生产产品和提供服务为基础，由生产商、供应商、投资商、中间商、政府有关部门、消费者等组织和个人形成有机整体，各司其职、各负其责、相互作用的经济联合体。在一个商业生态系统中，虽然各主体有各自的利益，承担着各自的功能，但又互利共存、资源共享，形成相互依赖和共生的生态系统。不仅看重经济效益、社会效益和生态效益，而且一起维护整个系统的可持续发展。

商业生态系统与自然生态系统一样，每一个子系统都是整个系统

---

[1] 陈柳钦：《产业融合的发展动因、演进方式及其效应分析》，《西华大学学报：哲学社会科学版》2007年第4期。

[2] 谭明交：《农村一二三产业融合发展：理论与实证研究》，博士学位论文，华中农业大学，2016年。

的一部分，也就是说在商业生态系统中，每一个主体形成一损俱损、一荣俱荣的整体，任何一个主体利益被破坏，都会影响整个商业生态系统的平衡和稳定。

商业生态系统不仅作为社会新型的商业网络，而且具有一般企业网络化的特点，其表现形式有以下几个方面的特点。

第一，当企业生态位分离时，可以建立商业生态系统。企业生态位是指一个企业对资源的需求及利用和对市场竞争适宜性的总和。当两个企业需要及利用相同资源或者一起占用同一资源时，就会呈现出企业生态位重叠，导致市场竞争出现，其结果就是两个相互竞争的企业不能完全占据同样的生态位，而企业产生生态位分离。企业要想在自由竞争市场上竞争，就必须发展与其他企业截然不同的可持续生存能力，找到最适合企业发展的战略目标，实现企业生态位不重叠，成为能够寻找到属于自己生态位的成功企业，进而减少相互竞争，为企业间能够相互互补，形成超循环提供了有利条件。

第二，强调商业生态系统参与主体的多样性。商业生态系统中，各类行业中的企业在市场竞争中各自扮演不同的重要角色，通过经济活动，企业与企业之间、生产者与消费者之间建立经济关系，商业界形成了多个完整的价值链，并构成了复杂的价值网，进行着商业圈价值流动与交换的良性循环，而价值链一旦断裂，会非常影响商业生态系统功能的发挥。因此，商业生态系统多样性对企业面对不确定性环境时起到缓解作用，有利于企业在商业生态系统中创造价值，是商业生态系统完成自我经营的先决条件。

第三，商业生态系统中的重要参与主体对保证系统的健康稳定发展起到十分重要的作用。在商业生态系统中，具有绝对优势的企业在整个市场竞争中趋于主导地位，如果把整个市场中的优势企业除去，一定会导致市场性质和企业营商环境发生改变。也就是说，在商业生态系统中，一个龙头企业或集团企业具有抵御外界干扰的能力，优势企业生产的多样性产品遇到外界干扰时，起到了缓冲器的作用，进而保护了整个商业生态系统的结构和生产力。

第四，商业生态系统是通过内部各子系统间相互作用而运行，其动力不是来自外部，也不是来自系统最上层。其根据协同理论，通过各子系统相互作用，自主和自发地产生系统规则。也就是说，如果出现复杂性模式，不是通过外部产生，而是通过下层的各子系统相互竞争和协同产生。商业生态系统内部的各子系统相互竞争和协同作用，使得一类或几类趋势在竞争中优势化，且控制整个商业生态系统从无序到有序发展。商业生态系统在一定规则下，不同个体自我控制，相互作用促使整个系统从低层次向高层次有序发展。

第五，商业生态系统展现出网络状结构，特别是虚拟商业生态系统有着模糊边界，主要表现在两个方面。一方面根据实际需要规定商业生态系统边界，每个商业生态系统里拥有很多个子商业生态系统，与此同时其本身也可以成为比自身更大商业生态系统的一部分。另一方面是某个企业可以在多个商业生态系统里生存。比如阿里巴巴集团下的淘宝网，既可以同恒大集团合作，也可以与各种企业合作销售商品。

第六，商业生态系统具有自我控制和组织能力，通过这种特征持续进化。市场环境是不断变化的，商业生态系统只要满足条件，自我控制和组织就不可能停止，随着市场环境的变化而进化。

因此，商业生态系统是根据生态学理论制定企业战略，其战略有以下几个方面。首先，多样化发展。一个企业多样化发展，不仅可以在生产经营上多样化，而且可以在用人政策上多样化，成为最坚强的商业生态系统。其次，研发新产品。无论是垄断市场，还是自由竞争市场，每个产品都有生命周期，最终会被更好的产品或升级的产品所取代，这就需要企业不断研发新的产品。最后，创造共生关系。传统企业将其他企业作为竞争对手，不会认为互利共赢或合作共存。而商业生态系统主张两个或多个企业相互合作，建立共生关系，以此提高可持续发展能力。由此，现代企业要想可持续发展，就必须与其他企业建立互利共赢合作的关系，与其他企业不仅在合作中竞争，而且在竞争中合作[①]。

[①] 百度文库：《商业生态系统》，https：//baike.baidu.com/item/商业生态系统．

三 农业多功能性理论

日本在20世纪80年代末和90年代初，提出了"农业多功能性"。之后，1992年的联合国环境与发展大会上，正式采纳了日本提出的农业多功能性这一提法。1996年的世界粮食首脑会议上，通过了《罗马宣言和行动计划》，其中就明确表明要探讨农业多功能性的特点，促进农业农村可持续发展。到了1999年，日本政府颁布了《粮食·农业·农村基本法》；同年，联合国粮农组织和荷兰政府在马斯特里赫举行了国际农业和土地多功能性会议，都强调了农业不仅有经济功能，还具有社会、政治和生态等多种功能，农业多功能性的概念正式设立[①]。所谓农业多功能性，就是指农业不但能够给人类提供食物、纤维等产品外，还能为人类提供生物多样性、农村历史文化、农村自然环境和农业景观等非产品，即农业具有经济、社会、文化、环境和政治功能。

根据国内外研究结果，结合我国实际情况，农业多功能性的内容和特征主要有五个方面。

一是经济功能。主要就是以价值形式为人类社会提供农副产品的一种功能，也是农业的最基本功能。其核心就是为了满足人类社会对食物的需要，不但保证国家粮食安全和食品质量安全，而且工业发展需要优质充足的农业原材料，利用农业原材料生产出的农产品还可以对外出口，获得一定的经济效益。另外，通过休闲旅游农业、采摘体验农业等项目，为消费者提供农业服务，也可以获得不可估量的经济效益。

二是社会功能。农业还具有社会效益的功能，主要是为人类社会提供劳动就业岗位和社会保障。农业是人类最基础的产业，没有农业，第二、三产业就无从谈起。其不仅作为一个产业吸纳劳动就业岗位，安置素质不高和无法在城镇就业的一部分居民，而且农业保证国家粮食安全和食品质量安全本身间接地为人类提供最基本的生存和健

[①] Kentaro Yoshida："Economic Valuation of Multifunetional Roles of Agriculture in Hilly and Mountainous Areas in JaPan"，Journal of Political Economy，2001.

康的需要。因此，农业突出了社会功能作用。

三是政治功能。美国战略家、前国务卿基辛格曾经说过："谁控制了粮食，谁就控制了人类。"这就充分证明了"民以食为天"的道理。农业生产出的粮食，对于一个国家来说起到国家稳固和政治稳定的作用。我国是个农业大国，人口众多，每年中央一号文件里，都有"保证国家粮食安全"的字样，农业是否发展好，直接关系到我国国家稳定，成为国家战略储备资源。因此，农业具有政治作用。

四是生态功能。农业具有生态效益，主要体现在农业为人类提供生态环境改善和支持。农业本身就是自然环境的一部分，其各种要素构成了生态环境的主要因素。因此，农业的生态功能为人类生存环境改善、保护生物多样性、防治自然灾害、分解和降低第二三产业的废弃物等作用。

五是文化功能。农业是人类最基础、最早的产业，农业发展到今天本身就是人类历史文化的产物，农业内部蕴含着丰厚的文化资源。从这个角度看，保护农业就是保护人类文化的多样性；另外，农业对人类教育和审美的形成有着积极作用，不但有利于人与自然和谐发展，而且对人类形成正确的价值观、世界观和人生观也有着积极作用[1][2]。

因此，农村一二三产业的融合就展现出农业的多功能性，如农产品生产、生态农业、田园综合体、都市农业等形式，是农业多功能的扩展与延伸。

四　产业集群相关理论

(一) 产业区理论和新产业区理论

1890年开始，新古典经济时代的产业集群开始萌芽，马歇尔认为大量相同主营业务的中小企业在某个地区集中现象被称为"产业区"，并指出产业集群的原因是企业能获得更多的外部经济提供的协同效

---

[1] 王秀峰：《喀斯特地区农业可持续发展理论及共应用研究》，博士学位论文，武汉理工大学，2006年。

[2] 智库百科：《农业多功能性》，http://wiki.mbalib.com/wiki/农业多功能性.

应、创新环境、共同使用支持性服务和更高水平专业化劳动力市场等方面，推动地区经济健康稳定发展，均衡劳动力市场结构以及顾客得到便利。此外，马歇尔分析出产业区的优势和环境特点，即产业区内的行业秘密几乎是公开的，同行们相互学习、相互进取、相互认同，共同创造和创新新技术和新设备，成为科学技术不断进步的思想源泉。

马歇尔的理论最大贡献在于研究出一种形成产业集群的协同创新环境，主要特点是生产原材料相同且有着关联的企业和相关单位，在某个地区集中后形成外部经济性。虽然马歇尔的研究重点强调了产业集群的特性，客观上企业间的合作主要是物质上的交易，受到了当时年代的历史局限，即受到研究目的和技术创新理论的限制，没有将协同创新环境内容研究得更加充实，且没有研究企业产生集聚的非物质因素。

而意大利学者巴格纳斯科于1977年第一次提出"新产业区"，其概念是有着相同社会背景的人和企业在某个自然地区集中后形成"社会地区生产综合体"。到了1990年，巴卡蒂尼在巴格纳斯科提出的概念基础上，提出地区内人和企业等行为主体以合作的形式正式合作和非正式交流而形成的地区网络化。它是一个区域内具有自然和历史特性的人和企业集中而决定的，是一个地区性的社会实体。

一旦形成区域产业集群，就有不可复制的各种特点。一是高度的专业化分工。新产业区理论强调各企业间比较优势，通过企业间相互信任和依存，产业区内部企业进行高度的专业化分工或转包契约合作，形成一个长久稳定的合作伙伴。二是形成网络化。网络化是指产业区内的政府机构、企业、大学、研究所等主体，有意识地与其他行为主体进行正式或非正式的合作，结成长久稳定伙伴关系，这是新产业区理论的核心内容。三是依赖环境。通常来说企业竞争力取决于国家宏观和微观环境，而企业所入驻的地区更能决定企业竞争力，因企业任何经济活动都不可回避当地的宏观和微观环境。四是平等互助关系。在新产业区内，各企业间基本都是平等和独立的，没有哪个企业支配和依赖其他企业而形成不平等关系，都是以平等关系融入地区产业集群，形成网络化。

虽然巴卡提尼最早提出了新产业区的概念，但皮奥勒和撒贝尔（Piore and Sabel）提出弹性专精理论后，新产业区理论才真正被世人关注。在合著的《第二次产业分工》一书中，皮奥勒和撒贝尔第一次重新说明了19世纪产业区再现现象和具有弹性专精的发展模式。而区域产业集群以弹性专精为基础，具有以下特点。一是柔性专业化。企业生产的产品是该产品行业范围内的产品，通过生产要素在有限范围内进行再分配，不间断地改变生产过程，使得企业逐渐成为专业化行业。二是限制分享资源。在产业集群区外的生产企业，无法分享产业集群区内的各种资源和优惠政策。三是鼓励科技创新，限制过度竞争。科技创新是产业集群区企业发展的根本动力，如果恶性竞争阻碍科技创新，制约产业集群区发展，应当予以制止。

随着后工业化和信息化不断发展，互联网时代已经到来。新技术革命后，新产业区理论才真正进入现代产业集群范畴。研究者们对新产业区内企业从生产方式、企业间物质与非物质联系、产业区内行为主体经济活动等方面提出了新的解释。因此，新产业区理论是产业集群理论步入现代产业集群理论的标志。

（二）工业区理论

韦伯是一位较早系统地提出产业区位理论的经济学家，其最大贡献在于规范性地研究了工业区位。他认为产业集群分为低级阶段和高级阶段：低级阶段是企业简单的规模扩张，逐渐引发产业集聚；而高级阶段主要是规模较大的企业通过完整的组织方式，不断吸引其他相同性质的企业到某个地区，促成规模化生产的显著经济优势，形成有成效的地方性集聚效应。

韦伯将产业集群归纳为四个要素。第一个要素是技术装备的发展。随着科技的不断发展，人类社会整体技术装备专业化功能的提高，使得装备间相互促进和依赖，导致装备工厂逐渐向一个地方聚集。第二个要素是劳动力素质的提高。韦伯将一个发展成熟、新型的、综合劳动力组织比作一定意义上的装备，因其比较专业化，进而促成产业集群化。第三个要素是资金中的经营成本。为了促进产业集群的发展，政府会建设道路、电、天然气、自来水等基础设施，进而减少企业的经营成本。第四个要素是市场化为导向。产业集群能够规模生产，进而可以低廉的价格销售产品，赢得市场主导地位，获得消费者的信赖。

从理论角度看，韦伯利用模型对产业集群四个要素进行了量化分析，研究的成果在当时具有很高的理论价值。然而，韦伯对产业集群的研究内容与区位理论中其他内容有相似之处，是单纯的理论研究。缺点在于，韦伯没有对外部环境动态变化进行说明，一旦离开国家制度、社会文化、市场自由竞争等因素，只是单纯地从资源禀赋、能源消耗等方面分析产业集群的形成和发展，研究的成果在客观严谨的科学现实方面存在缺陷。

(三) 增长极理论

帕鲁是法国经济学家，在1930—1949年间，向讲法语的国家积极传播凯恩斯和熊彼特等人的经济学理论和观点，并在其文章《经济空间：理论与运用》中，第一次提出了增长极概念，之后继续修改和完善，最终构成了系统的增长极理论。

帕鲁认为20世纪经济的特点是支配效应经济，经济中具有一种"支配力"，所以将20世纪的经济比作一个"磁场"的空间网络。为了研究支配效应产生的经济非均衡增长，帕鲁从"推动单位"及增长极理论角度进行了分析。在分析中，推动单位起着支配作用，其不但可以是一个企业或相同产业内的很多企业，而且可以是以契约合作关系的一组企业集。如果推动单位增长或变革创新，那么能促使其他经济单位增长。假如一个具有支配效应的经济称为"磁场"时，在"磁场"中的推动单位或者与经济环境有着紧密关系的经济单位都可以被定义为增长极。

随着经济社会和科学技术的飞速发展，保德威尔将虚拟空间经济引入到经济增长概念中，使增长极概念产生较大变化。保德威尔认为推动型产业会产生两个类型的经济增长效应，一种是通过已有部门间相互联系，产生经济效果后，快速扩张引起的经济现象称为列昂惕夫乘数效应；另一种是随着推动产业生产能力的不断增强，促使产业区外其他相关经济活动不断发生，这时就会产生极化效应。因此，根据保德威尔的观点，以增长极概念为基础，产生的增长极理论，更加关注"推动型产业—集聚—经济增长"发展过程。

增长极理论的核心点在于强调政府对推动型产业进行投资培育，进而导致其他企业会围绕这些重点产业或企业进行经济活动，推动科技创新，提高竞争力，逐渐产生集聚效应，最终带动推动型产业快速发展。但是，该理论在一定程度上强调了政府通过宏观调控实现产业集群的发展，从而推动区域经济社会发展。实践证明，政府宏观调控对产业集群的发展实际上是有限的。

（四）地域生产综合体理论

科洛索夫斯基是苏联经济学家，因当时苏联经济以传统的计划经济体制为基础，所以地域生产综合体具有集聚的特点，能够集中整个国家的人力、物力和财力发展国家战略，也就是说地域生产综合体完全是由国家扶持投资的。在这样的背景下，科洛索夫斯基认为："地域生产综合体就是在一个地区或工业区内，依靠地区的自然条件、地理位置和物流运输，有计划地安排企业入驻，进而获取综合效应的各企业间经济联合体。"

此外，苏联学者提出地域生产综合体是由四个不同功能的因素建立：第一个是核心型企业，即能够代表地域生产综合体发展趋势的专业化核心企业；第二个是关系型企业，就是与专业化核心企业有关联的企业；第三个是依赖型企业，依靠专业化核心企业而生产的企业；第四个是保障因素，也就是为了各企业能够顺利生产经营，政府一般会提供生产性、社会性和结构性基础设施，优惠政策等多种举措。

从组成机构角度看，地域生产综合体是一种典型的产业集群，其核心是专业化企业，通过专业化企业，吸引关系型企业和依赖型企业，这些企业间发生投入和产出联系，共享产业集群地区的保障条件。该理论强调企业间发生正规和稳定的投入产出，不仅分析了运输成本，而且分析了通信、协调管理等产生的成本，这对产业集群地区统筹规划具有指导意义。但是，地域生产综合体终归是苏联计划经济的产物，其作用具有一定的政治目的。

(五) 区域创新理论

1934年，约瑟夫·熊彼特提出了创新理论。而技术创新又区分为两个类型：一种是技术创新论，将技术创新和推广作为研究对象；另一种是制度创新论，是将规章制度创新和推动作为研究对象，像产业集群相关的创新理论归属于规章制度创新领域，主要由"区域创新环境""区域创新网络""区域创新系统"三个理论组成。

1995年，欧洲GREMI（European Research Group on Innovative Milieu）小组将欧洲产业区从创新环境视角，即主要是从社会文化环境进行了研究。该小组认为产业的空间集群现象和创新活动有着密不可分的联系。从广义的角度看，创新环境是指产业集群所在地的社会文化环境；从狭义的角度看，创新环境是指产业集群所在地的各种规章、制度、措施等能够促进创新的综合系统。环境是产业集群区发展的基础和前提，而创新环境是通过集聚在同一空间上的企业相互合作和协同产生效率和效果产生的，企业集聚能够解决一个企业大规模生产、技术瓶颈、组织创新等问题，能够共享集聚带来的好处。所以，企业在创新环境中能够使其他企业相互协调和发展。

此外，区域创新系统是根据创新系统理论，利用区域层次提出的全新概念，是指区域的政府、企业、大学、研究所等各行为主体形成网络化，在协作的基础上，融入区域创新环境中，形成创新系统。区域创新系统是区域创新环境和网络相互融合形成的动态相关系统，具有系统性、开放性、动态性等特点。而且企业网络的群集聚形成了一个区域，这个区域是通过企业相互合作和创新联系起来的，区域经济社会发展是系统的有效整合，而不是简单的潜在利益现象的集合。

事实上，根据马歇尔产业区理论中"创新来源于某种环境"的观点，区域创新理论得到了快速发展。该理论强调科技创新是企业发展的核心动力，认为产业集群是企业在某个空间地理上的集聚，不仅有规模经济和范围经济的优点，而且企业在创新环境中通过学习提高自身竞争力。但该理论受到时代的局限，没有进一步从创新网络、系统形成机制和过程研究和分析。

(六) 新社会经济学派

新社会经济学派从社会结构角度，对根植性、社会网络和制度三个基本主题进行了研究，并丰富了根植性、经济的社会结构和网络理论等观点，进而可以从社会、文化、政治、制度等因素分析经济，很好地将社会学引入到经济学当中。

之后，因社会网络的基础是相互信任，企业间如果有很高的协作愿望，愿意共同承担风险，避免投机行为的发生，而且企业间合作的关系比较稳定，很难出现相互报复行为，为了共同的利益，容易做出共同认可的行动。在这样的背景下，格兰诺维特在1985年完善了"根植性"的概念，认为经济行为是根植在具有社会构筑和文化意义的网络和制度中的，诸多企业在某一地区入驻建厂和与其他企业合作，使企业间建立起交流与合作的关系，不仅提高了企业的竞争力，而且形成产业集聚。因此，社会网络的基础是人际信任关系，不仅超越企业经营边界，而且在某种程度上强化了企业的社会互动。

新经济社会学派提出的"根植性"概念能够有效地诠释企业汇聚的社会文化和地方产业氛围因素，尤其能说明学习型网络的独特重要性。但实践证明，"根植性"的作用在产业集群形成初期较大，当发展到一定时期后，会阻碍产业集群提档升级。例如，在特色工业园区，产业集群的发展初期需要"根植性"的经济行为，以此能够在地方入驻和发展。当工业园区发展到一定阶段后，就会产生"走捷径"和依赖政府的问题，妨碍工业园区向市场化和国际化发展，这时就需要减少"根植性"行为。

(七) 新制度经济学理论

美国芝加哥大学教授科斯于1937年发表的《企业的性质》中，最早提出"交易费用"的概念，并通过"交易费用"解释企业的存在的原因、发展及扩展的边界问题，认为企业是价格的替代物。之后，美国经济学家奥利弗·伊顿·威廉姆森在1975年和1985年分别出版的《市场与等级制》和《资本主义经济制度》两本著作中，提出了交易费用的分析方法，利用机会主义行为、不确定性、小数目条件和专用性资产的角度，研究了经济活动的体制机制。并从交易技术结构与组织工作效率产生的关系角度,划分了市场与企业之间的中间性组织,界定了"中间性组织"的定义。

在《市场与等级组织》一书中,界定了"中间性组织"概念,认为中间性组织是在纯市场组织和纯等级组织之间,是组织自身以效率和效益为前提,提高生存能力而内生性决定。这是因为等级组织也许会引起协调成本过高,导致企业经营不经济,而且市场交易成本过高也能引起市场失灵。所以,区域企业集群就是对企业经营不经济和市场失灵两者权衡后,决定企业自身组织结构的。

根据上述观点,产业集群是诸多企业通过专业化分工和合作联合起来的组织,而产业集群的结构式纯市场和等级组织间的中间性组织,其特点是市场比较稳定,比单纯的等级组织更灵活,主要是通过企业间相互合作和分工、沟通和学习,促使交易费用降低,达成区域范围经济的目标。然而,事实上,新制度经济学中的中间性组织不能完美地解释产业集群形成机制和机理,一个比较成熟的产业集群内部结构的形成由诸多因素决定,如果单纯地从"中间性组织"解释不免有些片面。

(八)分工协作理论

亚当·斯密分析到工业化初期生产分工和专业化生产带来的效率和效益,认为生产分工是国家财富增加的根源,是降低生产成本的核心现象。在他所著的《国富论》中,指出劳动生产率的增进,以及雇佣的劳动力表现出的技术、技巧和判断力的熟练,都是生产分工导致的结果。亚当·斯密不但阐述了劳动分工可以提高生产效率,而且经过深层分析后,找到了劳动分工产生效率的原因,认为劳动分工有三种类型:第一种类型是企业内分工;第二种类型是企业间分工;第三种类型是产业分工(或社会分工)。在这里,第二种类型意在企业间生产趋向专业化,这种分工就是产业集群形成的理论根据。也正因企业生产分工,产业集群比单个企业或若干企业都没有办法拥有的效率和效益优势,而分工过细会有一定弊端,但产业集群能够保证专业化分工产生效率和效益,还能提档升级,促进产业集群进一步发展。

此外,马克思指出"选择生产组织方式必须以降低个别成本为目的,否则资本增值目标很难成为现实。当实践证明专业化分工和协作具有更高的生产效率时,该生产组织方式就能让企业家普遍采用,以此降低生产费用"。另外,马克思还认为,以合作为基础的生产企业,比独自生产企业有更高的生产效率[①]。其原因是:一是在生产相同产量的条件下,合作企业的生产产量比分散或独自生产的企业节省更多的占用空间;二是在期货到期快要交货或突发情况产生时,能够及时提高生产量,按期交货;三是在产业集群区内,为了提高生产率,个体劳动力可通过爱岗敬业和努力竞争,达到自身目标,且劳动效率也可表现出来;四是专业化生产出的各个零部件,输送到一个企业,再由这个企业组装生产,不仅有利于管理控制,而且保持生产的连续性和规模性;五是各企业专业化合作生产,可提高生产资料的利用率。综上,企业以低成本和高效率为目标,成为产业集群形成和发展的动力。

三 价值链理论

美国哈佛大学商学院教授迈克尔·波特于1985年所著的《竞争优势》中,第一次发表了"价值链"理论,之后被当今现代企业管理者所接受,成为分析研究竞争优势的有效理论依据。其理论提出"从价值链的角度解释企业在生产、加工及销售等生产经营活动",即企业通过一系列相互关联却又在相互不同的生产经营活动中创造了经济价值,这种动态进程形成了"价值链"。其中,生产经营活动可以从两个方面进行分类,一方面是基本活动,包括内外部后勤保障、生产产品、销售、客服等活动;另一方面是辅助活动,包括财务管理、采购原材料及其他材料、商品技术研究与开发、员工管理、企业基础设施建设及保障等活动。

企业在生产经营过程中,在创造某些价值时,真正地为企业营造出商品价值,这才是波特所揭示的"价值链"理论中的战略环节。基于此,企业为了保证核心竞争优势可持续和安稳经营,不得不在这个战略环节上一直强化其优势。波特的该理论在经济学界被公认为传统经济学上的侧重在一个企业的角度分析价值链活动、企业与消费者和

---

① 智库百科:《产业集群理论》,http://wiki.mbalib.com/wiki/产业集群理论.

原料供应商的经营活动中获得的竞争优势。

另外，企业间的竞争力不单单是某个环节上的竞争力，而是取决于在整个价值链上的综合竞争力。波特认为："消费者认为的商品价值是由企业所有内部物质与技术具体经营活动产生的成本和利润之和所构成。"企业在生产经营活动时，在行业领域上下游有关企业之间存在价值链，在企业内部各业务部门间进行内部交易时也存在其价值的形成，价值链上的每个环节在进行价值活动时都能对企业实现最大价值产生影响[①]。

第三节　本章小结

本章分析了农村一二三产业融合和农村一二三产业融合模式的概念界定，尤其是对近些年中韩日三国专家学者们研究农村一二三产业融合概念进行了分析。并且，本书将以产业融合、商业生态系统、价值链、农业多功能性等理论，希望能为黑龙江省农村一二三产业融合模式发展奠定理论基础。

---

① 百度文库：《价值链理论》，https：//baike.baidu.com/item/价值链理论/5297841？fr=aladdin.

第三章 黑龙江省农村一二三产业融合发展现状及存在问题

随着我国社会经济快速发展，城乡二元差距不断扩大，为了全面建设小康社会，实现共同富裕目标，党中央、国务院提出了乡村振兴战略，而农村一二三产业融合发展（以下简称农村产业融合发展）正是在这样的背景下作出的重大部署，是为了解决"三农"问题工作理念和思路的重大创新。本质上是要通过渐进、渗透、跨界方式改造农村产业，形成农业产业化经营升级版和加强版。在2015年初，党中央、国务院在中央一号文件中，第一次提出"推进农村一二三产业融合发展"后，陆续发布了《国务院办公厅关于推进农村产业融合发展的指导意见》《全国农产品加工业与农村一二三产业融合发展规划（2016—2020年）》等专题部署，尤其是习近平总书记在中国共产党第十九次全国代表大会上，明确提出了将农村产业融合发展列为实施乡村振兴战略的重要路径。因此，黑龙江省省委省政府对推进农村一二三产业融合发展十分重视，省委十二届二次全会明确作出"一产抓融合"的重大部署及要求，这对切实推动黑龙江省农村一二三产业融合发展奠定了坚实基础。

第一节 黑龙江省农村一二三产业融合发展现状

一 总体发展思路

黑龙江省农村一二三产业融合发展是以全面贯彻落实党的十八

大、十九大精神，特别是习近平总书记对黑龙江省两次讲话精神，按照党中央、国务院决策部署，坚持"四个全面"战略布局，以"创新创业、共享协调、绿色环保、与时俱进"的发展理念，与经济发展新常态相融合，使传统农业向"工业4.0+农业"发展。黑龙江省应以现代农业的"生产+经营+产业"体系为发展战略目标，将东北独具特色的"粮头工尾"和"农头食尾"为着力点，以当代消费者需求为导向，支援新型农业经营主体为根本，不断创新符合黑龙江省农村一二三产业融合类型的发展模式，构建农村一二三产业融合服务体系，完善农村一二三产业融合利益联结机制，以制度、技术和商业模式创新为动力，依托乡村振兴和中俄远东合作的契机，推动农业供给侧改革，强化农村一二三产业融合复合的现代农业产业体系，实现农业产业链向前向后延伸、价值链不断提高、供应链重新组合的新局面，使农业变强、农民变富、农村变美的新格局，减少城市和乡村之间的发展差距，搞活农村经济，实现农业现代化，为全面建成小康社会确立根基。黑龙江省农村一二三产业融合发展应根据因地制宜和乡村农民意愿为原则，区分各地方资源禀赋等生产要素发展情况，组织专家论证不同地区不同农村一二三产业融合发展模式，完善现有的利益联结机制，使农民得到合理合法的经济效益。黑龙江省应以2020年脱贫攻坚收官之年为时间节点，提高农村一二三产业融合发展质量和效果，更加完善农业产业链条，形成农业功能多样化，新业态更丰富，利益联结机制科学合理，产城融合复合更加协调，农业农村竞争力变强，农民增收可持续，农村繁荣更明显，为我国全面建成小康社会和国民经济健康稳步发展贡献黑龙江的力量[①]。

二 基本原则

黑龙江省农村一二三产业融合发展基本原则如下。

一是坚持市场经济。市场机制通过市场供需变动分配资源，引导农村一二三产业融合向更加科学合理的方向发展。

---

① 黑龙江农业信息网：《黑龙江省人民政府办公厅关于推进农村一二三产业融合发展的实施意见》，https：//www.tuliu.com/read-30073.html。

二是坚持归类辅助。农村一二三产融合发展任务工作艰巨，涉及的范围广，情况比较复杂，是一项长期任务。根据示范地区实际情况，构建符合各示范地区的农村一二三产业融合模式及利益联结体制机制，推动农业规模化生产经营，重构新时代现代农业产业体系。

三是坚持农民受益。根据以人为本的中心思想，重视当地农民的想法，在绝大多数农民同意的情况下，根据法律规定建立和完善利益联结机制及模式，强化利益分配，让农民广泛参与农村一二三产业融合各经营环节，确保农民通过劳动获得合理的增值收益。

四是坚持管理创新。激励社会各界对农村一二三产业融合的支持和帮助，鼓励工商资本投入，利用现代企业管理制度破解农村一二三产业融合体制机制的阻碍，努力解决制约因素，激活农村一二三产业融合发展瓶颈，加强监督管理，保障农村一二三产业融合专项资金使用科学合理。

五是坚持产业扶贫。政府财政支持资金重点扶持对农村产业融合投入规模大、波及范围广、引领和带动力强的扶贫产业项目，尤其是倾向精准扶贫产业项目。

六是坚持主体带动。新型农业经营主体是经营农村一二三产业融合的主体，要坚持市场为主导，以双赢为前提，带动农民增收的同时，提高农民生活质量，进而提高地区经济竞争力，乃至提高国家经济实力。

七是坚持统筹推进。稳步推动农村一二三产业融合示范地区的"新四化"同步发展，进而早日实现城乡一体化发展新格局。

三 相关政策制定

在我国，农村一二三产业融合发展是由国家农业农村部与国家发展和改革委员会两个部门牵头负责管理此项工作。2016年4月，黑龙江省发展和改革委员会牵头编制出台《黑龙江省人民政府办公厅关于推进农村一二三产业融合发展的实施意见》，并在全省组织实施了国家农村产业融合发展"百县千乡万村"试点示范工程。2016年，黑龙江省的哈尔滨市双城区、肇东市、讷河市、宁安市、杜尔伯特蒙古族自治县、甘南县共六个市（县或区）被评选为"全国农村产业融合发展试点示范县"。并且，绥化市青冈县、鸡西市密山市、齐齐哈尔市甘南县兴十四村、牡丹江市穆棱市、佳木斯市桦南县圣杰农村产业融合发展示范园共五个地区被评定为全国"首批国家农村产业融合发展示范园"。另外，黑龙江省农业农村厅则承担具体性和关键性的实际落实工作。

2016年，黑龙江省农业农村厅为寻找农村一二三产业融合成功做法，形成可克隆和可操作的经验，推动农村一二三产业融合加快发展，按照国家农业农村部办公厅、财政部办公厅《关于做好2016年现代农业生产发展等工作的通知》（农办财〔2016〕40号）、农业农村部农产品加工局《农村一二三产业融合发展推进工作方案》等文件要求，制定和印发《全省农村一二三产业融合发展试点实施方案的通知》，从产业规模、经营主体、绿色食品、项目建设和其他情况五个方面，评选出13个首批农村一二三产业融合发展试点县（市、区），即黑龙江省宾县、克山县、宁安市、海林市、桦川县、肇源县、林甸县、饶河县、绥滨县、嫩江县、望奎县、抚远县。

另外，为了不断推进农村一二三产业融合发展，黑龙江省政府陆续出台了相关政策，如《黑龙江省2017年农村一二三产业融合发展实施方案》《黑龙江省财政厅关于拨付2017年"两大平原"涉农整合资金一二三产业融合发展项目资金的通知》《黑龙江省深入推进农村一二三产业融合发展，开展产业兴村强县示范行动工作方案》《黑龙江省人民政府办公厅关于加快推进农业供给侧结构性改革大力发展粮食产业经济的实施意见》《关于黑龙江省中央财政农村一二三产业融合发展补助政策执行情况的调研报告》等政策文件，这些政策措施相互互补、相互协调，共同构成黑龙江省农村一二三产业融合发展政策体系。

四 财政扶持

我国为了贯彻落实农村一二三产业融合发展，财政部为黑龙江省2017年专项拨款12843万元。而黑龙江省政府用于6个项目市农产品生产地区初级加工转移拨款593万元，对20个国家级贫困县和1个省级农村一二三产业融合急需发展的项目转移拨款9250万元，向

"两大平原"现代农业资金统筹转移拨款3000万元。黑龙江省农业农村厅为了规范实施农村一二三产业融合政府财政补助政策,从实施范围、补助对象、补助形式及标准等方面,制定了《黑龙江省2017年农村一二三产业融合发展实施方案》。截至2018年3月底,绝大部分贫困县将中央财政补助资金转移拨付给了农村一二三产业融合经营主体,但仍有少数贫困县因条件标准未达标,而没有转移拨付[①]。

五 发展类型归纳

根据黑龙江省农业农村厅印发的《关于印发全省农村一二三产业融合发展试点实施方案的通知》,黑龙江省农村一二三产业融合试点类型主要围绕五种类型开展示范,即"互联网+农业"型、品牌提升带动型、合作社产业升级型、农业内部融合型和农业功能拓展型。

(1)"互联网+农业"型。该类型主要是整合绿色食品产业链的各环节,创建黑龙江省政府推导的1000个绿色、有机食品"互联网+农业"高标准示范基地,以此实现初级农产品与第二、三产业有机融合和复合,推进新型农业经营主体自己加工或委托合作加工初级农产品,形成私人定制、点对点、电商和微商等营销方式,推进新型农业经营主体和大中小企业在产业链各环节相互协作,形成互利共赢、成效显著的农业产业集群的一种类型。

例如:2016年,桦南圣杰农业发展有限公司正式成立,是一家由香港嘉田国际集团有限公司、北京峰鹏腾飞科贸有限公司联合投资成立的一家现代农业产业化集团。该公司位于黑龙江省桦南县,桦南县地处黑龙江省东北部,松花江下游南岸,长白山余脉完达山麓,是三江平原紧紧环抱的一片黑色沃土,其黑土有机质含量大约是黄土的10倍,老百姓总是以"一两土二两油"来描述它的肥沃。桦南县开发较晚,污染少,是国家商品粮基地、国家水稻基地、国家绿色食品水稻标准化生产基地。该公司主要生产水稻、玉米、大豆等绿色有机农产

---

① 黑龙江省财政监察专员办事处:《关于黑龙江省中央财政农村一二三产业融合发展补助政策执行情况的调研报告》,http://www.mof.gov.cn/mofhome/heilongjiang/lanmudaohang/dcyj/201805/t20180508_2887753.html。

品,并借助自身优势着力发展稻田养殖、现代农业观光旅游等新兴产业。该公司是国家农业农村部七家《农业农村部关于土地经营权入股发展农业产业化经营试点》重点扶持企业之一①。

在第一产业方面:首先,该公司建立了两个农产品生产基地,其中一个基地是绿色有机鸭稻基地。2017年,该公司建立了"桦南圣之杰水稻专业种植合作社",入社社员52名,其中贫困户9户,总计拥有土地经营权7900亩,全部按照"鸭稻共生、鱼稻共作"的模式,建设绿色有机种植基地,其中6700亩由合作社社员经营,采取"农业订单"模式收购,按企业签约质量标准的大米提价收购。另外的1200亩,由桦南圣田农业科技发展有限公司经营,承担农业农村部"土地经营权入股发展农业产业化经营"试点,公司的股东由桦南圣杰农业发展有限公司和当地15个农户组成,以"风险共担、利益共享"的原则,利用稻田养鸭农法,共同生产、加工、储藏、销售有机稻米,其中参股的农民将得到利润分红;另外一个基地是绿色蔬菜基地,该公司于2017年5月组建桦南圣邦蔬菜种植专业合作社,发起成员108人,带动桦南县梨树乡西柞村、大胜村贫困户105户。而且,梨树乡吸引周边村庄贫困户203家,即公司为203户提供水稻秧苗培育塑料大棚,产前费用由公司预支付,支持贫困户种植地方特色蔬菜,产后以保护价统一收购,70%的销售利润以分红的方式给贫困户。公司充分利用国家一二三产业融合等财政补贴资金,建设智能化、标准化、现代化培育秧苗大棚基地,安装水稻育秧大棚120栋。2018年,继续加大产业扶贫力度,投资建设光伏暖棚12栋,每栋面积600平方米,主要以栽种反季节蔬菜及私人订制蔬菜为主。

其次,建设了大型水田现代农机合作社项目。2017年,圣杰农业与圣之杰合作社投资800万元,按照《农民专业合作社法》《农民专业合作社登记管理条例》等法律法规,依法依规设立水田现代农机专业合作社,建设2000平方米的现代化农机库房和1000平方米的临时

---

① 百度百科:《桦南圣杰农业发展有限公司》,https://baike.baidu.com/item/桦南圣杰农业发展有限公司/19783888?fr=aladdin。

停放棚，场地硬化3000平方米，建成配置完备、功能完整、调节灵活、维修快速的省级水稻现代农机专业示范社，各种农用机械120台套，给现有农田提供了保障。

最后，建设了智慧精准农业项目。圣洁农业公司积极利用先进的农业物联网、云计算、传感器等第四次产业革命技术，数字智能化控制和管理农作物节水灌溉。智慧精准农业系统能够对5000亩标准田或温室农业等进行水肥一体化灌溉，并利用物联网系统，收集农用地湿度和环境湿度等数据，对目前和未来一定气候变化实施准确判断，提高节水灌溉能力，更加精确地耕种农作物，实现智慧农业，不仅能提高农作物产量，而且提升生产率，减少人力带来的成本和田间管理成本，提高经济效益。

在第二产业方面：2017年，圣杰农业在梨树乡大胜村投资3600万元，建设集水稻恒温储存、大米加工、包装配送集为一体的绿色食品加工基地，项目区占地2.8万平方米，主要建设6000平方米粮食储存库1座，800平方米恒温恒湿库1座，2000平方米左右的水稻加工生产线1条，硬化场地20000平方米，购买及装配国内最领先的大米加工设备，实现所有项目区的食品加工、贮藏包装、销售配送达到省级示范企业标准，每年可以精深加工大米10万吨左右。

在第三产业方面：第一，建立了市场营销体系。为了响应黑龙江省政府部署的农特产品营销"十六条"渠道，摸索出网上众筹、私人订制、群众团购、现场竞拍购买等八大营销模式，持续拓展农产品销售渠道，把大宗原粮更多转化为加工后的小包装农产品。该公司投资210万元，建立了物联网体系，实现标准化生产，质量可追溯体系。投入资金120万元，创建了"鸿源优品"电商网站，并与"黑龙江大米网"链接，加快推进农产品线上销售。投入了200万元建立OTO线下体验店，扩大农产品线下销售。

第二，创建营销中心及电子商务平台。圣杰农业选择适合当地农业产业发展的循环再利用、可持续发展的绿色生态农业项目作为主导产业，竭尽全力生产、加工和销售有机食品和绿色食品，申报有机认证1200亩，绿色食品原料标准化生产基地50000亩。在北京市建立了圣杰农业北京营销中心，负责管理发现消费需求、产品定位、主导产品开发、价格策略与竞争、通路管理、推广、组织和部门日常管理、营销战略规划和策略执行等系列工作。圣杰农业大力发展电子商务，在北京、青岛等地创立O2O电商体验店，并积极与天猫、京东、1号店等电商平台签约运营。在北京市发起"生态农业我先知，我在桦南有亩田"行动，积极推广生态、绿色、健康、安全的高品质大米，做大做强"神农誉""神农奉"品牌。

第三，建设"互联网+"物联网及食品安全体系项目。圣杰农业全面建成"互联网+农业"水稻高标准示范基地，设置现代物联网设备，彻底实现农作物生长"四情"观测，建立从土地到市场全程监控的质量追溯系统。完成农业农村生态循环经济数字化，农业生态循环系统和农业产业生产模式合理规划布局，利用现代物联网等设施设备，构建管理中心，实现产前、产中及产后全过程控制。圣杰农业与北京地拓科技有限公司合作在北京建立了农业大数据，即云计算中心，该中心利用大数据，积极开发现代农业信息化服务技术，尤其是研发信息记录、处理及测算的精准、远程、数字及可视为一体化的食品质量安全预警等现代农业技术。

第四，成立农村产业融合综合型社会服务基地项目。面向全国高薪引进优秀人才10余名，与国家级科研院所共同成立农业技术指导服务中心。为了梨树乡周边25万亩土地的广大种植户提供"现代管家式"服务，圣杰农业充分利用和整合"互联网+现代农业"大数据中心、云计算平台中心和圣杰农产品营销中心，建成了覆盖全程、综合配套、便捷高效的新型水田综合性经营主体。通过提供代耕代收、代储代加、代包代销、免费培训、田间指导、无人机航化等服务，不仅降低农业生产成本有成效，进而提升农业生产效率，而且减少资源消耗，不断推动现代农业实现规模化经营、集约化生产、标准化管理、产业化发展、品牌化销售，为企业增效，农民增收打好基础、做好铺垫。

第五，建设美丽乡村休闲度假旅游项目。圣杰农业重点打造现代农业新业态，积极发展乡村休闲旅游产业，持续延伸水稻全产业链，提高综合效益和竞争力，在西柞村和清河村之间的沿乡公路两侧建设5公里"鸭稻共作绿色生态展示区"，在基地广场东侧与西柞村之间建设百米水稻文化主题公园、300亩薰衣草、万寿菊花卉观赏区、生态休闲观光旅游农业园。努力把大胜村打造成桦南县第一生态有机村，桦南县绿色农业休闲旅游第一村，佳木斯市"鸭稻"共作单体面积最大村，被评为"黑龙江省绿色有机农业示范村"。

因此，桦南圣杰农业发展有限公司成功点在于：首先，利用政府优惠政策和财政投资，以市场需求为导向，建立了标准化绿色农业生产基地，流转土地6700亩，土地经营权入股1200亩，订单发展了绿色水稻49100亩，通过统种、统施、统收，实现绿色水稻生产标准化，年可生产优质、绿色、有机水稻3.2万吨，每亩实现增收108元。实现总产值1.92亿元，农民增收1056万元，户均增收2560元。其次，建成了集水稻恒温储存、储存管理、食品加工、包装配送于一体化的现代化智能仓储设施和绿色食品加工项目，达到了省级示范企业标准，每年可加工10万吨绿色水稻。再次，实施"生产基地+农业物联网+现代化智能仓储设施+电子营销平台和社区配送+企业"模式，每年销售额达4500万元，社员比普通种植户增收1000元/亩，全村人均增收4000元。最后，建设美丽乡村休闲度假旅游项目，每年可接待摄影观光游客8万人以上，可实现总产值5000万元，带动农民就业320人。

（2）品牌提升带动型。该类型主要是打造自主知识产权的具有较强竞争力的品牌企业，通过企业合并或联合、产权及股权重新组合、特准连锁经营等经营方式，将品牌标识、产品生产标准和规格、营销模式等规范统一，且与中小涉农企业、家庭农场等新型农业经营主体合作，增加产能，扩大市场拥有率，进而提高整体实力和竞争力，带动基地内其他经营主体发展的一种类型。

例如：齐齐哈尔市宏光米业有限公司打造具有自主知识产权的品牌，增强企业的整体实力和市场竞争力，是黑龙江省典型的品牌提升带动型企业。该公司始建于2000年，于2008年转制成立公司，经过十余年的拼搏，由当时加工量不足1000吨的小作坊，发展到注册资金 7000 万元，资产总额 5100 多万元的米业有限公司。公司占地面积为 70000 平方米，其中建筑面积为 30000 平方米。2016 年固定资产投资 1711.24 万元，新建水稻原料仓储库 2 座，面积 7833 平方米，消防泵房 228 平方米。

在第一产业方面，该公司采用"公司+合作社+农户"的生产经营模式，与甘南县林磊水稻种植专业合作社合作，种植绿色食品水稻 50000 亩。

在第二产业方面，该公司拥有国内 2 条先进的大米生产线，年可加工优质水稻约 30 万吨，日烘干能力 500 吨，库房仓储能力容量 4 万吨。

在第三产业方面，由于该公司与广东、四川、湖南等省市大米销售商一直建立稳定的销售合作关系，每年与种植专业合作社和农户签订种植收购协议，收获后大米全部收购，种植户可以随时按照市场价取款，赢得了广大农户的信赖。同时，充分利用了米业基地的原粮仓储，大大增强了企业粮食吸纳、吞吐能力。该公司按照月发货，年销售大米 3.5 万吨以上，实现了产加销一体化和农村一二三产业融合发展的目标。

因此，齐齐哈尔市宏光米业有限公司通过提升品牌效应，常年安置职工 80 余人，其中专业技术人才 10 人，临时年用工 800 多人次。而且该公司实行"龙头企业+合作社+贫困户"的模式，在分发利润上，以拥有股份多少分配红利。在生产经营过程中，农业产业化龙头企业和农民专业合作社作为新型农业经营主体，积极能动地负起全面建设小康社会的责任，在脱贫攻坚一线发挥着重要作用，带动甘南县平阳镇及附近乡村贫困户 642 家增产增收，摆脱贫困。

（3）合作社产业升级型。该类型主要依靠农民专业合作社作为试点示范单位，主要生产大米和蔬菜，鼓励和支持农民专业合作社在生产地特色加工，保障食品质量安全，拉伸农产品产业链和价值链，创造自主产权品牌，实现农工商合作的一体化经营类型。

例如：密山市盈收水稻专业合作社是专门生产有机食品的企业，入驻密山市国家农村一二三产业融合发展示范园后，采用稻鸭渔共生、综合立体混养、种养一体化新模式，实现种养结合循环农业，显著提高农产品品质。并且，实现从横向种植向纵向种植、传统种植向符合现代社会需求的有机绿色种植、单纯销售农产品向销售农产品和开展旅游生态等趋势转变。

在第一产业方面，密山市盈收水稻专业合作社规模经营水田10500亩，2016年已经种植稻鸭共育水稻3000亩，稻田养樱桃谷鸭3.6万只。并且，投资150万元，建设稻田养鸭有机大米示范区农田物联网系统。装配各类传感器设备，对农田间气温、湿度、光照、风速等监测；装配监视摄像头和视频监视一体化装备，将田间数据实时传送到网络中心，水稻购买者可以使用手机网络在任何时间随时监控稻田养鸭有机大米示范区的日常管理和水稻生长情况，保障水稻插秧到收获期间全部可追溯。另外，示范区构建了食品质量安全追溯系统，并进入黑龙江农产品质量追溯平台，消费者可以通过手机扫二维码，实时观看水稻生产基地的情况，进而提高了可信度，得到了消费者信赖。

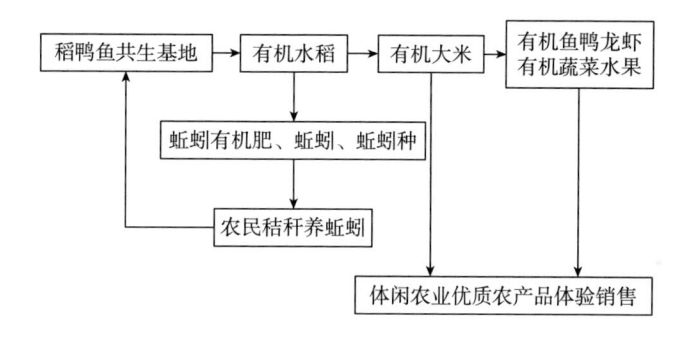

图3-1 有机稻鸭鱼共生、休闲农业产业融合示意

在第二产业方面，该合作社已经投资9600万元建设源丰有机米业有限公司，目前已经建成场库房和办公楼，进行有机稻米加工。

在第三产业方面，该合作社利用互联网和淘宝打开市场，将稻加鸭生态绿色稻米品牌在京津沪等地区打响，可实现纯收入1800万元。计划三年内稻鸭鱼共育有机水稻种植面积达到1万亩，纯收入6000

万元,带动密山市有机水稻种植面积达到 10 万亩以上。发展稻鸭共生项目的同时,该公司又投资 3000 万元建设了 600 亩休闲农业景区,发展餐饮、蔬菜及水果采摘、田园生态游、亲子游、优质特色农产品线下餐饮体验、线上销售。

因此,该合作社以"保底订单+高价收购"的利益分配模式,种植有机水稻亩产 720 斤,口感品质受好评。有机大米最低销售价 20 元,农民种植有机水稻纯收入 4000 元/亩,每亩稻田养鸭 20 只,水稻种植中后期除草效果非常好,平均每只鸭的饲养成本 20 元,成品鸭销售价 40 元/只以上,每亩养鸭增收 400 元,种植一亩鸭稻比普通种植水稻高出 3000 元。

(4)农业内部融合型。该类型主要是根据农业循环经济理论,认真贯彻"种养结合循环农业示范工程",即以试点企业为示范单位,坚持以农业循环经济扩大规模种植和养殖场,通过使用农家肥提高土壤养分,增加如青贮玉米、紫花苜蓿等饲料作物产量,构建农牧相互循环利用、密切合作、有机结合发展的局面,进而提升农业生态经济发展水平。

例如:黑龙江省密山市中豆食品有限公司成立于 2013 年,是以大豆植物蛋白精深加工为主,以粮食收储为辅,以种植专业合作社为基础,集粮食仓储、功能饮品、保健饮品研发、农业主副产品精深加工、消费终端连锁超市和互联网+直销模式、惠农金融服务等多行业为一体的省级农业产业化龙头企业[①]。该公司主要是以优质绿色大豆种植的合作社向精深加工、豆秸秆养牛、"牛粪+蚯蚓+有机肥"的种养结合内部循环模式生产经营。

在第一产业方面:黑龙江中豆食品有限公司设立农民合作社联社,吸纳农民合作社、家庭农场、种粮大户 160 家,规模经营 60 万亩,其中,发展了 3 万亩优质绿色大豆种养加销循环产业集群,适度规模经营比重达 60%以上,形成自主的产业基地。另外,该公司通过

---

① 密山市政府商务局:《密山市中豆食品有限公司》,http://www.hljms.gov.cn/zjms/qysm/201710/t20171019_57747.html。

种养结合，实现粮食就地转化为肉蛋奶，引导农民用豆秸、豆皮子养牛，牛粪养蚯蚓，以此提高农民收入。并建设了2000头规模化养牛小区，配套大豆秸秆颗粒饲料等加工设备，实行种养结合的生产方式，集中消化基地大量的大豆秸秆，提高大豆秸秆饲料利用水平。

通过依托黑龙江中豆食品有限公司，建设了3万亩优质大豆种植基地，农民平均每户年产约20吨大豆秸秆，大豆秸秆蛋白质含量为10%—12%，可以年生产8吨精品大豆秸秆饲料，秸秆饲料化应用，可直接节省大量精饲料粮食，配合玉米秸秆，基地内平均每家可以养4头肉牛，每年养牛纯收入2万元，产生的30吨牛粪，可以生产鲜蚯蚓1吨，蚯蚓有机肥15吨。蚯蚓有机肥用于自家种植绿色大豆，平均每亩地施用0.3吨蚯蚓有机肥，公司利用100个测土配肥站测量土施肥度，节省了化肥利用量，提高大豆品质，保证了中豆公司生产出优质绿色豆乳系列产品，提高豆乳制品市场竞争力的同时，为全市化肥零增长作贡献。

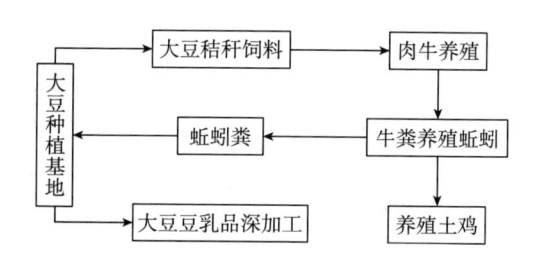

图3-2 优质绿色大豆种养结合产业融合模式

在第二产业方面：黑龙江中豆食品有限公司已建成年储15万吨粮食大型钢构仓储库和日处理800吨粮食烘干塔，公司引进世界先进生产工艺技术建造的年产4万吨大豆植物蛋白乳生产线。生产原料全部来自无污染的"寒地黑土"北大荒绿色种植基地，为生产加工提供了充足的原料供应和质量安全保障。产品在生产过程中采用国际先进的灭菌和无菌灌装技术，不添加任何消泡剂和防腐剂，使大豆植物蛋白乳的常温保鲜期可以延长至270天。

在第三产业方面：黑龙江中豆食品有限公司推动农村互联网建设，利用现代移动互联网通信技术，积极应用如物联网、云计算、大数据、移动互联网等信息技术，将信息化作为突破口，发展农业现代化，积极提升"四化"（农业生产智能化、经营网络化、管理数据化、服务在线化）水平。而且，该公司不仅与黑龙江大米网投资运营有限公司合作，生产的产品在"黑龙江大米网"销售，而且与黑龙江省密山市政府合作，在"兴凯湖特产购"电商平台销售，形成密山优势特色明显的"农业区域公用品牌"、企业品牌和产品品牌，实现了农产品互联网宣传、销售、快递一体化，形成"互联网+农产品销售"农商对接网络营销模式。另外，该公司还经营购销玉米、水稻、杂粮、粮食烘干、仓储、装卸搬运、道路货物运输等业务。

因此，该公司以"保底订单+高价收购"的利益分配模式，每斤大豆收购价格提高 0.1 元，农民 50 亩地纯收入提高 3500 元，平均每亩地种大豆纯收入提高 70 元；农民引进该公司资金，投入蚯蚓种苗，签订蚯蚓回收合同，保证了农民的利益。如果不愿意销售蚯蚓的农户，可以用蚯蚓粉作为高蛋白饲料散养鸡，农民在房前屋后可以散养鸡 150 只，可以生产 2.25 万枚土鸡蛋和 150 只土鸡。公司以每枚土鸡蛋 1 元、每只土鸡 50 元收购，农民可以获得 3 万元收入，纯收入 2 万元。养牛、养鸡所创造的纯收入要远远高于单纯种大豆的收入。

（5）农业功能拓展型。该类型主要是开展休闲农业和乡村旅游项目，对自然生态优越、资源禀赋、历史悠久的县（市、区）作为示范单位，经营休闲农业、乡村旅游、田园采摘等新商业新业态，从单一生产销售农产品发展到一二三产业共同经营的格局，开拓第一产业空间和多样化发展的一种类型。在黑龙江省政府的鼓励和支持下，几个示范县（市、区）合作，构建了具有较强看点的休闲农业和乡村旅游示范路线或典型观光带。

例如：穆棱市是黑龙江省特色农业代表地区，2016 年被认定为"全国休闲农业与乡村旅游示范县（市、区）、示范点"，先后获得"中国大豆之乡""中国红豆杉之乡""中国晒烟之乡"、全国食用菌产业化建设示范县（市、区）、国家肉牛标准化养殖示范区、全国品牌农业示范县（市、区）、全国休闲农业与乡村旅游示范县（市、区）荣誉称号。良好的自然生态条件及全市标准化、循环化农业生产方式，全市拥有117万亩有机农业生产基地，绿色食品生产基地114万亩，是黑龙江省农产品质量安全示范县（市、区）、国家级生态示范区、全国绿色食品标准化生产基地。并且，穆棱市境内有大小河流1323条，森林覆盖率60%以上，生态条件良好，自然环境优美。

根据穆棱市的资源禀赋条件，在农村一二三产业融合示范园区内，现有农业龙头企业20家，行业覆盖种植、养殖、加工、旅游、电子商务等十几个领域；示范园区内现有农民专业合作社155家，家庭农场329家，目前通过龙头企业、合作社及互联网销售的农产品占全区农产品的60%以上。同时也形成了"全国绿色食品原料大豆、玉米、肉牛、黑木耳标准化生产基地"等一批在国内外具有一定影响力的产业融合发展主体。

在第一产业方面：在农村一二三产业融合示范园区内，重点建设了四个主导产业生产基地。第一个是烟叶生产基地。全面推广晒烟和烤烟生产标准化模式，完善烟田水利排灌、农机具、标准化烟站和棚室晾晒设施配套建设，打造现代穆棱烟产品知名品牌。主要在穆棱河沿岸实行整村连片推进，突出低危害和产品特色，提升烟叶质量。把烟产业建设成为促进农业增产、农民增收、企业增效、政府增税的主导产业。到2020年末，两烟种植面积将达到2万亩，年均增长6.6%；烟叶总产量将达到4000吨，年均增长11%；实现上缴税收2000万元，年均增长6.6%。第二个是牛羊养殖基地。以牧草和青贮玉米为优质饲料，以建设规模化养殖场为目标，加快发展肉牛和肉羊养殖业。推进规模化养殖场与饲料种植基地一体化，采用舍牧结合饲养模式，提高单位面积载畜量。选用专用品种，打造知名品牌，做大做强现有肉牛羊屠宰加工企业。通过招商引资和创办小微企业增加加工企业数量，加强市场营销拉动牛羊养殖业发展。建设良种繁育基地，完善疫病防控体系，提高优质标准化生产水平。整合养殖业加工品牌，借助"互联网+"电子商务平台，在全国叫响龙穆品牌。建设农牧结合、资源循环、健康养殖、产出高效的现代生态畜牧业，打造黑龙江省东南部重要的高中端肉牛羊生产基地。到2020年末，全市肉牛存栏量将达到19.3万头，年均增长5.3%；畜牧业总产值达到23.1亿元，年均增长8%。第三个是菌类生产基地。扩大特色食用菌生产面积，增加产量，提高质量，打造特色品牌。推广草腐菌种植、废弃菌包处理利用和小孔单片栽培技术，推进由传统地栽向棚室生产转型。引入香菇新品种，扩大灵芝、元蘑等品种种植规模，建设有机木耳生产基地，形成梯次发展格局，实现生产技术标准化。力争黑木耳、冻蘑、香菇等7个品种获国家有机认证及SC标识。重视产品分级和质量，打造"龙穆耳""龙穆菇"和反季花菇等特色食用菌国家知名品牌。到2020年末，食用菌种植总量将达到10亿袋，年均增长10.8%。第四个是蔬菜生产基地。促进和建设向俄国蔬菜出口基地。完善基础设施，建设仓储、交易、物流等服务平台，新增温室200栋，总规模达到900栋，年产蔬菜4500吨，打造全省蔬菜产业示范园区。以秋菜生产为主，鼓励发展蔬菜保鲜和精深加工业，建设速冻蔬菜、脱水蔬菜、冬储秋菜、腌渍食品、饮料果脯和软硬包装等多种类型的特色蔬菜产业化基地。结合果树和特色种养业，鼓励因地制宜发展休闲娱乐、旅游观光、生活体验、生产景观、文化传承等特色创意农业，挖掘农业增值潜力。

在第二产业方面：示范园内现有农业产业化龙头企业20家。如国家级龙头企业凯飞食品公司，产品出口德国、瑞典、美国、以色列等国家，瑞多依牌系列产品获得省级著名商标和名牌产品。穆棱市注册了龙穆黑牛、龙穆耳、穆菇、龙穆香菇等商标，获得牡丹江市知名商标。示范园内龙头企业年加工各种农产品15万吨，年产值达15亿元。不仅如此，龙头企业还直接建设各类农产品基地100万亩以上，带动了有机大豆、绿色玉米、绿色水稻、绿色白瓜、棚室蔬菜、棚室食用菌等成型示范基地发展。到2020年末，农产品加工率可达65%以上，农产品质量抽检合格率达到99%，"三品"认证农产品比率达到80%，省级以上名牌产品数量为4个。

在第三产业方面：首先，示范园内重点企业经营主要业务产值如下：穆棱市凯飞食品有限公司投资1.2亿元，主营有机大豆、玉米等四大类产品种植与加工，产品出口欧美等国，产值为2亿元；穆棱市坤江米业有限公司投资2.08亿元，主营玉米、稻谷等农产品种植、仓储和加工，产值为5亿元；穆棱市菲尔食品有限公司投资0.3亿元，主营南瓜种植与加工，产品全出口，年加工量3000吨，产值为0.12亿元；穆棱市富赢科技有限公司投资1亿元，主营全脂米糠生产加工为主，年加工量500吨，产值为0.5亿元；黑龙江天恒饲料科技公司投资1.2亿元，主营粮食仓储、饲料加工及研发、养殖基地建设等，产值为0.8亿元；盛源经贸有限公司投资0.96亿元，主营以瓜子、野菜、特色产品为主，以"基地＋农户＋加工＋出口"为一体的生产模式，产值为0.75亿元；寻珍记食品公司投资0.35亿元，主营以蜂蜜、黑木耳等特色农产品加工销售为主，产值为0.15亿元；黑龙江省铕赫食品有限公司投资1.2亿元，主要经营生产酱汁类、腌渍类产品，产品以出口为主，产值为0.55亿元。其次，打造品牌旅游综合开发项目。通过多途径多渠道融资的方式，大力发展乡村旅游、休闲农业、森林康养等公共服务基础设施设备条件。整合"吃、住、行、游、购、娱"要素，实现一体化经营、一条龙服务。到2020年末，旅游景区达17个，年均增长11.1%；旅行社数达7个，年均增长18.5%；接待游客达410万人次，年均增长32.5%；旅游产业年总收入达10.4亿元，年均增长20.8%。"十三五"期间旅游综合开发重点项目共14个，总投资约20.1亿元。最后，线上线下融合，共建共享电商新平台。依托"互联网＋"，培育各类电子商务市场主体，构建集电子商务平台、应用企业、服务企业和产业基地于一体的电子商务产业体系。加快创新电子商务运营模式，大力发展互联网交易、跨境电子商务、网络预约定制等新型电子商务业务，促进线上线下融合发展，搭建电商营销高速路，促进新型农业经营主体、加工流通企业与电商企业全面对接，积极利用拼多多、淘宝、京东等电商平台，推动线上及线下互动发展。利用好跨境电商产业园，全力抓好省大米网穆棱分馆建设，着力建设农产品上行平台，力争农产品电商店铺达到30个以上，解决农产品价格低、销售难问题。建设电子商务移动客户端，开发穆棱购垂直细分类的移动APP，建设自有的掌上穆棱、龙穆逸品 2 个电商平台，形成产加销一条龙、贸工农一体化发展格局，推动"三产"融合发展。完善提升跨境电商产业园物流运输、货物仓储、包装销售等服务功能，形成闭合完整的产业链条。帮助符合条件的企业办理证照，解决产品在线上销售问题。推动穆棱市农产品加工企业（合作社）与跨境电商产业园及各乡镇的电商创业园开展合作，创建农产品特色品牌，实行"统一配套、统一运营、统一推广"的电商创业平台，实现资源共享、降低成本、拓展市场、高效发展的目标。扶持农事企业、合作社等新型经营主体建立健全农业物联网体系，完善田间监控网络，加强农业自动化、智能化和远程控制建设。

因此，农业产业化龙头企业通过利用穆棱市的资源禀赋，开发和加工烟叶、牛羊肉、菌类、果蔬等农产品，通过"互联网+"、直销等方式销售，打造成集种养殖、加工、储存、包装、运输、销售、采摘、休闲旅游为一体的商业模式。在垂直方向上，延伸农业产业链，实施产加销一条龙服务，实现农村一二三产业融合各环节有机衔接，将零散小农户及小农场与城市有效连接。在横向上，深入挖掘穆棱特有的自然生态、产业特色、历史文化等资源，促进创意农业、民俗村镇建设，最大程度提升农业的价值创造能力。其中，截至 2018 年，年新增就业人口为 1.5 万人，农村居民人均收入达到 18620 元/年，职业农民培训达 35000 人次/年，规模采摘园数量（50 亩）以上的有 20 个，省级休闲农业示范点和乡村农业旅游点 6 个，接待乡村旅游人数达 50 万人/年，AA 以上景区认定有 5 个，综合展示和娱乐中心有 76 个，游客满意度为 99%。

六 发展特点

黑龙江省农村一二三产业融合发展特点可归纳为以下四点。

第一，生产要素相互融合。劳动力、资金、技术、土地等生产要素相互融合和相互渗透，大力发展黑龙江特色农业和乡村秧歌旅游、"互联网+农业"、文化创意农业等新商业和新项目，推动农业技术创新、价值链提升、符合现代社会的新产品，成为我国实现乡村振兴的重要途径。

第二，打造产业链发展。政府通过"自上而下"的体制机制，引导龙头企业、合作社、农民、商人等经营体,参与到农村一二三产业融合,挖掘和开发乡村资源资产,支援新型农业经营主体,联结产业链中的各个环节,实现农工商一体化和产加销一体化。

第三,构成利益联结共同体。参与农村一二三产业融合的经营主体,通过商业合作、入股分红等利益联结方式,相互依赖、相互生存,形成风险共担、利益分享的共同体,尤其是让农民参与到一二三产业融合各个环节中,分享农村一二三产业融合带来的好处,实现农民增收,提高农民生活质量。

第四,可持续发展。农村一二三产业融合的源头在于第一产业,而第一产业是国民经济发展的基础,只有农林牧渔业不断地可持续发展,才能吸引现代生产要素渗透到第一产业,延长农业产业链,提升价值链,促进农业农村繁荣发展和农民致富。

七 多元化主体培育

(1)强化农民专业合作社和家庭农场基础作用。由黑龙江省农业农村委员会和畜牧兽医局组织制定了《家庭农场认定管理办法》,举办规范评比活动,规范农民专业合作社和家庭农场合理经营。对于农民专业合作社,扶持农民专业合作社生产、加工及销售农产品,形成产加销一体化经营,并扩大合作社经营服务范围。对于家庭农场,扶持家庭农场将自己生产的农产品地产地销,或与相同品种农民专业合作社合作,与大型超市及城镇社区协作,形成"农超对接,农社合作,产地直销,物美价廉"。鼓励和支持返乡农民工、种养大户、大中专高校毕业生等新型生产经营主体申办农民专业合作社,开办家庭农场,积极经营第二、三产业。应实施农民专业合作社辅导员制度,对合作社理事长、带头人、经营人员、管理人员等教育培训,逐步建成农民专业合作社人才数据库。鼓励有能力符合规定的大型家庭农场和农民专业合作社接受政府委托的农业项目,并将国家财政扶持资金与农业项目挂钩,实现资产委托合作社成员拥有和管理维护政策。积极支持农民合作社通过合并的方式,将周边的家庭农场和农户的土地兼并,开展试点示范,最终形成农民专业合作社联合社,并制定章程,共同经营和承担风险。

（2）鼓励农业产业化龙头企业主导经营。由黑龙江省农业农村委员会、森林工业总局等政府部门组织协调，大力扶植省级农业产业化龙头企业及林业产业化龙头企业的资本运营，通过吸收社会资本，实施超越区域、行业及所有制的合并、结合、重组，使规模持续壮大，指导企业向农产品生产、加工、流通、电商及农村服务等方向重点发展，以入股、投资、合作等经营方式，与农村农民共同建设规模化的标准化农产品生产基地，构成了"企业+合作社+农户"利益联结模式，发展适度的规模化经营，共同创造利润。林业产业化龙头企业在合理配置要素资源的基础上，对产业链和供应链强化管理，不断提高商品的价值链。支持龙头企业构建现代化物流体系，完善产品营销网络建设。黑龙江北大荒农垦集团总公司应以资金、技术、人才、数据等现代生产要素优势，积极带领垦区周边农村经营，并培育出能够开发俄罗斯远东地区的国际跨国龙头企业，不断积累经验，成为黑龙江省农村一二三产业融合的典范。

（3）鼓励供销合作社发挥综合服务作用。由黑龙江省供销合作社组织协调，促进省供销合作社和新型农业经营主体合作，培植一批具有深加工和物联网的省级农业产业化龙头企业。创办若干个涉农专业服务企业，开拓乡村服务业范畴，以协作、加盟、订购、委托等方式，对新型农业经营主体和贫困户供给农用物资、农业机械施工、储藏加工、商品营销等全过程一条龙服务。完善"互联网+农业"营商环境，扶持和补助物流各行业，创新各业态，组建乡村电商平台。扩大供销合作社经营范围，从服务物流业向乡村社会服务全程扩张，并拓展到城镇社区服务。重点从事农业物资供给和农产品物流运输等服务，为新型农业经营主体和一般农户提供物美价廉及方便安全的服务业务。利用黑龙江省政府构建的"惠丰通村网"平台，以"互联网+实体"和"线上线下"等经营方式，搭建"百城+千乡+万村+百万农户"的网络化模式。尤其是要壮大黑龙江金惠丰绿色食品有限公司，多途径构建产加销一体化平台。截至2019年末，仓储配送中心建设到县级行政区，在省、市、县地区建成设施设备完整、功能现代的供销合作社物流配送体系。

(4)积极发展行业协会和产业联盟。由黑龙江省农业农村委员会和畜牧兽医局负责组织协调，积极制定农产品生产安全标准及新业态发展模式，通过鼓励行业协会自律、品牌营销及教育培训等业务，在农产品质量检验及信誉评价等方面，将一部分管理职能委托行业协会管理。并支持构建"政府+龙头企业+农业科研院校+合作社"模式，形成产业同盟，鼓励该同盟会员凭借产业同盟平台，积极开展技术研发、转化成果、集资借贷、整合品牌、共同销售等产业经营方式，达成信息共享和取长补短。

(5)鼓励社会资本投入。由黑龙江省财政厅、旅游发展委员会及农业农村委员会等政府部门负责组织协调，改善乡村农产品市场氛围，支持省内外工商业资本向乡村地区投融资，培育现代企业经营型农牧业，对乡村荒山、荒沟、荒丘、荒滩、贫地，即"四荒一贫"经营精耕细作，治理乡村自然环境，建设农田水利，积极修复恢复自然生态。国家财政补助资金政策一视同仁地扶持社会各类工商业投融资项目，对达到一定规模面积的高标准田及生态公益林等投融资建设的项目，当符合《中华人民共和国土地管理法》、省土地利用战略规划、保障我国粮食安全的18亿亩良田等集约用地审批手续的前提下，可以规划出一部分农用地经营休闲农业和乡村旅游等新商业新业态，并允许吸收其他社会工商业资本，商业化社会化经营乡村服务业。加强农田水利投融资体制机制改革，使用专项建设基金、抵押担保贷款等政府扶持资金建造农田水利项目，尤其是以政府招商引资的方式，吸引俄罗斯商人或企业投资农村一二三产业融合经营项目。

综上，黑龙江省从重点发展"农工商一体化""产加销一体化"经营，不断朝着"种养、加工、宣传、销售、康旅、治愈"六业延伸，引导农民合作社延伸产业链，提升价值链，发展农产品加工、物流和厂家直销。农业产业化龙头企业前后延伸，带动和建设了绿色和有机食品"互联网+"高标准示范基地，形成了比较成熟的"企业+基地+农民合作社+农民"的发展模式，农业产业集群效应凸显。2016年，黑龙江省优秀农产品展销会在国内外共开办17场，共签订购货合同和意向契约310多亿元。而且黑龙江省内农村电商运营主体大概有 2.7 万个，总销售额已经超出 100 多亿元。其中，在黑龙江省评定的省级"生态龙江网"涉农电商平台中，共加盟 1785 个农民专业合作社和涉农食品企业等新型农业经营主体。在稻米、大豆及粗粮等优质农产品领域，黑龙江省在国内最先实现众筹销售模式，利润额达到 30 多亿元。在黑龙江省创新创业大赛项目中，28 所高等院校利用省内 55 个"互联网+农产品"营销试点基地进行创新创业而获奖。截至 2017 年为止，黑龙江省内共有 2000 个农业产业化龙头企业，完成销售额 3100 多亿元。另外，黑龙江省积极促进信息技术、物联网技术等新技术在第一产业领域的应用，建成以大米网为核心的全省农产品电商集群，大米网第一年运营交易额达到 22.8 亿元，推出 497 个众筹、集团订制、私人订制等互联网营销项目，实现销售额 60.6 亿元。

八　利益联结机制构建

（1）创新发展订单农业。由黑龙江省农业农村委员会和银行业监督管理局等政府部门组织协调，鼓励农业产业化龙头企业建造规模化、标准化、专业化、集约化（简称"四化"）农产品生产基地，以"平等互利、风险共担、利益按股分享"为原则，与村委会、家庭农场、农民合作社、农民合作，签订农产品收购契约，按照即时市场价格购销，加强签订合同者的契约精神，形成稳定的利益联结关系。支持农业产业化龙头企业构建科技研发、生产技术标准及质量安全可追溯体系及方法，与政府共同建立营销基金，创造名牌，实现利益最大化。

（2）鼓励发展股份合作。由黑龙江省农业农村委员会和畜牧兽医局等政府部门组织协调，将农户的农用地承包使用权确权备案颁发证书，村集体经营性资产按照股份计算到户，加速改革农村集体产权制度。鼓励和支持示范县（市、区）在充分调查研究和听取多方建议的情况下，制定符合法律规定的农用地价格标准，当农民将自己农用地经营权参股或出租，以及涉农企业吸纳农民股份或租借时，有个农用地价格标准作为依据。将农用地和林地作为核心生产要素，以"保底收益+按股分红"等利益联结机制，新型农业经营主体不仅可以享受政府财政投资或政策扶持，而且与农户合作，让农户获得农产品加工、运输及销售各环节带来的收益。为了确保农户农用地使用权参股部分的收入，建立了农民承包农用地使用权参股的股份合作社及股份合作制企业利润分发机制。

（3）强化工商企业社会责任。黑龙江省农委、畜牧兽医局、发改委、财政厅等负责，号召参与农村产业融合的工商企业择优聘用流转土地的农民，并对农民进行技术培训、工作就业和医疗及住房保障。发挥工商业企业主导优势，订购农户农产品，使其稳定生产经营规模，适时扩大产量，进而增产增收。制定和完善农业产业化龙头企业认定监测工作，实施不定期监测管理，逐渐形成向社会公开责任的报告制度。建立农业产业化龙头企业与农户合作激励措施，国家有关财政扶持优惠政策与工商企业负责项目数量和质量挂钩。

（4）完善经营风险防范机制。由黑龙江省农业农村委员会、财政厅等政府部门组织协调，加快土地确权制度，推广和谐的农用地流转关系，宣传和推行"实物计租结算""租金动态调整"等货币计价方式。在不违反我国土地管理法及保护18亿亩粮田等规定下，社会工商业资本按照规定出租农用地，创设农民承包农用地使用权分类分档登记制度。指导各农村一二三产业融合示范区制定农用地经营权租赁及订单农业等农业经营风险保证金规定，探寻农业保险和担保能否与农业经营风险保障金挂钩，提高社会工商资本抗风险能力。加强和提高新型农业经营主体契约精神，支持构建符合农村地区特点的信用评价体系和方法。尽快制定农业经营合同或契约模板，根据合同法追究农业经营合同违法行为。加强监督农用地租赁经营权等合同的守约情况，构建完善的纠纷调和评断体系，依法保护守法者的权益。

综上，黑龙江省政府依照"基在农业、利在农民、惠在农村"的发展思路，充分利用市场配置资源的决定性作用，推行合作制、股份合作制、股份制等组织形式，引导农业龙头企业与农户、合作社之间形成利益联结，让企业与农民实现双赢，实现共同发展、共同富裕。为此，黑龙江省为了把生产要素留在农村，把就业机会和经济效益留给农民，建设美丽乡村，企业与农民、合作社实施了"保底收益＋股份分红""保价收购订单""保底订单+高价收购""保底收益+高价分红""长期订单+农业保险""保底订单+配套基础设施+民宿修建配合旅游资源分流"等多种渠道利益联结关系,使农村资源变资产、资产变资金、资金变股金、村民变股民、农民变工人,分享农业与第二、三产业增值带来的红利。例如2017年,庆安东禾集团带动东禾水稻种植合作社吸纳2858户农民共同经营,入社和流转土地33万亩,农民获得"保底收益+股份分红"等多种渠道利益联结关系,收益达到1016万元。

九 多渠道服务

(1) 公共服务平台搭建。由黑龙江省农业农村委员会、发展和改革委员会等政府部门组织协调,构建农村一二三产业融合县(市、区)级营商一站式服务网站,主要以农产品电商、休闲旅游、农产品价格信息、企业合作等一体化服务。为了大力发展农村电商基础设施建设,可先使用现代农业产业园区里的空置厂房、仓储设施设备等闲置房区,出台招商引资的优惠政策,吸引一批符合开发当地资源的电商服务企业投资,改善农村创新创业转化平台,建立线上技术服务体系,积极为投资企业提供技术、合作、市场等专门信息、解决措施及其他建设性服务。依靠区块链、物联网等第四次产业革命成果,以"政府指导、多元合作、企业主导、互惠互利"的原则,支持和鼓励涉农企业积极参与和共享农村一二三产业融合公共服务平台建设。建立农村一二三产业融合县(市、区)级资产交易中心,以政府多方协调和宣传等方式,引导政产学研合作,为各经营主体提供公共服务。

(2) 农村金融服务创新。由黑龙江省农业农村委员会和黑龙江证券监督管理局等政府职能机构组织协调,制定乡村普遍优惠金融政策,农村信用社设立到乡镇级别,推广和完善乡村基础金融服务。切实贯彻农村信用社定向费用补贴政策,具备条件的农村金融银行,即乡镇银行、小额贷款公司和农村资金互助社年度贷款平均余额给予2%比例的定向费用补贴。鼓励农村信用社利用政府的奖金、补贴、税收减免等优惠政策,与新型农业经营主体合作,建立利益共享的机制,扶持农村一二三产业融合经营主体贷款服务。正确实施乡镇银行机构农业贷款增幅嘉奖政策，对乡镇银行金融的"农户农林牧渔业贷款""农户消费和其他生产经营贷款""农村企业及各类组织农林牧渔业贷款"和"农村企业及各类组织支农贷款"四种农业贷款平均剩余金额增进程度超出15%以上，不良贷款率低于3%的或同比降低的，以贷款平均剩余额度超出增值部分的，将以奖励的形式赋予2%比例的农业贷款增量。以肇东市为试点示范单位，积极摸索农产品规模生产经营体营销贷款业务，并在黑龙江省15个试点县开展农村土地承包经营权抵押贷款业务，并在3个试点县实施农民住房产权抵押贷款业务。以会员制、民主集中管理制和封闭式管理为原则，探索农民专业合作社资金相互帮扶试点工作，以此发展新型农村合作经济金融业务。在设立25.5亿元农业担保资金后，再投资10亿元招标国内愿意支农爱农的具有实力的融资担保公司，在黑龙江省内经营新的融资担保公司，用来扩大保证金额规模。适时发行多种信托型理财产品，允许农业产业化龙头企业订单作为抵押物，担保理财产品。支持农村一二三产业融合融资等租借业务。鼓励和支持农业企业吸纳社会工商业资本，鼓励有能力的农业企业发行债券或以资产证券的形式融资。实施农业保险担保贷款业务的进程，开拓涉农保险质押范围。鼓励有能力的农业企业在全国中小企业股份转让系统挂牌或在交易场所上市，壮大农产品期货市场的实力，建设黑龙江省农业产业化期货农产品储藏库，有助于黑龙江省期货农产品大发展。

（3）人才和科技支撑强化。由黑龙江省发展和改革委员会、人力资源和社会保障厅等政府部门组织协调，加快培育现代职业农民进程，构建农民专业技术教育、农民经营管理教育、农民意识素质教育的"三位一体化"的体制机制，加大培育农业经纪人和农村实用人才力度，从政策支持、财政补贴、组织领导、认证控制、后续服务等角度，培育生产经营型、服务管理型和专业技能型等新型职业农民培训工作制度。完善扶持政策制度，激励高校农业院校教师专家积极申报科技特派员工作，吸引大学生到乡村一线创新创业，执行和落实农民工返乡创新创业三年行动计划、现代青年争当农场主计划和百万乡村旅游创客行动。出台新型农业经营主体创新创业贷款政策，监事贷款申请条件和评审程序。激励高校教师成为省市科技特派员后，到新型农业经营主体兼职，鼓励以知识技能方式参股入股并形成长效机制。以财政补贴方式，鼓励涉农企业和高等农业院校研究所等单位机构积极研发农村产业融合技术，尤其是研发农产品加工、储藏、包装、食品质量安全标准及可追溯体系等新科技新标准，以及对农作物增产增收、现代智能农业机械、污染防治、秸秆利用等重大瓶颈技术的研发。

（4）农业农村基础设施条件改善。由黑龙江省发展和改革委员会、工业和信息化厅等政府部门组织协调，推行黑龙江省亿万亩绿色环保高标准生产农耕地开发规划，持续加大乡村农用地整备力度，改良和提高中低农耕地水平，加速推进乡村农耕地水利、电网、道路、通信等基础设施建设，加快修复乡村生态整治和绿化建设，构建绿色生态环保型乡村。在制定城乡融合规划过程中，应把乡村物流基础设施列入规划中，兼顾乡村物流基础设施建设，设置纵向"市+县（区）+乡（镇）+村"四级物流中转中心，完善乡村农产品物流网络化体系。加快创建黑龙江省综合物流服务园区，运营初级农产品和加工品的运输、贮藏、包装、派送等业务，做好省综合物流服务园区对接服务，向新型农业经营主体、地产地销市场、农业物资配送中心等主体提供物流服务。并为休闲农业和乡村旅游建设完善的配套设施设备，例如建设停车场、特色民宿、洗浴按摩、美食街道、休闲娱乐等配套设施。

（5）贫困村农村一二三产业融合的培育。黑龙江省发展和改革委员会和畜牧兽医局等政府部门组织协调，鼓励贫困县以资源禀赋优势，经营特色农牧业、农产品精深加工业、休闲农旅、创意农业及农村电商等第三产业。开展符合农村一二三产业融合的经营项目，按照当地实际情况和市场需求，落实脱贫攻坚战，将国家扶贫基金侧重21个贫困县。培育新型农业经营主体扶贫开发，鼓励省内企事业单位、个人投资、社会团体等有能力的主体与贫困县进行农村一二三产业融合合作，开发经营项目。

（6）农业产业链条延伸。农村一二三产业融合，第一产业是前提，第二产业是基础，第三产业是根本。其中，加工业和制造业（第二产业）、休闲农业和乡村旅游（第三产业）对第一产业起到增值和引领作用。农村一二三产业融合发展作为乡村振兴战略的重要途径，被列为黑龙江省"十大工程"之一进行了部署和实施，在提升和转型升级农产品加工业和制造业规模的同时，以蔬菜、杂粮杂豆、鲜食玉米、马铃薯等优势产业，重点发展产地初加工，扶持建设了一批烘干、冷藏等初加工设施。2017年，黑龙江省农产品加工业增加值同比增长4.7%，比同期工业增速高出2个百分点。坚持开展最美休闲乡村和精品线路创建评选活动，发展采摘体验等特色项目。2017年全省休闲农业和乡村旅游经营主体数量为5703个，同比增长10.2%；营业收入达到82.4亿元，同比增长10.6%。

（7）农产品加工业推进。2017年11月4日，黑龙江省委省政府为了深入贯彻落实党的十九大精神和习近平总书记到黑龙江省考察调研时的重要讲话精神，将"粮头食尾""农头工尾"作为发展农业现代化、落实乡村振兴战略、促进黑龙江省全面建设小康社会的重要措施，也是黑龙江省的希望所在。因此，黑龙江省委省政府对"粮头食尾""农头工尾"作具体工作部署，并出台《全省加快推进"粮头食尾""农头工尾"实施方案》和18个子方案，规划到2020年全省农产品加工业主营业务收入年均增长9%以上，农产品加工业与农业总产值之比达到1.2∶1。截至2017年11月，黑龙江省全省粮食加工新建9个单体30万吨以上玉米深加工项目，全省粮食加工企业实现产品销售收入816亿元，增长19%；在乳品加工上，重点发展具有竞争优势的高品质婴幼儿配方乳粉，全省乳业主营收入实现317.4亿元，同比增长3.5%；在果蔬山特加工上，蔬菜加工产值实现181亿元，同比增长41.7%；在绿色食品加工上，绿色有机食品企业发展到970家，加工产值实现1600亿元，同比分别增长9%和9.7%；全省规模以上农产品加工企业达1941家，主营业务收入实现3241.6亿元。

（8）休闲农业和乡村旅游的发展。休闲农业及乡村旅游作为现代社会新商业、新业态之一，是实现和发展农村一二三产业融合的渠道之一，也是推进农业农村经济改革发展的旧动能转换，更是提高农民增加农业外收入的一种新门路。为了实现国家有关发展休闲农业及乡村旅游的重大决策，设立农村一二三产业融合试点示范区，发展新模式，归纳可复制、可推广、可持续的经验，为将来普及推广做好准备。依照国家农业农村部和旅游局颁布的《全国休闲农业与乡村旅游示范县（市、区）、示范点认定名单公示》，从2010年至2017年间，黑龙江省被评为全国休闲农业与乡村旅游示范县（市、区）有12个，示范点有18个，具体名单见表3-1。而且，2017年，黑龙江全省休闲农业和乡村旅游风生水起，经营主体数量、营业收入分别达到5703个和82.4亿元，同比分别增长10.2%和10.6%。

表3-1　　黑龙江省被评定为"全国休闲农业与乡村旅游示范县（市、区）、示范点"名单

年份	示范县（市、区）	示范点
2010	宁安市	宁安市渤海上京旅游有限公司、甘南县兴十四村、漠河县北极乡
2011	铁力市、宾县	北大荒现代农业园、兰西黄崖子关东民俗旅游文化村
2012	友谊县	北大荒闫家岗国际温泉旅游度假区、佳木斯市敖其赫哲新村、大庆市杜尔伯特县银沙湾景区
2013	虎林县	哈尔滨市南岗区红旗农场都市农业园、哈尔滨市阿城区金龙山度假山庄
2014	木兰县	尚志市一面坡镇长营村、兰西县锡伯部落、宾县滨州镇友联村
2015	哈尔滨市阿城区、穆棱市	绥芬河市蓝洋农业生态观光园、伊春市新青区松林户外风情小镇、街津口赫哲族壁画小镇民俗体验区、嘉荫县向阳乡茅兰沟村、绥化市经济开发区阳光休闲山庄
2016	东宁市、林甸县	
2017	海林市、五常市	

资料来源：根据农业农村部、国家旅游局颁布的各年度《全国休闲农业与乡村旅游示范县、示范点认定名单公示》整理。

（9）农民共享增值收益。2016年，通过参加竞争立项，国家财政部和农业农村部将黑龙江省的12个县（市、区）列为全国12个农

村产业融合试点省份之一，给予1亿元资金支持，2017年增加到1.28亿元。黑龙江省依托国家投资基金，2016年选取肇源等13个县（市、区）、2017年选取海伦等21个县（市）开展农村产业融合试点示范工作，支援试点示范县（市、区）围绕产业融合模式、主体培育、政策创新和投融资机制等方面摸索革新，通过先建后补、以奖代补等方式，支持新型经营主体大力发展加工流通、休闲农业和电子商务设施。2017年，黑龙江省全省支持示范项目43个，完成固定资产投资7亿元，直接带动农民增收2000多万元。比如在延寿等21个县（市、区）开展农村产业融合示范工作，围绕产业融合模式、主体培育、政策创新和投融资机制等方面开展试点探索，支持建设融合项目65个，固定资产投资16.9亿元。向农民普及推广合作制、股份制及股份合作制等经营方式、"农民+合作社+企业+品牌"等经营模式和"保底收益+按股分红"等分配方式；在佳木斯市桦南县，大力号召及开展农户自愿将农用地使用权入股农业产业化龙头企业等新型农业经营主体试点工作，努力实现农业产业化经营，参与试点农民亩均收入1555元，比出租土地经营权多收入82%。2017年，全省农业产业化龙头企业达到2000个，销售收入3100亿元，带动种植业基地面积达到1.4亿亩，有340万农户积极参与到农业产业化经营。

十　运行管理机制

农村一二三产业融合发展需要从系统工程的视角运营，其不但与农业、农村、农民密切相关，而且扩展到工商、科技、金融等领域。为确保农村一二三产业融合发展顺利而有效地进行，在健全组织管理、建立运行管理机制等方面实施如下机制。

（1）组织管理机构成立。一般情况下，坚持"政府领导、市场主导、企业引导"的原则，成立由试点示范地区政府县（市）长任组长、主管副县（市）长为副组长的农村一二三产业融合发展工作领导小组，组织领导和综合协调示范园的总体发展建设工作；实施农村一二三产业融合示范地区经营项目"特事特办、急事快办"和"一事一议、一事一案"，加快项目建设中的重大事项落实，项目建设配套资金及时到位。领导小组指定农业局作为全权负责农村一二三产业融合日常工作的办公地点，主要负责统筹农村一二三产业融合重点项目建设，制定规划和具体方案，监督农产品质量，采购先进的设施设备，组织相关人员学习先进的科学技术等有关日常工作。另外，应保证政府制定的主导产业（如大米、玉米、蔬菜等农产品）建设项目妇孺皆知，让农民们提高生产积极性，统筹推进，顺利发展农村一二三产业融合，保证国家粮食安全等目标及任务的顺利实现。

（2）融合导向机制建立。将农村一二三产业融合作为实现乡村振兴战略的重要途径之一，导向规划建设与发展，积极践行各项相关政策，强化监管职责；将研发、生产、加工以及销售这一产业链下的企业进行融合，充分发挥出政府的引导与推动作用，以企业为主体来实现市场化运营，以效益优先为发展原则，确保在建设与发展园区的过程中，搭建良好的融资平台，并协调各方群体间的利益关系以及监管的职责，提升涉农食品企业的综合竞争力，推动示范县（市、区）的社会经济快速发展。

（3）协调与管理机制建立。黑龙江省在发展农村一二三产业融合中，构建了"政府领导、企业主导、科研院所辅导、合作社（家庭农场）疏导"的多方主体共同合作的体制机制。黑龙江省发改委和农委在落实和完善顶层设计的基础上，积极利用政府的协调和组织职能，帮助解决农村一二三产业融合发展过程中存在的生产要素问题，保障和确保农村一二三产业融合示范区内的建设工作顺利进行。

（4）示范点运行机制健全。农村一二三产业融合示范地区的涉农食品企业、一般农户、专业合作社依照"自主经营、自负盈亏、自力更生、自律竞争"的原则，进行经营和管理。并且不断出台"产权明晰、责任明确、管理科学"的现代企业经营制度，基于当前企业管理理念下，实现现代化管理制度体系的搭建，保证企业在示范地区内实现稳健发展，带动农民持续增收，形成了产、加、销一体化的企业经营机制，促进示范地区的持续健康发展。

（5）科技推广与技术服务机制建立。通过农业科技创新和先进技术普及推广，让农产品市场、科技研发人员、一般种养户密切合作，在充分发挥现代农业技术推广体系作用的同时，逐渐在农村一二三产业融合示范区（或示范园）为经营性服务区，农业产业化龙头企业为主体，高等农业院校为科技源，与农民合作社、家庭农场、村委会、零散农户联系组织起来，构建多方合作的农业科技推广新体系。在农作物品种方面，引进的新品种通过试验种植成功后，在示范区内规模种植。在生产技术方面，通过"双招双引"政策，加快引进国内外先进的农业科学技术，且普及推广相应的配套技术，加快技术的转化率，提升示范地区生产质量与效益。

（6）农业生产安全保障机制建立。引导农民参与农业政策性保险，逐步扩大保险范围，完善农业保险机制，进一步提升对农业、农民的保障水平，确保示范地区农业保险全覆盖，增强农业保险的稳定性和可持续性；增加农业商业保险和农业协作保险力度，彻底完成农业生产经营零风险，为农业产业发展解除后顾之忧。

（7）运行监督机制建立和完善。按照政企分离、政资分离原则，建立和完善运行监督机制，提升高效服务能力，保证创建工作经费，建立一个有创新特色的开放式示范地区运行机制。首先，严格实行目标考核。示范地区创建工作纳入绩效考核，列入部门重点推进工作，实施绩效考核。细化工作方案，将创建工作列为年初工作目标及具体任务，年末实施工作目标及具体任务绩效考核，实行表彰先进，严肃履行奖惩制度；其次，制定督查监测体制机制。对项目任务实施不到位、思想懒散懈怠、工作缓慢落实的部门及相关人员进行监督查办；对示范地区建设存在的问题及时协调解决，确保示范地区建设顺利推进；最后，强化资源要素保障。整合部门力量，打捆项目资金，创新金融、担保、保险产品。优化政府服务，引导社会力量、工商资本、农业科技、物质装备集中投入示范地区创建工作。

十一 保障措施

（1）加大财税支持力度。由黑龙江省财政厅、发展和改革委员会等政府部门组织协调，根据国家规定的农产品初级加工所得税优惠目录，支持微小企业赋税政策，试行扣除初级农产品加工企业进项核定税额，积极发展"互联网＋农业"等现代社会新商业新业态。集中筹措财政资金，重点向农村一二三产业融合经营项目拨款。通过政府财政资金与社会工商资本合作，共同建立涉农基金，以低息贷款、以奖代补等方式，创新政府财政涉农资金，号召社会工商业资本投资农村一二三产业融合示范区。

（2）试点示范开展。由黑龙江省发展和改革委员会、农业委员会、工业和信息化厅等政府部门牵头组织协调，通过农村一二三产业融合经营主体培育、投融资体制机制构建及完善、创新政策规划，优先发展农村一二三产业融合示范园或示范区，适时监督管理，归纳项目成功经验，为示范地区以外的其他地区农村一二三产业融合发展提供可持续、可实际操作、可克隆的经验借鉴。

（3）地方责任落实。农村一二三产业融合示范区政府应积极加强组织协调，将农村一二三产业融合发展纳入示范地区的地方经济发展年度重点发展计划，提到必须实施的规划日程上，加强乡村治理体制机制，因地制宜分类引导，积极摸索符合当地实际情况的农村一二三产业融合发展模式。同时，政府应指导人才、资本、数据等现代农业生产要素向农村一二三产业融合聚集，规定相关项目建设进程，落实农村一二三产业融合实施方案。

（4）强化部门协作。由黑龙江省发展和改革委员会负责各部门合作协调，根据党中央文件精神，各省直相关部门应加紧拟订和实施有关农村一二三产业融合发展规划及政策制度，积极组织各企事业单位及政府部门沟通协调，相互密切配合，保障各项工作顺利开展。并且，每年各农村一二三产业融合示范区和示范园将进行年终汇报，而发改委与相关省直政府部门对具体工作评估分析，然后出台相应的整改措施。

（5）示范园管理办法制定。应积极推动农村一二三产业融合示范地区各方面建设，制定评价标准和管理规范，科学设计农村一二三产业融合发展规划，为农村一二三产业融合规范管理作表率。由县（市）政府组织相关部门研究制定《农村一二三产业融合发展示范地区管理办法》，规范企业参与条件及程序、项目审核、建设用地和建设工程的初审、监督、管理等工作。

（6）示范地区经营项目实地落实。县（市、区）招商局、发改局、工信局、开发区等相关部门负责健全完善项目信息汇总机制、生成落地机制和投产达产机制，整理招商引资和项目建设工作，坚持定期例会，组织分析研判，筛选符合壮大产业群体、提升产业层次的优质项目，充实完善项目储备库建设。对投资企业严格落实跟踪服务，简化办事程序，坚持"程序不减、时间缩短"的原则，实行"一站式办公"，提供优质服务，全方位解决企业建设和运营中遇到的问题，形成一整套产业项目建设流程，保证项目落地生根、投产达效。

（7）加大示范区融资力度。积极争取政府扶持的优惠政策和项目奖励资金，尝试设立产业投资基金，加强示范地区投融资范围和力度，协助企业解决融资难等瓶颈。金融办、各银行应对有实力的涉农企业放宽信贷投放力度，进一步精简信贷办理程序，适度提高放贷额度、延长贷款期限，支援示范地区建设。示范区农业开发办、发改局、财政局、农业局等部门要围绕示范区产业对上争取项目资金，扶持示范区建设。各乡镇、各部门要积极开展招商引资，千方百计吸引域外资本、民间资本投资，参与示范区建设。

（8）提高示范区服务水平。以示范地区为平台，提高公共服务水平，促进产业的发展，加强环境的改善。在试验示范、科技推广、项目审批、检测检验、信息设备、设施共享、绿色环保、理财融资、教育培训等方面，为示范地区涉农项目企业安稳经营提供相关服务，促使农村一二三产业融合示范区形成长效机制，逐步构成符合市场经济的社会化专业公共服务体系。大力支持农业高等院校研发科技创新、转化成果及普及推广关键技术、瓶颈技术及高尖端技术，并加强沟通，进行专业化分工合作，优化资源配置，健全完善公共服务平台体系，加大产业示范地区发展的后劲和前景。

（9）严格示范区绩效考核。充分发挥农村一二三产业融合示范地区建设工作领导小组职责，建立部门快速、高效的工作协调机制，由县（市、区）农业局会同统计局等部门，制定农村一二三产业融合示范地区建设水平的指标和评价体系，把推动产业升级发展、带动农民增收、示范地区规范运作等作为重要考核内容，分年度组织监测和评价，保证示范地区建设顺利推进。

（10）强化示范地区宣传交流。通过网络、电视台等媒体载体，大力宣传加快农村一二三产业融合示范地区建设的重要意义和作用，将"好经验、好典型、好模式"复制推广，充分激励社会各界的能动性，营造关心支持农村一二三产业融合示范地区建设的浓厚氛围，充分发现、挖掘、培育一批加快农村一二三产业融合示范地区项目，将切实促进农村一二三产业融合发展的好模式好经验研究总结归纳，加强现场观摩和专家解读交流和宣传推广，提升示范引领作用，扩大示范区的辐射带动作用。

（11）多渠道筹集资金。第一，示范地区政府积极投资建立县（市、区）级农业投资公司，为农村一二三产业融合示范地区搭建资金平台，投资公司以股权投资、产业投资补助、基金投资等多种方式，支持示范地区各个项目发展。

第二，建立银企合作社农户种养加销一体化融资平台。应看到农村一二三产业融合是一个由农业生产资料的生产和销售、种养业生产、农产品收储和加工、农产品销售配送等行业组成的农业全产业链。在农业全产业链各阶段中，由农资有限公司、农民合作社、小农户、农产品收购并加工企业、农产品销售中介等主体构成。示范地区政府鼓励各金融机构新设网点，实现基础金融服务全覆盖。鼓励支持农村信用社、银行等金融机构与政府扶持的重点龙头企业合作，由金融机构与重点龙头企业签订种养订单的广大农户贷款，由重点龙头企业为农民提供担保，金融机构发放的贷款通过重点龙头企业转换成农业生产资料等实物给予种养殖户，农民利用金融资金生产资料扩大种养规模，生产的农产品再由龙头企业保价回收，销售后的资金首先由企业代扣农民的贷款还银行，剩余利润给农民，这样既保证了金融资金的资金安全，又搞定了农民零散生产经营、规模小、抵御市场风险不强、融资难等问题。龙头企业通过金融机构的支持建立与农民深度融合机制，引入了金融资本发展了农村一二三产业融合项目。

第三，构建"互联网+农村电商+农业信贷"模式，农村电商、农产品制造等"互联网+"新行业将在乡村领域进一步发展起来，国务院办公厅及农业农村部陆续颁布了农村电子商务的扶持政策，促使农村电子商务成为农户与消费者网络交易的重要平台和途径。示范地区金融部门制定和扶持农村电商发展的政策，给予农村电商模式资金支持，大力发展农业互联网服务发展。

第四，示范地区金融机构积极建立农村农户贷款体系，建立农民资产土地、宅基地抵押融资渠道，分别从低收入小农户创业、精准扶贫、壮大农村集体经济、建设农村产业融合示范园共四个方面入手，每年为30人以上低收入小农户或吸纳带动低收入农户10个以上的工商企业、饲料加工经纪人、农家乐经营户、家庭农场主、种养大户等发放信用贷款。每年将为建设农村一二三产业融合示范地区放贷的金融机构，给予奖励资金。

第二节 黑龙江省农村一二三产业融合存在问题

从整体的角度看，黑龙江省农村一二三产业融合属于起步阶段，通过政府宣传和"以奖代补"等方式，发展农村一二三产业融合，进展比较顺利，成效比较明显，但在现实推进过程中，也不难发现一些我国农业农村经济发展老问题，主要有以下几个方面。

一 农业产业体系不完善

从第一、二、三产业发展比例看，黑龙江省乡村地区第一产业不强，第二、三产业严重滞后，基本就近销售或中间商收购，产业发展不够均衡。农业各产业之间相互协作差，融合复合程度有待提升，乡村农业产业发展面临土地零散、技术落后、劳动力素质不高等生产要素的约束，生态环境污染严重，消费者对农产品质量安全的期待越来越高。农业产业化和市场化程度处于起步阶段，农业生产、加工、流通、销售等环节在城乡之间、工农之间、农业与工业之间存在不同程度的差距，致使农业成本变高、经济效益低等问题。另外，农产品加工不足，精深加工能力不强，与发达国家相比，尖端技术、瓶颈技术等高科技尚待突破。在我国农产品供给侧改革的大背景下，黑龙江省农产品加工业需要在未来转型升级，需要研究与开发出先进的技术和设备，高新技术和高附加值的农产品或符合现代社会的商品少，科技含量不高。黑龙江省的农产品一般为传统产品，需要科研院所研究出农产品加工专用的品种。农产品产地基本上都缺少保鲜、贮藏等加工设施设备，导致品质不高、损失较大，进而农民增收困难。再加上黑龙江省属于寒温带与温带大陆性季风气候，冬季气温低干冷，夏季西北风控制下，干燥少雨，企业家对农业农村投资意愿不强，导致融资受到一定限制，又地处中国最北方，生产和流通成本高，自然环境制约依然严峻。

根据黑龙江省农业农村厅相关负责人介绍，黑龙江省农产品加工水平总体上还处在中低端，龙头企业少，规模以上企业只有1940多个，精深加工不足，竞争能力不强，主要农产品加工转化率、农产品加工业与农业总产值比等主要指标明显低于全国平均水平，农产品加工业发展已经连续几年停滞，2017年出现负增长。而且，种植业与畜牧业缺少紧密衔接，纵向一体化的龙头企业项目较少。农产品精深加工转化率仍不高，产业链没有得到充分延伸；农业生产性服务业仍然处于起步阶段。按黑龙江省统计局的数据，2017年农产品加工业产值与农业总产值之比不到0.8∶1，在13个粮食主产省位列最后；2017年全省规模以上农产品加工企业利润、税金分别实现174.7亿元和122.5亿元，同比分别下降15.3%和4.9%，农产品加工业不强导致农业产业链仍然相对较短。全省缺少大的品牌，营销能力弱、价值链提升不快，无法带动更多农民分利。

二　农业多功能价值有待发掘

发掘农业多功能价值，是发展农村一二三产业融合的重要途径之一。近年来，黑龙江省政府贯彻中央一号文件精神，认真贯彻和落实党中央提出的开展休闲农业和乡村旅游工作，促进了农村一二三产业融合发展。黑龙江省主要以鲜果采摘和乡村旅游为主，独具特色的东北历史文化传承、民族风俗体验、医疗养生、保健治愈等方面尚未开发，尤其是农村一二三产业融合乡村旅游项目出现雷同现象，同质性强，通过降低价格和破坏自然生态环境抢资源和争市场。这说明黑龙江省在开发农业多功能价值时，需要对部分项目，如休闲旅游产品质量、旅游地点软硬件设施设备升级换代、历史文化内涵深层挖掘、生态环境保护维持升级、管理人员和经营人员素质和技能提高、完善公共基础设施等方面提质升级，形成农村美、农民富、农业强的新局面。具体问题如下。

一是政策落实不到位。中央和省政府发布的农村一二三产业融合相关政策大多涉及农用地使用、财税减免、资金支持等方面，而具体实施者却是地方政府相关工作人员，政策落实是否到位，直接影响到农村一二三产业融合是否顺利实施。地方政府在政策宣传和贯彻落实等方面有待加强，尤其是教育培训方面，知道农村一二三产业融合实质是什么？怎么做？如何做？也就是细化和实化成为政策能否真正落实的关键所在。另外，政府要营造一个好的政策环境，及时解决涉农企业和新型农业经营主体遇到的问题。

二是品牌农业和精品农业待开发。高品质、高科技、高附加值农业体系待开发和发展，尤其是在农业生产中，黑龙江农业达不到标准化和规范化生产，即良好农业规范（GAP）、生产质量管理规范（GMP）、食品安全管理体系（ISO22000）、危害分析的临界控制点（HACCP）等标准，在国际农产品贸易中受到一定出口限制。在黑龙江省，农产品能够叫得响、立得住的品牌少，科技含量不高，建设的如休闲农业与乡村旅游示范点、生态环保村、美丽休闲乡村、现代化休闲农庄等农村经济开发项目尚未在全国树立起品牌效应。

三是公共基础设施不完善。由于资金有限等因素，不能同时全部大规模进行公共基础设施建设，只能逐步按计划建设农村一二三产业融合试点地区，但试点地区的河道、公共厕所、民宅屋前屋后、污水垃圾、乡村道路两边等脏乱现象仍然存在。在村庄道路建设过程中，部分村民占地、拆迁和补偿等问题得不到村民支持，缺乏大局观，依赖性强，给改善村庄道路带来诸多阻碍。不但道路建设不均衡，道路宽度窄，基本上满足村民通行，而且村民缺乏养护道路意识，道路使用寿命短。在现有水利灌溉设施中，沟渠破旧、设计标准低、配套差、失修、淤泥沉积等问题需要解决。在农业生产过程中，农民不合理使用农药化肥，农业固体废弃物没有集中到一处处理，导致重金属、农药等有害物质进入到河流和地下水层，村民们的饮水和农产品质量安全问题依然尚存，推广无公害绿色种养殖迫不及待。在此，乡村公共基础设施建设需要社会各界和爱农企业家的帮助，并根据每个村一二三产业融合发展规划，科学投资建设，势必造福一方人民。

四是第三产业水平待提升。近年来，在休闲农业和乡村旅游成为消费者的新宠背景下，休闲农业和乡村旅游经营、管理和服务人员素质不高问题成为当务之急。在韩国和日本，政府相关部门成立专门机构，专门负责如何提升乡村旅游导游人员的素质和专业水平，从而不断满足消费者需求的同时，提高"6次产业化"质量。反观黑龙江省，还没有重视休闲旅游基础知识、服务标准、乡村菜肴精品制作、食品卫生与安全、特色农事体验等方面进行教育培训，休闲农业和乡村旅游经营人员综合素质不高，甚至在经营过程中乱收费"天价"收费，直接导致休闲农业和乡村旅游市场的混杂和不景气，进而导致农民参与第三产业缓慢，无法带动农业发展、农村进步和农民增收致富。

五是农耕文化需弘扬和传承。黑龙江省农村一二三产业融合发展尚未对资源禀赋、历史文化、林业产业、东北农村文化等特色产业深度挖掘和开发经营，如东北二人转、龙江剧、东北大鼓、东北方言、东北嫁娶、东北铁锅炖大鹅、传统节日习俗等特色民俗文化与农村一二三产业融合未结合，尤其是哈尔滨冰雪大世界未开发利用。

三　利益融合进展较慢单一

黑龙江省农企之间股份合作和股份制等高级合作机制建设相对滞后，主要是以订单合同型的"涉农龙头企业＋专业合作社＋普通农民"模式发展，利益联结机制比较单一，没有真正形成经营共同体和利益共同体，农民从加工业和服务业分利的渠道还没有真正打通，需要继续探索更好的推进路径。龙头企业会与合作社代表协商，达成一致后，合作社代表会与农民们协商，最后达成共识后，农民和龙头企业签订合同，农民按照合同上规定的生产标准进行生产，最后为龙头企业提供原料；而龙头企业按照合同规定的质量、数量和价格进行收购，形成了订单农业利益联结关系。另外，有的龙头企业与农民们签订合同时，在合同上规定收购保护价或以高于市场价的价格回购，到收购时一次性支付给农民，或进行二次结算，差价与农户共享。不仅稳定了农产品价格和包装了农户对收入的预期，而且确保了龙头企业能够获得稳定优质的农产品原材料的供给。另外一种方式是涉农企业与合作社或一般农户合作，以土地入股的方式参与经营，实现利益联结。因黑龙江省乡村农户基本都是分散自主经营，农民专业合作社基本都是名义上的，谈不上组织化和集约化。并且，乡村资源和村集体资产还没有进行量化，不同地块地价评估成资产的统一制度和标准尚未出台，乡村一般散户无法将自己的农用地折算资产入股涉农企业，进而利益分配机制无法实现。而且，一般农户和涉农企业虽有合同作为凭据利益联结，然而法律意识淡薄，履约精神不高，常常得不到有效约束和保障，有时涉农企业不得不让利亏损，导致涉农企业基本不愿意参与农村一二三产业融合，当政府补贴和经营项目的确赚钱的情况下，才愿意与一般小农户合作。

四　种植业生产方面扶持居多

目前黑龙江省实施的农村一二三产业融合政策，绝大部分是如何生产水稻和玉米的政策，即主要支援生产方面居多，重点增加水稻和玉米的生产量，尤其是对大米和玉米的扶持力度大，忽略了市场机制引导和发展农村一二三产业融合。相关支持政策中，重视生产环节，忽视精加工、流通、信息等服务环节，尤其是黑龙江省独特的林产品（如鹿茸、人参等产品），不仅精深加工不够，而且没有制定和颁布农特产品共同品牌培育及管理条例和实施规则，忽略了品牌建设和品牌整合。

五　组织创新能力待提升

第一产业实际发展过程中，农民带头人、农产品市场营销、种植户融资、村集体经济发展、土地股份合作模式等难题需要组织创新来解决。在培育多元化农村一二三产业融合主体方面，政府对家庭农场和农民合作社的基础作用认识不够，很多农民合作社以套取国家补贴而成立，尚未规范发展。政府忽视了高等院校毕业生、退伍军人、返乡创业人员和新型职业农民等主体创办专业合作社和家庭农场，对专业合作社和家庭农场经营农业生产、贮藏、加工、流通、销售等生产经营一体化重视不够。在培育农业产业化龙头企业方面，政府招商氛围不浓厚，龙头企业的引领作用还未充分发挥，农产品加工销售、电子商务、社会化服务、标准化和规模化生产基地建设等方面刚刚起步，一些制度因素和社会因素阻碍了工商资本投资农村一二三产业融合发展，农工商联合等经营模式无法被促进。此外，一些龙头企业故步自封，在经营规模、高新科技和社会名牌影响力等方面较为排斥农村一二三产业融合项目。尽管国家颁布了诸多支持农村一二三产业融合发展的政策，但基本上都是指导性意见，对于企业参与农村一二三产业融合项目经营中的权、责、利如何协调没有具体规定，导致企业参与积极性不高。

六　补助资金落实不到位

在拟定农村一二三产业融合项目落地实施方案过程中，黑龙江省有关部门没有聘请相关专家，对农村一二三产业融合示范区建设情况实际调研，也没有从农村一二三产业融合内涵角度建设和发展，认为农村一二三产业融合是能够解决贫困户完全脱贫和全面建设小康社会的有效途径，缺乏通过乡村产业振兴解决脱贫攻坚的问题。并且，农村一二三产业融合是系统工程，黑龙江省政府颁布的"农村一二三产业融合实施方案"中的措施与新农村建设内容没有多大区别，且与我国农业农村部和财政部侧重支持农村一二三产业融合发展的财政支出和事后绩效考核标准等相关内容不符。尤其是"农村一二三产业融合实施方案"中的标准及措施较高，旨在通过有关政府部门监察结果，忽视实际推进时产生的问题，不利于农村一二三产业融合发展。在我国各界，农村一二三产业融合被公认为是解决"三农"问题和乡村振兴的有效途径，作为农业大省的黑龙江，有必要对农村一二三产业融合有关的政府部门公务员、示范区各经营主体进行教育培训，但由于教育培训需要相关经费支出。因此，在示范区支出财政资金时，出现了一些项目内容与我国财政部和农业农村部规定的资金使用范围文件不符的情况。

（1）未充分发挥财政资金补助的引导作用，资金补助效果不佳。

黑龙江省在财政资金支持方面，主要是以贫困县作为核心标准，对1个省级和20个国家级贫困县进行了资金补助，例如得到中央财政补助资金4190万元的6个贫困县，在2017年时使用了1840万元，2018年时使用了2010万元，并结转340万元的补助资金，而这些财政补助资金针对贫困户，以扶贫分红专项资金的名义发放，支出目标与我国财政部规定的农村一二三产业融合发展支持政策不符，我国财政部和农业农村部曾经共同颁布了《农业生产发展资金管理办法》，第十一条明确规定："农村一二三产业融合发展支出主要用于支持农产品产地初加工、产品流通和直供直销、农村电子商务、休闲农业、农业农村信息化等方面"，第十七条规定"农业生产发展资金的支持对象主要是农民，新型农业经营主体，以及承担项目任务的单位和个人"。因此，在资金使用目的方面不正确，没有用于发展农村一二三产业融合，财政资金补助效果不佳。

（2）项目资金分散，难以形成合力。我国财政部驻黑龙江省财政监察专员办事处抽查中发现，黑龙江省农业农村厅主管部门在制定农村一二三产业融合实施方案时，将财政资金补助按照贫困县作为支出标准发放，导致用于农村一二三产业融合发展专项资金分配分散，没有形成合力。将中央财政用于农村一二三产业融合补助资金用于省内贫困县中扶贫脱贫上，发放补助资金数额不等，没有向农村一二三产业融合发展方面拨付，黑龙江省内的农业产业化龙头企业在发展生产、加工、经营销售、带动周边农户以及增加农民收入等方面，未能及时获得专项财政补助资金支持，财政补助资金在带动乡村产业振兴方面，效益不高，效果不佳，没能真正发挥应有的作用。

（3）实施方案核心标准高，财政补助政策难以落实。在黑龙江省农业农村厅制定的实施方案中，明确规定："每个补助支持项目所带动受益农户中贫困户比例不低于60%、2020年12月之前贫困户以不同形式分红收益不少于财政支持资金的60%；采取先建后补方式，补助对象先期自行建设，验收合格后进行补贴；对新建农村三产融合发展项目固定资产投资补助比例不超过30%，补助标准100万元至300万元。"而我国财政部驻黑龙江省财政监察专员办事处抽样调查中发现，因在实施方案中有明令规定，财政补助资金只有一小部分用作农村一二三产业融合项目，而绝大部分财政补助资金到了贫困县后，分发给贫困户，而贫困户得到的分红和缴纳相应的税费后，因成本较高，真正到贫困户手里的资金不多，对农村一二三产业融合发展的经营项目作用不大，一些农业产业化龙头企业、农民专业合作社联合社、家庭农场主等新型农业经营主体在示范区内经营时，没有积极申请财政补助，申请意愿不高。这种措施没有给农村一二三产业融合发展带来资金上的帮助，也没有更好地带动周边农村农业发展，更没有对经营农村一二三产业融合的新型农业经营主体发展壮大起到积极作用。因有"投资必有效、无效必问责"的《关于全面实施预算绩效管理的意见》，省农业农村厅产业化处在分配资金时，必须对国家财政资金负责，也必然会规定相应的严格标准分发财政补助资金，进而将财政补助资金用于农村一二三产业融合项目时，没有符合条件的项目不给予补助，最终一些项目县无法获得农村一二三产业融合专项财政补助资金。例如，黑龙江省农业农村厅分配给大庆市关于农产品生产地初级加工项目资金93万元，因有两个"不低于、不少于60%"的实施方案规定，在大庆市没有符合规定的产业融合单位，财政补贴资金93万元没有拨款，一直在大庆市财政局闲置；又如绥化市望奎县一个符合农村一二三产业融合发展项目的农产品加工企业，带动了周边不少农户增收，但因没有符合财税报销规定的正规发票，该企业购买的设施设备等固定资产无法得到中央财政补贴资金340万元。

（4）资金使用范围不宽，导致部分资金搁置。省级财政、农业农村部门将80万元资金支付给省农委用于培训会议费，还将300万元资金支付给省农委所属马铃薯繁殖农场，因该农场不具备生产经营条件，目前正与地方政府和高等农业院校协商，尚未生产经营，因此这两项资金均搁置未用[①]。

---

① 黑龙江省财政监察专员办事处：《关于黑龙江省中央财政农村一二三产业融合发展补助政策执行情况的调研报告》，http://www.mof.gov.cn/mofhome/heilongjiang/lanmudaohang/dcyj/201805/t20180508_2887753.html.

第三节 本章小结

本章介绍了黑龙江省农村一二三产业融合发展现状及存在的问题。从总体发展思路、基本原则、相关政策、财政扶持、发展类型、发展特点、多元化主体培育、利益联结机制、多渠道服务、运行管理机制、保障措施11个方面进行了现状分析，黑龙江省农村一二三产业融合是政府以"自上而下"方式推动，主要的经营主体是农民合作社和工商企业，经营的领域主要是对大宗类的水稻、玉米、大豆等农产品进行生产、加工和销售，即形成"农工商一体化"和"产加销一体化"，尚未真正拓展农业多功能性。农村一二三产业融合方式主要是订单农业，由农民成立合作社，与企业合作，按照企业要求进行规模生产，生产的农产品由企业高出市场价格收购，然后企业进行加工和销售。在整个价值链中，农民还是在价值链的最低端，没有跳出第一产业范畴。另外，工商企业加工能力较弱，高品质、高科技、高附加值的加工品有待研究与开发。因此，出现农业产业体系不完善、农业多功能价值有待发掘、利益融合进展较慢、组织创新能力尚需提升等问题，影响着黑龙江省农村一二三产业融合健康稳步发展。

第四章　黑龙江省农村一二三产业融合模式分析

第一节　黑龙江省农村一二三产业融合模式分析

推进农村一二三产业融合发展，是实现乡村振兴战略的有效途径之一。黑龙江省在实施农村一二三产业融合方面，以农村一二三产业融合示范县（市、区）和示范园为突破口，坚持"政府大力推动、市场有效引导、合作组织搭桥、龙头企业带动、农民积极实施"的方针，在践行中形成了农村一二三产业融合模式。从主体思维角度看，主要有五种模式，具体如下。

一　政府培育模式

政府培育模式是"政府＋示范园＋企业＋合作社＋农户"。在农村一二三产业融合实施模式中，政府的作用贯穿于整个农村一二三产业融合发展过程，形成政府指导、市场主导、龙头企业引导的"三导"一体化。政府有关部门根据地方优势农产品，因地制宜，创建农村产业融合示范园，重点发展优势农产品品种作为主导产业，包括政府制定支持政策和方案、组织领导、制定运行管理机制、审核评估、财政投资、保障措施、培育产业等方面，使农村一二三产业融合示范园内，所有农业产业化龙头企业、农民专业合作社、家庭农场和种植大户等新型农业经营主体，按照政府规定的评价标准建设和生产经营。政府培育模式主要依靠现有国家级和省级农业产业化龙头企业，以及生活在这些龙头企业周边农村的农民为主要生产经营主体，依靠政府财政投资或奖励，成为政府培育模式主要经费的来源。

模式的优点在于：在社会管理和公共服务过程中，政府的公信力和威望得到了人民认可，通过综合利用行政管理、财政和法律等多种方式，号召和动员社会各界，推进农村一二三产业融合发展，具有示范范围广、效率高、效益好等特点。况且，可以容纳其他农村一二三产业融合模式，政府颁布的政策文件和指导性意见等行政规定，在农村一二三产业融合初期发展阶段中具有无可取代的作用。

其缺点在于：如果政府没有按照市场规律进行规划，在缺乏市场主导和违背农民意愿的情况下，万一政府行政管理失灵，有可能会带来风险和经济亏损。因此，政府在实施农村一二三产业融合具体工作之前，一定要以市场经济为导向，与企业和农民充分沟通好的情况下，做好规划和财政投资等工作，重点培育试点示范地区，开发具有优势和特色的农产品，促进农村一二三产业融合发展。

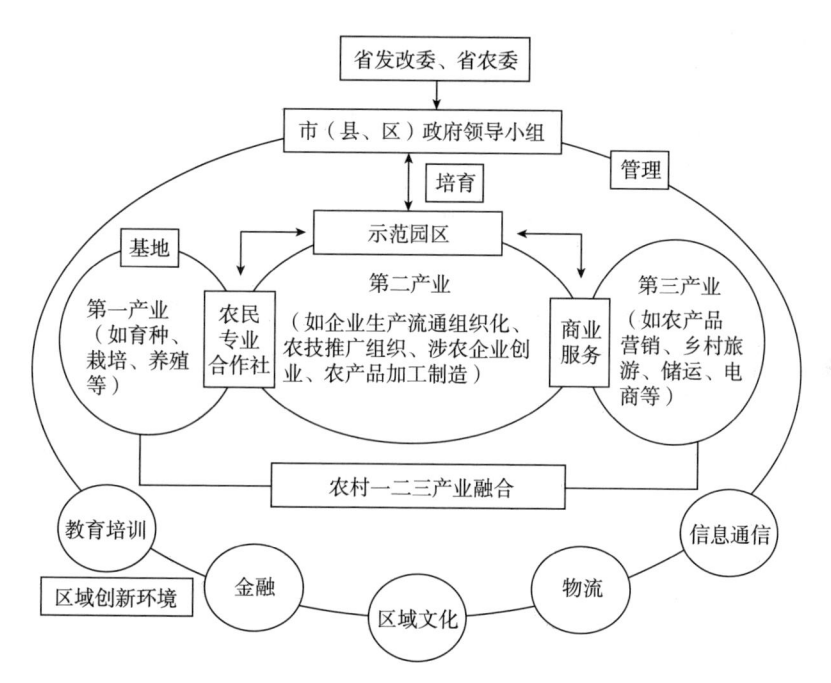

图 4-1 政府培育模式

二 龙头企业带动模式

龙头企业带动模式是"龙头企业+基地+合作社+农户"或"龙头企业+合作社+村党支部+农户"。龙头企业带动模式是指龙头企业与合作社签订技术和交易性质的订单协议（合同或契约），明确期货数量、质量标准和技术指标等内容，再由合作社联系分散的农民组织生产。龙头企业按协议规定为合作社提供技术标准、资金、农业生产资料等全方位服务，农户负责按照协议规定的标准化生产，确保在交付时符合协议所规定的质量要求，完成统一"品种+农资+植保+烘干+收购"的管理规定，形成"保底订单+高价收购""保底收益+股份分红（高价分红）""保价收购订单""保底订单+配套基础设施+民宿修建配合旅游资源分流""长期订单+农业保险"等多种渠道利益联结关系，使农民土地和种植经验变资本、资金变股金、村民变股民、农民变员工，分享农业与第二、三产业融合带来的增值红利。

模式的优点在于：（1）防风险能力强。与农民专业合作社和一般农户相比，龙头企业利用自身技术、资金和数据等生产要素优势，比较容易获取消费者需求信息，对不同类别的消费者，供应相匹配的农产品和优质服务，满足现代社会个性化需求，引导农户生产，将滞销或积压的农产品出售，具有较强的抗风险能力。（2）推动农产品"四化"生产。在市场经济条件下，龙头企业与农民专业合作社签订合同，合同内容上会规定好生产技术标准，而一般农户加入合作社后，按照合同规定内容生产，进而促进标准化、专业化、规模化、集约化生产农产品。（3）促进互利共赢。龙头企业与农民专业合作社和一般农户等构成利益关系后，不仅可以获得稳定的生产原材料和优质的农产品，而且可以降低生产成本。而农民专业合作社和一般农户不但可以获得相关技术、管理经验、市场信息等生产经营方面的支持，而且增加了一定收入。因此，多方合作后，能够促成互利共赢的局面。

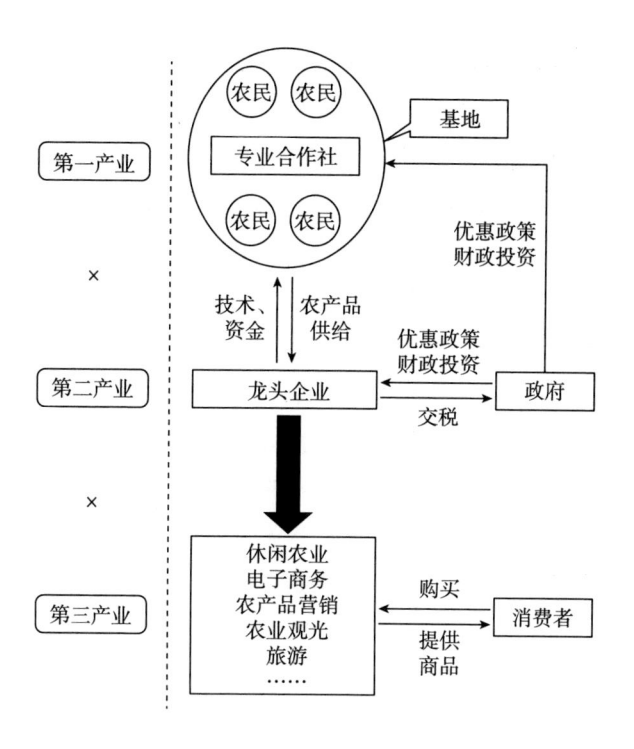

图 4-2 龙头企业带动模式

其缺点在于：（1）龙头企业追求经济利益。龙头企业是以盈利为目的进行生产经营的，在一般情况下，是追求经济效益的。当经营不善时，为了自身利益，难免会转嫁给合作社和一般农户。（2）龙头企业获得农产品经营权。当农民专业合作社和一般农户与企业签订合同时，就将自己生产的农产品经营权转让给了龙头企业，一般农户在价值链的最底层，可能会出现收入降低的风险。

三 乡村共同体自发模式

乡村共同体是指通过平等互利和和谐共生为基本生活形态的具有一定关联性的人类群体。当前我国乡村振兴战略不断推进，现代政治体制机制和市场经济的不断渗入和实现，建立在血缘和地缘为基础的传统农作物生产与村民生活共同体正在瓦解，这为重新构建新型乡村共同体提供了发展动力和制度保障。并且，通过推进乡村科学治理、发展壮大乡村合作社、强化乡村文明和生态环境保护等科学发展观，建立的乡村政治、经济、社会、文化、环境共同体，是现代意义上的新时代乡村共同体，为实现乡村振兴战略提供了根本性保障。

乡村共同体自发模式是"村集体+园区+政府+科研院所+龙头企业"。乡村共同体自发模式是指为了走共同富裕发展道路，乡村居民在村党支部的带领下，自发地要求农用地集中使用，始终不分田到户，同时在各级党委和政府的全面科学规划和重点投资扶持下，企业（公司）以科技产业园区（或现代农业示范园）为依托，依靠科研院所的科技创新为支撑，利用地区农业优势特色产业，将农产品进行精深加工，且采用固定分红、订单农业、股份合作等方式，带动周边乡镇农户，参与分享三产融合发展带来的增值收益，形成产业链条、资源聚集、企业聚合发展起来的农业产业集群模式。由于该模式是乡村居民选择了"自下而上"式发展道路，地方政府根据当地农业农村实际发展情况，出台优惠政策和投资建设基础设施，是对未来一定时期内建立的前瞻性农业产业，也是构建现代农业产业体系，培育多元化产业融合主体，打造休闲度假、旅游观光、养生养老、创业农业等多种业态，也被形象地称为"民族农业产业"式发展模式。

模式的优点在于：首先，乡村共同体不管从横向还是纵向来看，是一个包括众多具有血亲关系的家族人口聚集在一起长期性的共同生产生活，在这种关系的基础上，形成凝聚力和血缘关系衍生出来的强大威严秩序，乡村居民共同享受着劳动互动性、地缘安全感、信任感和归属感，经常实现"长辈或族长发言，村民默认一致"的情况，提炼出共同思想信念，作为乡村共同体的意志；其次，政府在建设产业园区时，一般选址会在交通发达、地理位置优越、气候适宜、基础设施相对完备的地区建设，企业入驻后，可以共同享受产业园区内所有基础设施和服务；再次，企业在园区内建设投产的话，会得到税收减免、资金奖励、专项资金等配套优惠政策和财政支持，政府在资金、技术、人才、土地利用、税收返还等方面会给予大力支持，而且企业能够比较顺利地得到银行贷款，实施股权融资、项目融资、债券融资等融资方式。因此，企业在政策环境好的产业园区投产，资金投入有保障；最后，产业园区一般会有国家级和省级农业产业化龙头企业投资建厂，不仅可以带动周边乡镇经济，而且可以带动中小企业发展，吸引人才和促进科技创新，降低企业生产经营成本，提高市场竞争力。

其缺点在于：首先，"乡村共同体"以传统的宗族、乡绅、家族等血亲关系的乡村内部管理及乡风民俗，共同抵御外部经营风险，形成乡村凝聚力。但是，在市场经济为主导的现代社会，传统的乡村共同体凝聚力被削弱，导致单个乡村居民意识被放大，乡村"共同体"向"独立化"发展，整个乡村经济社会发展困境逐渐呈现；其次，园区在管理模式上，动力机制和激励机制需要增强，体制创新成为有待突破的瓶颈。在市场经济条件下，政府应该积极创造优良健康的营商环境，搞好服务，积极引导外来企业入驻园区建厂经商。然而，政府只依靠优惠政策和财政支持吸引企业投资，如减免税收、以奖代补等方式，导致市场经济和竞争力缺失，产业园区发展模式不能可持续发展；再次，产业园区科技创新薄弱，没有农业技术推广机构，运行机制不完善，投入保障不足，管理体制不顺，科技创新转化率低，导致产业园区企业主要依靠资源禀赋获得收益，不能实现蓝海战略；最后，政府提出的发展评价指标不合理，重视招商引资数量、产值、产量等数量指标，轻视企业内在竞争力、可持续发展性、科技创新能力等质量指标，尤其是忽视企业利润，进而滋长了粗放型的发展模式所导致的核心企业不强、内聚力薄弱、交易费用高、产学研合作机制不完善和无序竞争等问题，给产业园区带来负面影响。

四 专业合作社主导模式

专业合作社主导模式是"联合社或合作社+基地+农户"。专业合作社主导模式是指农民专业合作社利用自身具备的资金、技术、数据等要素优势，吸引和帮助分散生产经营的农户，而农户自愿加入合作社后，签订契约（或合同），农户按照合作社规定的契约内容进行标准化生产，生产出的农产品由合作社统一收购和统一销售，销售后的利润以"股份分红""保底订单""保价订购"等利益联结机制，形成多种利益联结关系的一种普遍模式。农户作为合作社成员之一，不仅可以获得合作社提供的农业标准化生产操作规范和技术标准等服务，而且生产出来的农产品获得合作社拥有的各种农产品质量安全认证，也可以获得合作社统一购买生产资料和统一收购及销售等服务。

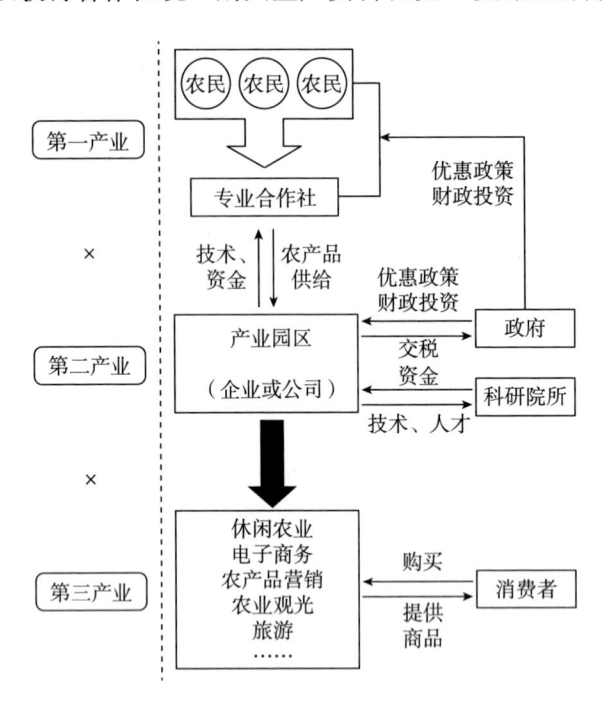

图 4-3　乡村共同体自发模式

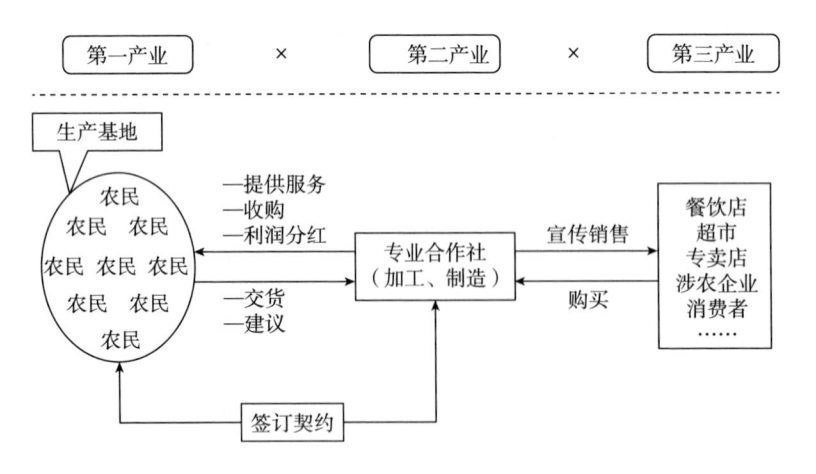

图 4-4　专业合作社主导模式

模式的优点在于：首先，合作社成为我党解决"三农"问题的基层单位。合作社不仅受到国家《农民专业合作社法》的保护，而且在我国农村家庭承包经营的基础上，合作社让同类农产品生产经营者组织起来，形成互助性经济管理团体或组织，确保我党在农村基本政策的稳定性和连续性；其次，通过农村一二三产业融合发展，能够有效管理控制农产品质量安全问题。分散经营的农民自愿加入合作社后，合作社通过建设生产基地、提供技术与生产资料、农产品质量安全检验等具体措施，实施企业和消费者满意的农产品质量安全控制；再次，合作社能够为农户提供各类农产品质量认证资质。因为分散生产经营的农户无论是规模、意识、能力等方面很难达到农产品质量安全认证标准，进而申请并获得农产品质量安全认证资质难度很大，所以农民加入合作社后，形成一个团体或组织，向政府有关部门申请并获得农产品质量安全认证资质，再为合作社成员使用统一的认证标识；最后，合作社为农民提供统一销售服务。合作社按照与农民签订的契约，将对农民生产的农产品进行检测，合格的农产品进行统一收购后销售，能够有效解决农户分散生产经营问题。

其缺点在于：首先，合作社间矛盾越来越大。我国政府推行农民专业合作社的意义在于提高农民组织水平，促进农业生产经营和农民增收，推动农业科技推广，培养新型农民，提高农民素质和能力。目的是为了提高农民收入和生活质量，以此缩小城乡二元差距，减少社会矛盾，建设和谐社会，让广大农民享受到我国社会经济飞速发展带来的成果。然而，专业合作社规模也有大小之分，规模较大的合作社能够获得政府更多的优惠政策，而规模较小的合作社基本得不到政府的优惠政策，利益矛盾越来越激烈，加大了建设和谐社会主义新农村的难度；其次，引起投机违法行为，套取国家资金。有些合作社为了套取国家扶持"三农"政策，出现产权不明确、财务和利益分配制度不健全、具有金融风险、"政社不分、企社不分"等问题，甚至出现"假合作社"问题；最后，合作社发挥作用有限。合作社一般为农民提供一些低层次的服务，服务内容相对单一，规模比较小，带动能力不强，合作层次较低，比起我国近邻日本和韩国，具有较大差距，绝大多数合作社缺乏更高层次的组织领导,如类似于成立全国性的农民专业合作社、省级农民专业合作社等组织。

五　家庭农场主导模式

家庭农场主导模式是"家庭农场+基地+农户"。家庭农场主导模式是指以家庭成员为主要劳动力,利用拥有的土地面积,从事种养规模化、集约化、专业化和商业化生产经营,得到的收入为家庭主要经济来源,形成产加销一体化的一种模式。

家庭农场主导模式具有以下四个方面的特征:一是农用地具有一定规模。在已有的条件下,家庭农场规模至少让家庭农场成员生活消费无忧,且生产经营能力达到最大的情况;二是劳动力以家庭成员为主。家庭农场与工商资本农场最大的区别在于劳动关系,家庭农场劳动力以家庭成员为主,农忙时可能会雇佣当地亲朋好友帮忙,而工商资本农场主要是雇佣劳动力,是雇佣和被雇佣关系。也可以认为,家庭农场劳动力是为自己生产经营,而工商资本农场的劳动力是为他人生产经营,其责任感和劳动效率是不同的;三是家庭农场生产经营具有稳定性和可持续性。要想经营好家庭农场,必然会规划、财税管理、品牌建设和农场可持续发展等一系列问题,具有稳定性和可持续性。而兼职农民和各种承包的种植户等农民,因农业生产劳动力、资金、技术、土地规模、经验等生产要素的要求,其行为一般是短期行为;四是工商注册。家庭农场可以看成是种养大户的升级版,作为农业企业的一种,其根本就是企业的一种类型。因此,家庭农场需要工商注册,以便获得政府的政策扶持及监督。

模式的优点在于:首先,家庭农场不仅符合农业生产特点的具有农户经营种养业的优势,而且可以实现农业集约化、专业化、规模化和组织化,有利于农用地生态环境保护和可持续再利用;其次,家庭农场不但避免了小农经济的弊端,成为培育新型职业农民的必要条件和现代农业组织之一,而且家庭农场的稳定性和适度性能够激励家庭农场主对农业科技创新的需求与应用;再次,家庭农场可以是专业性农场,也可以是综合性农场。当家庭农场综合生产经营时,能够保障农场主的生产生活,解决家庭成员劳动时间不均衡问题;最后,家庭农场经营农业是不可代替的,发达国家如美国、法国和德国等家庭农场的成功经验已经被世人知晓,不但能在农业生产、加工、流通和销售等环节发挥作用,而且可以提高政府扶持农业政策的针对性和有效性。

其缺点在于:首先,对雇佣劳动力的绩效考核有难度。家庭农场是以家庭成员为主要劳动力,有些家庭农场规模较大,再加上机械自动化程度不高,导致家庭农场会雇佣长短期劳动力。当绩效考核时,被雇佣的劳动者技能和素质不高的情况下,很难达到技术标准。因此,家庭农场主对劳务费的考评倍感困惑和无奈,有些农活绩效考核很困难;其次,成本较高。对于家庭农场,主要支出有两个方面:一方面是土地成本。因我国实行村集体土地所有制,农村一般实行分田到户。家庭农场想承包别人的农用地,需付租金(如一亩地每年租金为几百元,甚至有上千元的租金),导致土地成本过高,有些家庭农场几乎没有利润或亏损;另一方面是雇工成本。对于规模较大的家庭农场,尤其是劳动密集型农业,雇工费用过高,导致生产经营艰难;再次,农产品加工和销售能力不高。很多家庭农场主坦言,如果政府不收购,生产出的农产品很难销售出去。因家庭农场主不但没有资金购买加工、包装、贮藏等设施设备,而且缺乏农产品营销知识和技能,

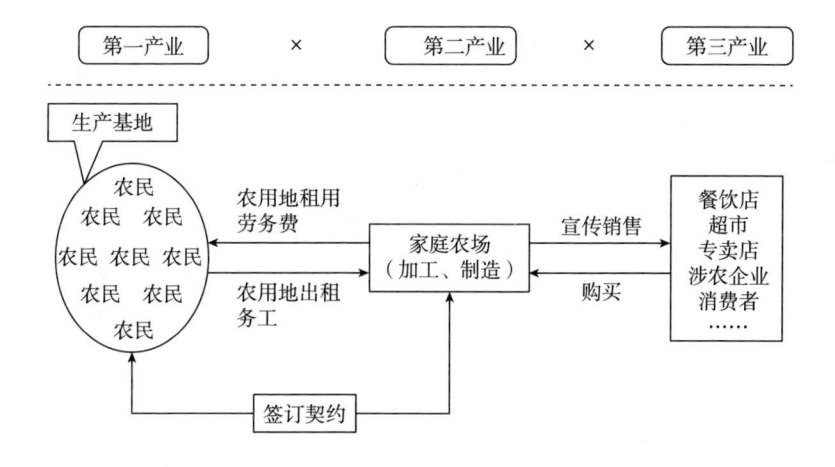

图4-5 家庭农场主导模式

也请不起专业营销公司销售，致使销售利润不多；最后，融资难。绝大部分家庭农场面临资金不足的情况，从正规渠道借款时，正规金融机构要求资产抵押，而家庭农场的主要资产是土地，很多正规金融机构不接受农场主土地作为抵押，就算有接受的金融机构，放贷金额少，导致借款不足；从非正规渠道借款时，利息过高，有时会背负高利贷。因此，家庭农场因融资难而发展困难。

第二节　黑龙江省农村一二三产业融合实施模式案例分析

一　政府培育模式案例

黑龙江省青冈县国家玉米产业融合发展示范园已经形成了以玉米产业为主导产业、玉米加工企业为龙头的生产体系、产业体系和经营体系，在生产要素集聚、体制机制创新方面取得了重大突破，具备了创建国家玉米产业融合发展示范园的基础条件。示范园规划总用地面积3.57平方公里，现已启动面积1.77平方公里，规划备用地面积1.8平方公里。园区空间结构为"一轴七区"，内设"玉米淀粉加工区、玉米油加工区、淀粉糖加工区、赖氨酸加工区、新型玉米食品加工区、仓储物流区、配套产业区"七个功能分区，各区间和各企业的界限清晰、范围明确，水、电、路、通信、供暖、供气、排水管网等基础设施完备。园区在政府前期投入基础上，企业自我投入体系完整，已经达到七通一平，基础设施完全能够满足企业发展的需要。另外，在坚持"政府指导、市场主导、企业引导"原则的基础上，示范园成立创建工作领导小组，县长任组长，主管农业、工业等相关副县长任副组长，县有关部门和各乡镇主要领导为成员。领导小组下设办公室，办公室设在县经济开发区，负责协调指导解决建设过程中的难点、重大问题等，全力推动示范园区可持续发展。

在第一产业方面：近年来，立足农业产业化发展方向，充分发挥龙头企业引领带动作用，采取"龙头企业+基地+合作社+农户"方式，以合作社为主体大力推进规模化种植、标准化生产和产业化经营，玉米年种植面积达到 200 万亩以上，其中示范园区带动玉米种植基地面积 100 万亩，基地土地规模经营面积达到 70%。坚持绿色发展理念，实施三减面积 46.1 万亩，绿色有机食品认证面积达到 46.5%。同时，充分挖掘资源、延伸产业链条，扩大加工型专用玉米和鲜食玉米种植，因地制宜发展青贮玉米，推动玉米原料供给由"普字号"向"专字号""特字号"转变，促进农业增效、农民增收。2017 年，全县第一产业实现增加值 33.97 亿元，同比增长 5.5%，在绥化市排名前列，全县粮食总产实现 24.52 亿斤，连续 12 年获得"全国粮食生产先进县"称号。其中，玉米总产 23.17 亿斤，具备建好玉米产业"第一车间"基础条件。

在第二产业方面：目前，青冈县共有规模较大的玉米产业企业 9 户，其中，示范园区内已入驻企业 8 户，即黑龙江龙凤玉米开发有限公司身为国家级农业产业化龙头企业，黑龙江兴贸食品有限公司、黑龙江黑土地物流有限公司、黑龙江源发粮食物流有限公司、京粮龙江生物工程有限公司、长林肉类食品有限公司等 5 户为省和市级产业化龙头企业。青冈县年加工玉米能力可达 120 万吨以上。2016 年实现产值 39.5 亿元，占全县工业产值的 75%，是县域经济支柱产业，主要有淀粉生产、黏玉米加工两类企业，其中淀粉生产占玉米加工业总量的 97% 以上。其中，青冈县以黑龙江省龙凤玉米开发有限公司为代表的淀粉生产及配套企业发展到 4 家，年加工玉米能力达 120 万吨，玉米淀粉生产能力 83 万吨，玉米淀粉深加工转化能力 30 万吨；以万德福食品、松江黏玉米、大董农业、长林食品和宏熙牧业为代表的黏玉米加工企业发展到 5 家，年可加工黏玉米 1.45 亿穗。

在第三产业方面：青冈县"兴贸"牌产品已通过 ISO9001 国际质量体系认证和中国绿色食品发展中心认证，被评为"黑龙江名牌"产品和"黑龙江省免检"产品，产品销售到东北亚、东南亚和南美洲等一些国家，以及国内诸多省份。并且，青冈县黏玉米加工企业和各类合作社主导产品，已经打入北京、上海、天津、江苏、福建等各大商超，电商销售基本实现企业全覆盖。目前，青冈县以万德福食品、松江黏玉米、大董农业、长林食品和宏熙牧业为代表的黏玉米加工企业，主要产品为保鲜黏玉米、玉米粒和玉米乳。2016年黏玉米加工企业实现产值5000万元。另外，示范园企业积极创新联农带农激励机制和利益联结机制，企业给合作社让利，给农户让利，相关部门具体帮助、指导、理顺、确立"龙头企业、基地、合作社、农户"之间的利益关系，通过建立"龙头企业+合作社+基地+农户"利益共同体，采取订单种植、入股分红等方式，实现产业融合发展，促使农户收入不断增加。

因此，青冈县国家农村一二三产业融合示范园内，农民人均收入达1.07万元，高出当地平均水平18.9%。每年龙头企业和基地阶段性农业生产安排就业人数3000人以上，增加农民务工收入2000万元左右，介绍输出劳动力近500人，人均年增收近3万元。

二　龙头企业带动模式案例

黑龙江赛美有机食品有限公司位于绥化市青冈县，创建于1990年，拥有资产总额2.3亿元，是将有机葵花仁和有机南瓜仁精深加工后，对外出口经营的赚取外汇型企业。近些年，该公司紧紧围绕黑龙江省委、省政府推进"粮头食尾""农头工尾"战略部署，对照国内最高标准和国际领先水平，打造葵花籽产业融合体，实现了经济效益和社会效益统筹提升。2018年，该有限公司从国内向国外出口贸易总额在全国同类行业中排在前三名，成为全国加工葵花仁和南瓜仁规模最大的有限公司之一。

在第一产业方面：该公司认为寒地黑土是青冈、龙江乃至世界的宝贵资源，发展绿色食品具有得天独厚的比较优势和先决条件。坚持从产业链初端做起，持续推动基地扩规模、提标准、上水平，全力打造生产加工"第一车间"。2017年，该有限公司在黑龙江省建立了24万亩面积的种植葵花和南瓜基地，约占黑龙江省种植葵花和南瓜面积的60%。该有限公司在葵花和南瓜基地内，按照欧洲联盟最高有机食品生产标准进行种植，达到食品安全全过程可追溯，公司产品已经通过了BRC食品安全全球标准认证、HACCP认证、犹太KOSHER认证和欧盟ECOCERT有机认证等多项质量体系及管理认证。

在第二产业方面：该公司大力发展瓜子精深加工，着力延伸产业链、提升价值链。2017 年，该公司在开发建设 5 万吨南瓜葵花籽仁自动化生产加工和 4000 吨小包装食品生产项目的基础上，又投资 1.87 亿元，开发建设了有机农产品进出口交易中心及 5000 吨南瓜籽保健油提取精深加工项目。并且，该公司已经开始研发和制造南瓜子油胶囊、葵花碱等高档医药产品，在专门治疗痛风、前列腺疾病等方面，市场需求量逐年增多，已经占据很大销售份额，市场前景非常广阔。

在第三产业方面：该公司以最优的质量控制生产出高质量产品，进而销售到高端市场，特别是具有了国际市场竞争力。而且坚持线上线下齐抓、国际国内市场并重，组建了 50 人专业营销队伍，其中 40 人在大连负责国内对外出口，10 人在加拿大联络沟通开拓新渠道。2017 年，通过大连港出口，公司产品已销往美国、德国、西班牙、波兰、瑞士、克罗地亚、奥地利、丹麦、匈牙利、伊朗等 20 多个国家和地区，并与国外客户建立了长期稳定的贸易关系。同时，聘请专业的线上营销团队，为公司打造专属营销网络，2017 年线上销售总额实现 110 万美元。另外，按照现今市场价格，南瓜油胶囊每吨可卖 76 万元，葵花碱每吨可卖 1.4 亿元，仅仅向美国出口 2000 吨南瓜子油胶囊，就能销售 15.2 亿元。

综上，该有限公司经过不断完善和扩大经营，已经与 30 个相关企业进行交易合作，与 45 个合作社和 4500 户农民合作建设了 24 万亩葵花和南瓜种植基地，建设了一个交易中心、一家物流专业公司和五个配套服务子公司，形成了相互生存、相互协调的利益联结共同体。尤其是在 2017 年，该有限公司以农用机械为资本投资 25 家种植合作社，还与带地入社的 2500 户农民形成了利益联结共同体。该有限公司以高于市场价每公斤 2 元的价格收购南瓜子，2500 户农民可以得到 440 万元的红利。另外，该有限公司将葵花籽和南瓜子烘干、剥壳和包装等初级加工制造环节让 4 个农民合作社经营，农民合作社获得了 240 万元利润；并且，该公司成立专业农作物植保团队，为农民合作社提供无人机和生化防控等服务，以此保障农民增收和农业增效。2017 年，主营业务收入达到 2 亿元，利税达到 1000 万元，出口创汇3076万美元,整个融合体经营收入超过4.5亿元。下一步,该公司将以打造"百亿有机健康食品产业园"为目标,加快推动产品向南瓜子油、南瓜蛋白、南瓜多肽、南瓜叶绿醌、南瓜甾醇、葵花盘提取物等高端方向延伸,力争利用3—5年时间,将公司发展成为全国基地规模最大、质量水平最高、加工链最长、出口数量最多,具有国际一流水准的行业龙头企业和产业融合体。

三 乡村共同体自发模式案例

黑龙江省甘南县兴十四村被国家发改委评为国家农村产业融合发展示范园,位于甘南县兴十四镇兴十四村,依托中国富华国际生态产业园和黑龙江(兴十四)现代农业示范区而建立。全村总面积4.2万亩,其中耕地2.42万亩、树林1.13万亩、草原4000亩,全村198户村民、955口人。先后受到国家、省、市、县各级表彰奖励500多次,曾被誉为"龙江第一村"和"南有华西村,北有兴十四村"的称号。其中,1979年,国务院嘉奖了甘南县兴十四村,之后陆续被评为首批国家级农业旅游示范点、促进农村经济发展最佳范例、国家级农村社区建设示范村、国家级新农村建设科技示范村、全国休闲农业与乡村旅游示范点等荣誉称号。

在第一产业方面:兴十四村农业生产以黑龙江(兴十四)现代农业示范园区为依托,加快转变农业发展方式,重视农产品产量与效益,注重农业可持续发展和科技创新,发展成为"产出高效、产品安全、资源节约、环境友好"的现代农业。2009年,经国家发改委批准立项,建设了黑龙江(兴十四)现代农业示范园区,其中核心区面积约为24000亩。项目总投资2.9亿元,已建成万米智能温室1栋,2500多平方米实验控制中心1座,3000吨库容的马铃薯种薯窖,设施农业棚室1331栋,1200平方米智能程控水稻催芽车间1座。完善了水、电、路等基础设施,先后购置了大型喷灌设备100多台(套),耕地实现100%高效、节水喷灌。农业示范园区以省农科院的技术为支撑,共示范种植玉米、高粱、糜子、大豆等14大类,共269个新、优、特品种,应用各类技术46项,取得了丰硕的成果。2016年,示范园区又引进了油桃、大樱桃、方形西瓜等新奇特品种。棚室内种植的反季蔬菜瓜果，平均每栋收入都在 4 万元以上。示范园区拥有 7546.5 亩的有机食品认证面积，种植水稻、玉米、红小豆、白芸豆等 10 多个品种，并拥有 4 个绿色食品标识。2016 年新建库容量 1 万吨绿色食品智能库、精品粮食智能仓储库和有机农产品追溯平台都已投入使用。我国农业农村部和中国共青团团中央授予示范园区为"全国青少年农业科普示范基地"，黑龙江省科技厅授予示范园区为"省级农业科技园区"，并成为全国百个农业科技创新与集成示范基地之一。

在第二产业方面：黑龙江富华集团总公司负责兴十四村的农产品加工，该总公司拥有总资产 22 亿元，是一家国家级农业产业化龙头企业，经营生物制药、农产品精深加工、生态旅游和农林生产及养殖等多种行业。并于 2005 年创办了富华（国际）生态产业园，占地面积 5 万亩，是集高科技产业、农畜产品精深加工业、现代物流业、生态旅游为一体的生态产业园区。

园区内划分为七个区域，包括高新技术产业区、农产品深加工区、林业旅游区、畜牧养殖加工区、高科技农业示范区、仓储和物流配送区、居住和行政办公区。中国富华国际生态产业园的建设是以农产品精深加工、生物制药、畜产品现代化养殖和精深加工、林业种植和生态旅游、高科技产业、旅游业为主的新型生态产业园，在国际相同类型的产业园区中处于领先地位。目前已有北京科为博生物技术科技有限公司、北京卫诺恩生物技术有限公司、龙头岭生物有机肥厂、黑龙江富华生物制药有限公司等 35 家企业进驻园区。

根据习近平主席来黑龙江省调研时的讲话精神，兴十四村先后完成了与温州海螺集团、北京挑战集团合作的植酸酶生产项目，富华科技有限公司有机大米、杂粮生产项目，兴十四村大煎饼加工项目，与北京科为博生物科技有限公司合作的酶制剂生产项目，10 万只肉食鸡、1 万只蛋鸡养殖场项目，富华有机肥厂有机肥生产项目，50 万吨粮食仓储项目等系列重大项目建设。并且，玉米秸秆深加工生产木糖、膳食纤维等产品综合项目，扩建年加工 5 万吨有机肥项目。农产品加工转化率达 56%，企业年实现产值 14.9 亿元，吸纳就业 2000

多人。

另外，兴十四村依托中嘉国能（北京）环保科技有限公司，发展可再生能源产业。投资 12.9 万元，建设生物质发电项目，新建 1×30mw 生物质发电厂；依托北京卫诺恩生物技术有限公司，发展食品加工产业，扩大植酸酶项目生产规模。建设酶制剂生产项目，生产植酸酶、药用酶、食品级酶、工业酶等酶制剂，年产 5 万吨；依托安徽燕之坊食品有限公司、国家杂粮工程技术研究中心，大力发展杂粮加工项目。完成有机水稻、有机杂粮加工厂扩建项目，扩建后年加工水稻 10 万吨，年加工有机杂粮杂豆 5 万吨。利用 50 万吨玉米深加工项目厂房等基础设施，加快发展建设 30 万吨燃料乙醇生产项目。

在第三产业方面：根据兴十四村经济社会发展需求和不同区域的资源环境承载能力、现有开发强度和发展潜力，着力构建"一核、两园、三区"的总体布局结构，即以中心城区为核心，以中国富华国际生态产业园和黑龙江（兴十四）现代农业示范园区为依托，以人口集聚区、综合服务区、农业生态区为侧翼的梯次衔接、功能互补的空间发展新格局，开创产城融合、城乡统筹的发展新局面。

结合兴十四村实际研究特色、挖掘特色、突出特色、延伸农业产业链，开发乡村旅游、休闲农业等为代表的农村新产业新业态。进一步改造富华宾馆、兴十四展览馆，增加有机食品基地、森林公园、滑冰场、20 万平方米黑龙潭垂钓场等旅游观光景点，打一眼 2000 米的深水温泉，利用 300 亩连栋智能温室，努力打造全国闻名的 360 度（300 亩、温差 60℃）特色游，使之成为"黑龙江的小海南，兴十四的小三亚"，使兴十四村成为"冰雪果蔬、采摘之都"。新建大型高标准现代化超市 1 处，村内商业网点增加到 20 个。

在富华（国际）生态产业园和黑龙江（兴十四）现代农业示范园区的带动下，兴十四村现代服务业得到了迅猛发展，各产业结构发展更加合理科学。兴十四村投资 2 亿多元建设了黑龙江兴十四粮食仓储有限公司，建设用地面积 30 万平方米，固定仓容 50 万吨。并且，兴十四村投资建设了兴十四村历史展览馆、万亩人工松林、龙头岭和黑龙潭垂钓基地等休闲旅游观光景点 30 多个，积极打造兴十四村品牌，开发具有浓郁的大东北乡土文化风俗，如东北"农家乐"、关东拓荒文化游、休闲农业采摘体验、影视拍摄基地观光体验游览等项目，全年接待游客16.8万多人。兴十四村作为省部级教育培训基地，每年举办培训班30期以上，学员达到5000人以上。兴村网运营以来，覆盖甘南县8个社区、10个乡镇、95个行政村，共建设393个信息服务站，培养450多人的信息员和快递员，网上发布销售2145种商品，交易54890次。2016年，兴十四信息科技服务有限公司与国裕集团达成战略经营合作协定，已初步形成了"生产基地＋农业物联网＋现代化智能仓储设施＋电子营销平台＋社区配送"全程的"互联网＋农业物联网"模型。

另外，兴十四村注重人才培养，人力孵化器功能优势凸显。现已成为中共中央组织部、农业农村部、黑龙江省委组织部、河北省委组织部、内蒙古自治区组织部等省部级教育培训基地。年接待各部门培训班40余次、10000余人，为全国各地培养了大量的农村基层实用人才。兴十四村还成立国内第一家建设在乡村，每年农民专业人才教育培训2000多人的中国农民大学黑龙江学院兴十四村分院。

因此，兴十四村到2017年底总资产可达23.5亿元，实现总经营收入21.1亿元，固定资产投资4000万元，利润1.074亿元，税金430万元，人均收入7.65万元。其中，中国富华国际生态产业园已形成了农产品精深加工、生物工程、精细化工等三大类工业产业，企业年实现产值14.9亿元。兴十四村4/5的农户住进了花园式单体别墅，建设136栋，平均居住面积约为196.6平方米，农民的幸福感全面提高。同时，兴十四村医疗和养老设施设备得到了进一步完善，全村526人享受新农合医疗、社保补贴和公益性岗位补贴，实施村民退休制度，每月最高退休工资可以达到1398元。同时每位村民还享受米、面、油、肉等14项福利和吃粮、吃水、物业管理、合作医疗和学生上学等"十免费"待遇。

四 专业合作社主导模式案例

农村一二三产业融合项目建设区位于桦川县西南部的四马架镇，位于黑龙江省三江平原中心地带，非常适合种植大米、玉米和大豆等大宗型作物，尤其是大米和玉米种植面积较大。近些年，四马架镇大力发展第二、三产业，对周边地区波及效果明显，因地理位置、自然资源禀赋、政策环境等条件优越，吸引了如北国香粮油贸易有限公司、三阳集团商贸有限公司、新阳牧业有限公司和泉林生态农业等很多企业入驻经营，对四马架镇第二、三产业的整体发展带来极大提高。

桦川县以农村一二三产业融合为精准扶贫和乡村振兴的重要途径，以昊民合作社作为新型农业经营主体，将精准识别和建档立卡的贫困户为主要扶贫和资助对象，带动建档立卡的贫困户，促进农民增收。并且，昊民合作社坚持政府指导、市场需求主导、企业商业引导的原则，通过互利共赢的利益联结机制，将产业链向前向后延伸，促使价值链提高，拓宽农民增收渠道，保证农村一二三产业融合发展成果确切地落实到乡村。而且将提高农民收入和提升农业现代化为发展目标，建立"联合社或合作社+农户+生产基地"的经营模式和利益联结机制，重点发展第一产业（鲜食玉米种植）、第二产业（加工）、第三产业（桦川地区鲜食玉米冷藏中心、订单与电商配送中心），使昊民合作社和贫困户共享第一、二、三产业融合带来的产业成果，推动农村一二三产业融合健康稳步发展。

而昊民合作社总投资1150万元，其中合作社自筹880万，向桦川县政府申请到2017年农村一二三产业融合试点资金290万元。资金主要用于昊民合作社购买烘干塔生产线、移动钢板仓、玉米清洗机、地秤、输送机、冷藏库、仓储间等精深加工车间及加工设备，以此保障昊民合作社能够有能力带动贫苦户增收。昊民合作社主要以"保底收益""效益分红"等利益联结机制，促进农民增收，到年末为农民至少保底受益58万元，实现效益分红5万元以上。

在第一产业方面：昊民合作社构建了30人的鲜食玉米专业种植技术服务团队，团队带头人是我国糯玉米协会副会长，具有鲜食玉米种植的基础技术和管理优势。2018年，昊民合作社以"带地入股"和"托管种植"的方式流转农用地3000亩，打造成鲜食玉米种植基地。合作社不仅提供种子、农药、化肥及技术指导给农民，而且负责与昊伟食品有限公司签订契约，保证每年生产的 3000 万穗以上鲜食玉米全部销售完。在生产鲜食玉米过程中，形成种植技术和管理统一，达到生产标准化和规范化。当达到昊伟食品有限公司要求的质量，该公司全部订单收购，并且将 3000 亩鲜食玉米秸秆发酵加工成青贮饲料，养殖肉牛。在养殖过程中产生的牛粪通过发酵，转化成鲜食玉米有机肥料，发展生态循环农业。

在第二产业方面：在四马架镇，昊民合作社拥有收购、储藏、加工、配送的实力，能够将鲜食玉米进行精深加工。而且昊民合作社依靠桦川县金业粮油经贸有限公司，对糯米和创新产品水磨玉米粉进行深加工。不但增加了桦川县鲜食玉米种植面积，而且有效推动桦川县种植结构性改革，更加符合市场需求结构。

在第三产业方面：首先，昊民合作社建设了 100 平方米的鲜食玉米生产车间、1000 平方米的仓储库和 1000 平方米的冷藏库，能够满足生产基地种植的鲜食玉米加工和贮藏要求。并且，为了保证生产基地产出的鲜食玉米能够全部收购、贮藏、加工、输送和销售，昊民合作社借鉴了昊伟食品股份有限公司的储藏加工经验，合作社工作人员必须由公司统一进行教育培训，经合格后才能上岗。

其次，昊民合作社充分发挥市场营销团队和经营主体主导作用，不但建设了农业物联网和互联网，以此保证农产品生产过程完全可追溯和"互联网＋"线上运营，而且打造和培育具有地方特色的鲜食玉米农产品品牌，强化鲜食玉米营销力度，积极拓展鲜食玉米市场销售，实现好的销售量带动鲜食玉米种植量和肉牛养殖量的提高。

最后，昊民合作社与桦川县农业局签订了分红协议，为桦川县乡镇出具建档立卡的贫困户实行保底和效益分红利益联结机制，并保证桦川县政府投资的补贴金 290 万元的 60%，即 174 万元作为贫困户保底受益，在 3 年期间全部归还；并且，昊民合作社通过农村一二三产业融合经营项目，每年赚取的 5 万元经营收益作为二次分红资金分发给贫困户，并保证三年内为贫困户分红 189 万元。昊民合作社通过建立"联合社＋合作社＋农户＋基地"的模式，一共带动扶贫 201 个贫困户（其中光复村 41 户、民乐村 40 户、仁和村 25 户、山湾村 43

户、四马架村 24 户、新兴村 28 户），不仅保证了农村一二三产业融合发展成果为农户所享有，按期实现脱贫，而且促进了桦川县 2017 年的农村一二三产业融合试点项目。

因此，桦川县昊民合作社通过农村一二三产业经营项目，即精深加工及营销鲜食玉米，以"联合社或合作社+农户+生产基地"的经营模式，以"保底收益"和"效益分红"等利益联结机制，带动桦川县 6 个行政村 201 户贫困户增加收入，实现产值 3000 万元以上。贫困户将自己的土地和种养殖经验自愿加入昊民合作社，分享第一次分红；昊民合作社的经营收益为贫困户发放第二次分红；将国投资产量化分享第三次分红。另外，有劳动能力的愿意务工的贫困户在鲜食玉米加工厂工作，又能得到一笔工资性收入，保证了在乡镇建档立卡的贫困户每年增收 2000 元以上。此外，随着昊民合作社不断发展，还带动了其他 5 家农民合作社，在四马架镇建立了 1 万亩以上的鲜食玉米生产基地，每年能够生产 3000 万穗以上的鲜食玉米和养殖 5000 头以上的肉牛[①]。

五　家庭农场主导模式案例

2004 年，黑龙江省绥棱县长山乡刘新线四部村村民马兆力和家庭成员一起创办了家庭农场。随着该农场不断发展和扩大经营，且马兆力的乳名叫"大力"，这个以家庭为主要劳动力的农场逐渐被大家叫成"大力农场"。为了更好地经营发展壮大，根据 2013 年中央一号文件提出"鼓励和支持家庭农场承包流转的土地"，大力农场是黑龙江省第一个工商注册的家庭农场，也是我国第一批注册的家庭农场之一。大力家庭农场不仅拥有农用地 4800 亩（包括 3960 亩水田、795 亩林地和 45 亩的水面），而且购买了 12 台套农业机械（包括插秧机、播种机、收割机、拖拉机、脱粒机等农机）。该家庭农场在场部不但建设了 3500 平方米的办公室、厂房和库房，而且建设了 14400 平方米的育苗大棚。

---

① 桦川县政府公众信息网农业局：《桦川县农村一二三产业融合发展试点实施方案》，http://www.huachuan.gov.cn/system/201801/335239.html.

在第一产业方面：从 2004 年马兆力和家人承包绥棱县食品公司开始，通过流转和租赁的方式，承包了农用地 150 亩。之后承办过沟塘河面和改造低洼农田，经过不断经营和扩大种植规模，到 2012 年为止，马兆力经营的农场农用地面积初具规模，经营了 2800 亩农用地。随着农用地面积的不断扩大，马兆力对农业机械装备和基础设施设备方面进行了大量资金投入，投入 150 多万元改造了水田，购买了 140 万元的农业机械设备，打了 23 眼井，安装了 3 千米高压线路，为大力家庭农场奠定了硬件基础设施设备，做到了一次性投资，长期获益，从规模投资逐渐实现了规模效益。土地和硬件设施解决后，马兆力非常重视农业新技术和新工艺的应用，不仅应用了智能催芽和毯式育秧等新技术，还全面使用水稻打浆机、插秧机、收割机等现代农业机械设备，实现水稻生产到收获全程专业化、机械化和自动化，稻米逐年丰收。

另外，为了多种经营和丰富经营结构，2006 年马兆力和家人投资 80 万元，在空闲土地上建设了 650 平方米面积的标准化畜禽养殖大棚 3 栋，养殖过猪、牛、貂子等牲畜。2011 年，马兆力新建 5000 平方米面积的黑木耳种植基地，又建了配套存水设施，购买了喷灌设备，黑木耳可年产 10 万袋。同年，马兆力承包林地 795 亩，不仅养殖了 12000 只森林生态鸡，而且利用林区的 45 亩湖面，养殖鸭子和淡水鱼。经过不断摸索经营，马兆力和家人主营稻米种植及销售，还经营了黑木耳种植、森林生态鸡、养鸭、养牛等行业，实现多种经营，规避市场风险，基本形成种养为主业、加工和销售为副业的综合型农场。

2013 年，马兆力经长山乡党委政府的支持和协助下，第一个申请注册了黑龙江省绥棱县"大力家庭农场"。之后，按照现代企业管理制度，规范和完善了家庭农场的财务管理、用工管理等规章制度。并且，大力家庭农场重新制定了规划和发展思路，规划了家庭农场办公区、种植区、养殖区、农机停放区、加工区和销售收购区等地点，完善了道路、电、机井等基础设施。大力家庭农场投资 300 万元，建设了 1 栋 1400 平方米的新农机停放库、8 栋共 14400 平方米的双拱钢筋骨架育苗大棚，切实解决了最新购买农机停放和稻苗集中培育的问题，真正地提高了培育水稻秧苗和种植能力。同时，大力家庭农场与周边46个农户签订2000亩农用地流转契约，使家庭农场经营面积达到5000亩，为大力家庭农场创建稻米加工品牌奠定了基础。

在第二产业方面：随着不断拓展经营项目，2015年大力家庭农场投资建设了新的制米酿酒加工车间和水稻烘干塔，再加上原来的厂房车间，该家庭农场具有每年加工10000吨大米的能力，切实实现农工商一体化经营模式。

在第三产业方面：随着经营基础设施设备的不断完善，大力家庭农场通过科学深入的市场调研，将具有品质优、水分低、口感好等特点的"特优"水稻品种，作为农场2014年主打水稻品种，进行了规模种植，并在工商局注册了"马兆力"牌商标。同时，大力家庭农场认为在水稻营销上大有可为，将原来的厂房修建成为粮食储藏库、地磅秤和收购点，不但销售自家粮食，而且经营代收、代储、代销粮食。而且大力家庭农场销售自家种植的土豆、西红柿、黄瓜、大白菜等蔬菜瓜果。

因此，大力家庭农场收入逐年提高，固定资产近1000万元，年收入超百万元。其中，2012年末农场仅水稻种植一项收入达到了110万元，而且大力家庭农场的"森林鸡"，每年秋天过后就屠宰加工进行销售，销售价值达到120万元[①]。

第三节 黑龙江省农村一二三产业融合模式的选择

通过对不同农村一二三产业融合模式实施效果进行分析，发现涉农龙头企业在黑龙江省农村一二三产业融合发展中起到举足轻重的作

---

① 家庭农场联盟：《黑龙江省绥棱县大力家庭农场》，http://www.cnnclm.com/heilongjiang/2471/.

用。由于黑龙江省农村一二三产业融合现在是初级阶段，涉农龙头企业数量较少，加工业和制造业不强，尤其是精深加工业、乡村旅游和体验活动等项目现在还是摸索阶段，推动实施农村一二三产业融合模式基本上是政府培育模式，即"政府＋示范园＋龙头企业＋农户"模式，涉农龙头企业只能作为参与单位，带动作用多少受到限制，没能充分发挥带动作用。

随着实施新一轮东北振兴战略和推动"一带一路"建设，涉农龙头企业的不断增强，农村一二三产业融合政府培育模式逐渐暴露出缺点。为了进一步推动黑龙江省农村一二三产业融合发展，充分发挥涉农龙头企业的带动作用，黑龙江省可以实施"科技园区＋政府＋涉农龙头企业＋科研院所＋合作社＋农民"模式。这种模式不仅可以充分发挥政府的扶持引导和组织协调等作用，而且涉农龙头企业能够发挥引领作用，科研院所又能发挥科技创新优势，促进黑龙江省农村一二三产业融合发展，可以成为可复制和可推广的重要模式之一。另外一种是"龙头企业＋基地＋合作社＋农民"模式。这种模式可以适用于实力比较强的国家级和省级农业产业化龙头企业，实行现代企业管理制度，能够实现农工商一体化或产供销一体化，有效推动农村一二三产业融合发展。

而黑龙江省农村一二三产业融合发展过程中，有些地区虽然实施了乡村共同体自发模式、专业合作社主导模式和家庭农场主导模式，但这些模式都离不开政府的培育和扶持，而且企业在以上模式中发挥着无可替代的作用。并且，这些模式均出现农业科技创新不足、融资渠道有限、专门人才短缺等问题。

由此可见，综合以上五种不同模式的优缺点，在当前的黑龙江省农村一二三产业融合试点示范地区和示范园中，"政产学研＋农工商"合作是黑龙江省农村一二三产业融合可复制和可推广的最佳模式。在这个模式中，政府、企业、高等院校、科研院所、农民、工人和商人等各参与主体发挥各自的功能和作用，相互依赖，相互生存，以合作关系共同生存和促进发展，形成网络状结构，最大化地推动和实施农村一二三产业融合发展。

推动农村一二三产业融合发展是一项系统工程，要想使农村一二三产业融合稳定健康快速持续发展，需要政府各部门相互沟通，通力协作，才能有效解决农村一二三产业融合顶层设计问题。推动农村一二三产业融合发展，需要政府部门充分发挥组织、协调、投资、管理等方面的作用，协调有关各部门在推动农村一二三产业融合方面各司其职，各负其责，相互合作。比如，农业农村部和国家发改委要作好统筹规划，做到具体推动和实施的角色，协调好政府各部门工作；生态环境部门要将"绿水青山就是金山银山"作为目标，让农业农村生态宜居；卫生健康委员会要加大对农产品加工、包装、储运、销售等环节的质量检测和监督管理；等等。与此同时，政府通过出台优惠政策和财政补贴，引导农业产业化龙头企业，让其发挥技术、管理、市场等方面的优势，推动农村一二三产业融合发展。因此，在推广农村一二三产业融合模式中，需要政府的指导作用。

农业产业化龙头企业具有资金、技术、加工、仓储、物流、市场信息和销售渠道等方面的优势，其带动作用在黑龙江省推动农村一二三产业融合发展中至关重要。农业产业化龙头企业与农民专业合作社签订协议，农业产业化龙头企业为农民专业合作社提供农业生产资料，即产前为农民提供种子、种苗和幼禽家畜、农具等生产资料，产中为农民提供技术标准、环保生态化肥和农药等生产资料，产后按照签订的契约，以"保底订单+高价收购""保底收益+股份分红（高价分红）""保价收购订单"等多种渠道利益联结关系，回购农民标准化生产的农产品，确保农产品质量和数量，使农民土地和种植经验变资本、资金变股金、村民变股民、农民变员工，分享农村产业融合发展带来的增值红利。

而高等院校在农村一二三产业融合中，可以起到无可代替的助推作用，高等院校不仅会积极响应国家农村一二三产业融合的号召，而且要利用高等院校科教优势，探索及践行农村一二三产业融合发展路径和方法，不断促进农村一二三产业融合进程和发展。首先，高等院校可以根据自己办学特色和结合农村一二三产业融合的需要，利用设施设备齐全和图书资料丰富的现代化图书馆，将农业科技、科研成果转化、农业农村政策法规等内容提供给乡村。而且高等院校信息化发达，开设远程教育网络平台，实施面授、视频等多种方式的网络教学活动，为广大的农民进行农业科技传授、法制教育、优秀道德品质和弘扬民族精神等方面的宣传教育；其次，提供农业科技支撑和人才支持，培养新型农业经营主体。高等院校不仅能够为农村一二三产业融合培养一批具有科技创新创业的农业专门人才，而且办好成人教育培训，培养优秀乡村基层干部和新型农业经营带头人；最后，充分发挥科技创新能力，提供技术服务。科技是第一生产力，提高科技成果转化率，对推动农村一二三产业融合有着重要意义，并且高等院校号召和组织师生深入乡村，提供科技服务。

第四节 本章小结

本章首先从主体思维角度，对黑龙江省农村一二三产业融合实施模式进行了分析，研究发现黑龙江省主要以农村一二三产业融合示范县（市、区）和示范园为抓手，以坚持"政府大力指导、市场有效主导、龙头企业引导、合作组织搭桥、农民积极实施"的方针，在践行中形成了黑龙江省农村一二三产业融合模式，即政府培育模式、龙头企业带动模式、乡村共同体自发模式、专业合作社主导模式和家庭农场主导模式共五种主要模式，且界定了各模式的含义和优劣势的基础上，对黑龙江省农村一二三产业融合实施模式进行了案例分析，研究后发现这五种模式都离不开政府的培育和扶持，而且涉农企业在以上模式中发挥着无可替代的作用。并且，这些模式均出现农业科技创新不足、融资渠道有限、专门人才短缺等问题。

由此可见，在黑龙江省农村一二三产业融合试点示范地区和示范园中，综合以上五种不同模式的优缺点，如果政府、企业、高等院校、研究所、农民、工人和商人等各参与主体发挥各自的功能和作用，以相互依赖和生存的合作关系共同生存和发展，构成网络状结构，即形成"政产学研+农工商"合作模式，最大化地推动和实施农村一二三产业融合发展,是黑龙江省农村一二三产业融合可复制和可推广的最佳模式。

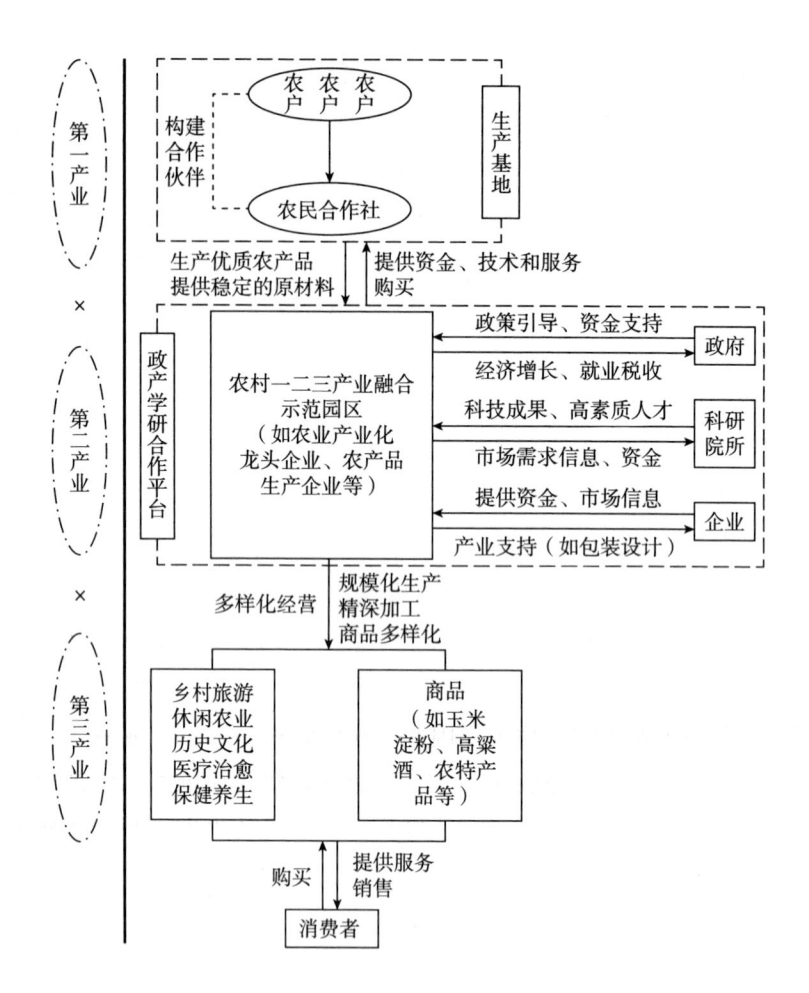

图 4-6 "政产学研+农工商"合作模式

第五章　黑龙江省农村一二三产业融合模式的评价研究

第一节　黑龙江省农村一二三产业融合模式评价指标体系的构建

一　构建评价指标体系的理论分析

我国自2004年开始出台中央一号文件以来，建设社会主义新农村主要是以通过发展农村第二三产业来拓展农民增收渠道、发展农业产业化经营、培育及发展农业产业化龙头企业和农民专业合作社、培育壮大龙头企业等方式发展。因此，我国农村一二三产业融合是农业产业化的升级版。构建农村一二三产业融合模式评价指标体系理论根据很多，本研究不但参照了国外发达国家积累的先进经验，还参考了国内先进的实施经验和专家学者研究成果，基于黑龙江省农业农村发展现状来看，可根据产业集群理论构建农村一二三产业融合模式评价指标体系。

根据产业集群理论，国内外专家学者对产业集群的影响因素进行了广泛的研究。在总结国外主要学者及其学术观点方面，马歇尔从古典聚集理论角度认为，影响产业集群的因素主要有环境因素、辅助工业、市场要素、政府行为等因素[1]；斯科特从交易费用理论角度，归纳了影响产业集群的因素，即距离因素、企业数量因素、企业的地方

---

[1] 马歇尔：《经济学原理》，朱志泰译，商务印书馆1964年版。

根植性因素①；波特根据竞争优势理论，总结了需求条件、生产要素、战略与竞争、有关支撑产业等因素影响产业集群发展②。而国内专家学者对产业集群影响因素方面也进行了广泛的研究，除了一般性的强调因素（如社会网络关系、合作动力、政府干预、生产要素、科技创新环境、自然资源、地理位置等因素③④）外，不同产业具有不同的产业集群影响因素，如高洪涛认为，旅游产业集群的影响因素强调区位因素；毛旭艳认为，体育用品产业集群的影响因素主要强调生产要素、政府服务和环境要素。

二 构建评价指标体系的原则

指标体系是评价农村一二三产业融合模式的基础，也是综合反映农村一二三产业融合发展的依据。因此，本研究在构建评价指标体系时，遵循了以下六个原则。

第一，科学性原则。农村一二三产业融合模式评价指标应建立在充分科学理论、系统研究的基础上，评价指标概念应有明确的科学内涵，而且能客观反映农村一二三产业融合模式的水平。所以，评价指标要科学规范和严谨，意义明确，保证评价结果具有科学性和客观性。

第二，可操作性原则。设计评价指标前，要意识到农村一二三产业融合模式评价指标数据的可获得性和指标可否量化等问题，设计的指标体系应简明清晰，易操作和易理解，也许信息不充分的情况下，尽量分析出客观的评价。

第三，系统性原则。农村一二三产业融合本身就是系统性工程，要用系统工程理论设计农村一二三产业融合模式评价指标体系，以此全面反映农村一二三产业融合模式各个方面。

第四，层次性原则。为了方便政府、企业、合作社等主体，在决

---

① Scott, A. J. Flexible production systems: "Analytical tasks and theoretical horizons – a reply to Lovering", International Journal of Urban and Regional Research, 1991.
② 迈克尔·波特:《国家竞争优势》，李明轩、邱如美译，华夏出版社2002年版。
③ 翁智刚:《产业集群论》，博士论文，西南财经大学，2008年。
④ 刘玉珂:《资源型产业集群影响因素与发展研究》，博士论文，中国地质大学，2009年。

策时能够从不同思维角度对农村一二三产业融合进行管理控制和宏微观调控，对资源进行有效分配，对其发展进行优化，需要将评价指标体系设计成不同层次。

第五，代表性原则。评价农村一二三产业融合模式，需要选取代表性强、客观性高的指标。

第六，动态性原则。农村一二三产业融合模式是一个不断变化发展的过程，在建立评价指标体系时，应充分考虑模式发展的动态变化，能综合客观反映农村一二三产业融合模式的发展水平，以便以后进行动态管理控制。

三 构建评价指标体系的依据

在波特的钻石模型的基础上，两位加拿大学者帕德莫和吉博森[1]提出了"基础（Groundings）—企业（Enterprises）—市场（Markets）"三要素模型，简称为GEM模型，也称之为帕—吉GEM模型。在该模型中，产业集群竞争力由三要素六因素决定，即基础要素被称为"因素对1"，是生产系统的资源投入要素，包括"资源"和"设施"两个因素；企业要素被称为"因素对2"，是整个生产系统的构成要素，确定了产业集群生产效率、效益和效果，即包括"企业结构与发展战略"和"生产企业与流通企业"两个因素；市场要素是整个产业集群的需求要素，被称为"因素对3"，包括"本地市场"和"外部市场"两个因素。

其优点在于：首先，GEM模型的研究对象是区域产业，而我国提出并推进农村一二三产业融合发展之前，恰恰就是以发展县域经济为新的切入点，农业产业化经营作为一种农业生产经营方式，为了解决"三农"问题。其次，GEM模型将政府因素纳入到了基本影响因素中，符合我国农村一二三产业融合发展规律。党中央、国务院2015年颁布的中央一号文件中，明确提出了"推进农村一二三产业融合发展"，成为我国实现乡村振兴战略的重要途径之一。再次，GEM模型着重强调6个因素相互间的优势互补作用，例如完备的"基础设施"

---

[1] Padmoer. T、Gbson H: "Modelling systems of Innovation", Research Policy, 1998.

能够填补地区产业资源的短缺，销售潜力很大的"外部市场"可以弥补当地市场需求的不足。这种互补作用在农村一二三产业融合发展过程中也得到体现，比如农业产业化龙头企业带动周边乡村农民，将农产品加工后销售，形成产加销一体化，这正是具有广阔的"外部市场"弥补了农村内部市场需求不足的问题。最后，GEM模型通过专家意见进行量化评分，不但有利于客观权威地评价农村一二三产业融合发展的优劣势，而且推测农村一二三产业融合发展趋势行之有效，为地方政府实施农村一二三产业融合政策提供科学依据和参考①。

而GEM模型的不足点是其忽略了单个企业内部科技创新能力的局限，当企业需要与其他企业合作，给予科技创新支持方面，该模型没能充分说明问题。而且在经济全球化、信息化和网络化时代，该模型没有说明企业与外部其他企业间科技创新合作网络化问题。

因此，本研究正是根据GEM模型"三要素六因素"理论的基础上，结合农村一二三产业融合模式的实际情况，把影响农村一二三产业融合模式的要素分为生产要素、经营要素和环境要素三个方面。

四 评价指标体系的构建

根据上述理论依据和评价原则，影响农村一二三产业融合模式的因素为生产要素、经营要素和环境要素。其中，生产要素是农村一二三产业融合模式的核心因素，包括农业产业关联程度、农业科技推广水平、土地流转规模经营、农业龙头企业带动、家庭农场带动、农民合作社带动、职业农民培训、农产品质量安全、融资渠道；经营要素是为农村一二三产业融合模式核心因素提供服务和销售，包括农产品批发市场、农产品精深加工、物流体系完善程度、农产品行业协会、产学研合作程度、"互联网+农业"覆盖程度、网络媒体宣传、品牌产品效应、公共基础设施、农业多功能拓展、利益联结机制；环境要素是农村一二三产业融合生产经营活动的宏观环境和微观环境，包括生态环境保护、市场环境、乡风文明、政府扶持培育、经济环境管

---

① 喻春光、刘友金：《产业集群竞争力定量评价GEMN模型及其应用》，《系统工程》2008年第5期。

制、农村社会环境、政府组织机构、消费者满意度,见表 5-1。

表 5-1　　　　农村一二三产业融合模式的评价指标体系

目标层	准则层	指标层
黑龙江省农村一二三产业融合模式评价指标 A_0	生产要素 $A_{1,1}$	农业产业关联程度 $A_{2,1}$
		农业科技推广水平 $A_{2,2}$
		土地流转规模经营 $A_{2,3}$
		农业龙头企业带动 $A_{2,4}$
		家庭农场带动 $A_{2,5}$
		农民合作社带动 $A_{2,6}$
		职业农民培训 $A_{2,7}$
		农产品质量安全 $A_{2,8}$
		融资渠道 $A_{2,9}$
	经营要素 $A_{1,2}$	农产品批发市场 $A_{2,10}$
		农产品精深加工 $A_{2,11}$
		物流体系完善程度 $A_{2,12}$
		农产品行业协会 $A_{2,13}$
		产学研合作程度 $A_{2,14}$
		"互联网+农业"覆盖程度 $A_{2,15}$
		网络媒体宣传 $A_{2,16}$
		品牌产品效应 $A_{2,17}$
		公共基础设施 $A_{2,18}$
		农业多功能拓展 $A_{2,19}$
		利益联结机制 $A_{2,20}$
	环境要素 $A_{1,3}$	生态环境保护 $A_{2,21}$
		市场环境 $A_{2,22}$
		乡风文明 $A_{2,23}$
		政府扶持培育 $A_{2,24}$
		经济环境管制 $A_{2,25}$
		农村社会环境 $A_{2,26}$
		政府组织机构 $A_{2,27}$
		消费者满意度 $A_{2,28}$

生产要素是指农民进行农业生产经营活动所必要的一切要素。在通常情况下，生产要素包括劳动力、资金、技术、企业家精神等要素，这是经济学中的一个基本范畴。在农业生产过程中，农业劳动者使用生产资料进行农业生产，是国民经济能否正常运行的最基础性产业，也是企业等市场主体在经营过程中所必备的基本要素。但是，在人类社会经济不断发展的今天，如科技创新、管理、网络信息等要素也进入到农业生产经营活动当中，对农业生产结构发生了巨大变化，在农村一二三产业融合发展中起到重要作用。经营要素是为生产经营要素提供必要的、系统性的支持要素，不仅为参与农村一二三产业融合生产经营主体提供政府管理服务、农业科技创新成果、市场等服务，而且在网络媒体宣传、电商平台等方面也为农村一二三产业融合经营主体提供相应服务。环境要素包括农村内部环境要素和农村外部环境要素，是通过人际关系、文化、契约等方式相互作用或者通过政府政策制度和法制法规的颁布实施，对生产要素和经营要素的行为和相互协作产生一定影响的要素[①]。

这三个要素间的关系是把生产要素作为基础核心，关键在于农业农村是否能提供稳定的农产品产量，以及质量安全的农产品，所以将生产要素作为基础核心要素；经营要素是为了农业生产而提供各种经营服务，其作用就是在农村一二三产业融合模式发展过程中提供经营和销售服务功能；但是，无论是生产要素，还是经营要素，都需要在环境的范围内进行经济管理活动。其中，本研究将环境要素分为农村内部环境和农村外部环境，也将自然生态环境也列在指标当中。在环境要素的范围内，农村一二三产业融合通过经营要素的支持，各资源投入到生产要素中，以此实现农村一二三产业融合模式的发展。

五 评价量表信效度检验

当评价指标体系拟定后，利用 Likert – type 量表格式设计了调查问卷，所以评价集统一使用了五个级别：{非常满意、满意、一般、

---

① 魏双盈：《基于生态学理论的现代制造业产业集群研究》，博士学位论文，武汉理工大学，2007年。

不满意、很不满意}，分别赋值为 {5、4、3、2、1}。而 Likert - type 量表是由量表的等距性和题目的同质性的基础上建立起来的，所以对评价指标体系进行信度检验是必要的。所谓信度，就是调查问卷内容能够与实际情况相符的程度，即评价者给出的分值与实际分值的接近程度。在一般检验中，规定真分数方差与测验总分方差的比值作为信度值。因此，在本研究中，样本数据不是很多的情况下，信度检验使用了 Cronbach 系数法。而 Cronbach 系数法在信度测算方法中是最常用的方法之一，测算的系数是内部一致性系数，且评价量表各项分值间的一致性，符合态度和意见式量表的分析。测算 Cronbach 系数的公式：

$$\alpha = \left(\frac{K}{K-1}\right)\left(1 - \frac{\sum_{i=1}^{K}\alpha_{M_i}^2}{\alpha_N^2}\right) \quad (5-1)$$

其中，K 是调查样本数，α_N^2 是总调查样本的方差，$\alpha_{M_i}^2$ 是当前测算样本的方差。通常情况下，Cronbach α 系数的值在 0 和 1 之间。如果 α 系数小于 0.6，一般认为信度不好；如果 α 系数在 0.7—0.8 间，则说明量表具有较高的信度；如果 α 系数在 0.8 - 0.9 间，则表明量表信度非常好。因此，本研究采用 SAS9.3.1 统计系统软件，分析结果表明，调查问卷各指标间具有非常好的一致性，可以使用该评价指标体系。如表 5 - 2 所示。

表 5 - 2　　　　　　　　　调查量表的信度

Cronbach α 系数	项数
0.8723	3

另外，要对调查量表进行效度检验。所谓效度，就是测算的准确程度，即测算工具能够准确测算出的概率，概率越高，效度越好，是测算中最满意的因素之一。效度公式为：

$$V = \frac{\theta_{Ax}^2}{\theta_x^2} \quad (5-2)$$

其中，θ_{Ax}^2 为与测算目标相关的分数方差，θ_x^2 为测算总方差。

采用 SAS9.3.1 统计系统软件，运用 KMO 度量检验和 Bartlett 球形度检验测算效度，测算结果如表 5 – 3 所示。KMO 度量值为 0.763，说明原始指标之间有很好的结构性和相关性关系。并且，Bartlett 球形度检验的结果表明，显著性概率值是 0.000 < 0.05，量表有很好的结构效度，能够测算出较高程度的测量对象。

总之，在准则层指标下，分别对指标层中的指标进行信度和效度分析，其结果基本达到或达到测算要求。

表 5 – 3　　　　调查量表的 KMO 和 Bartlett 球形度检验

KMO 度量	Bartlett 球形度检验	
	近拟卡方	86.351
0.763	df	27
	Sig.	0.000

第二节　黑龙江省农村一二三产业融合模式评价方法

模糊评价方法是评价现实中具有模糊性现象而设计的一种模型和方法，而模糊综合评价法（fuzzy comprehensive evaluation method）不仅是基于模糊数学的一种综合评价方法，而且是学者们运用最广泛的一种评价方法。模糊综合评价法以模糊数学的隶属度理论，将主观定性描述转变为定量分析，也就是说，该方法是将受到多种因素制约的研究对象，利用模糊数学，作出一个整体评价的方法。其特点是分析结果清晰明确和系统性强，能很好地处理难以量化和模糊的问题，是解决各种非确定性问题的好方法。

模糊综合评价方法不但有严谨的科学定量分析，而且将难以定性的模糊现象进行定性描述，然后进行客观上的定量分析，是将定性描述和定量分析相结合的一种评价方法。本研究采用模糊综合评价法，不仅可以有效地解决在模式评价过程中带有的主观问题，而且能够处理客观所遇到的模糊性现象。因此，本研究就是利用该方法难以用科学严谨的数学方法去分析复杂系统性问题，而表现出来的独特优越性，非常适合农村一二三产业融合模式评价研究。

本研究运用二级模糊综合评价方法，将农村一二三产业融合模式评价指标体系分为三个层次，构建了模糊综合评价模型，其步骤如下：

第一步：列出备择对象集合 X；

第二步：确定评价指标集合 U；

第三步：确定各指标的权重矢量 A；

第四步：确定评价集 λ；

第五步：进行模糊综合评价：农村一二三产业融合评价指标体系分为三层，可以采用两级模糊综合评价，即第一级为指标层评价准则层；第二级为准则层评价目标层。在模糊综合评价分析过程中，要选取合适的模糊合成算子。而模糊合成算子分别是 M（∧，∨）、M（•，∨）、M（∧，⊕）、M（•，⊕），其中，M（∧，∨）和 M（•，∨）算子的综合评价程度比较弱，利用 R 的信息不足，但在分析中，能够优先运算模糊综合评价起作用的主要因素；而 M（∧，⊕）和 M（•，⊕）算子不但综合评价程度高，而且利用 R 的信息比较足，尤其是分析了综合评价起作用的主要因素。因此，本研究采用了 M（∧，⊕）和 M（•，⊕）算子，评价农村一二三产业融合模式，希望得到满意的评价结果。

第六步：说明模糊综合评价结果矢量。根据模糊综合评价矢量的分析，通常采用最大隶属度原则和加权平均原则得出综合结论后，提出相应的政策建议。倘若将等级给予分值，然后利用模糊评判集中对应的隶属度，将分值加权后求平均，就能得到一个点值，以便比较排序。

综上，本研究采用这个方法，对五个农村一二三产业融合模式进行了评价。

第三节 黑龙江省农村一二三产业融合模式评价的实证研究

一 数据来源

从企业生命周期理论角度看，我国农村一二三产业融合还处于发展阶段，甚至可以表述为萌芽阶段。因此，我国农村一二三产业融合刚刚起步，需要政府相关部门出台培育政策和财政支持。本研究正是在这样的背景下，调查对象主要是从事农业经济学领域的专家和政府相关部门领导。本研究正式调查农村一二三产业融合模式的时间是2018年7月5日—8月25日的暑假期间，且出于数据的可靠性和样本代表性等方面的考虑，根据黑龙江省发展和改革委员会编制出台的《黑龙江省人民政府办公厅关于推进农村产业融合发展的实施意见》和黑龙江省农业农村厅实施的《全省农村一二三产业融合发展试点实施方案》，调查地点是六个示范县（市、区）和五个示范园，即黑龙江省被评选为"全国农村产业融合发展试点示范县"的哈尔滨市双城区、肇东市、讷河市、宁安市、杜尔伯特蒙古族自治县和甘南县共六个县（市、区），和被评定为全国"首批国家农村产业融合发展示范园"的绥化市青冈县、鸡西市密山市、齐齐哈尔市甘南县兴十四村、牡丹江市穆棱市、佳木斯市桦南县圣杰农村产业融合发展示范园共五个示范园作为了调研地点和单位。

本研究一共发放了100份调查问卷，剔除质量不高的问卷外，有效问卷达到95份（其中，专家学者30份，政府官员23份，企业负责人12份，家庭农场主18份、合作社理事12份），有效问卷的回收率为95%。为了保证调研数据的质量，本研究采取了必要措施控制调研过程。首先，本次调查的主要对象之一是研究农业经济学领域的专家，不仅能给本研究调查提出宝贵的意见，而且提供最高质量的数据；其次，本次调研得到了黑龙江省发改委和省农委相关领导的大力支持，也同样提供了较高准确性的调研数据；最后，对于企业、农场主和合作社理事的调查,都是参与农村一二三产业融合示范单位地区的主要相关负责人,保证了数据信息的真实性。

二 描述性统计分析

本研究利用 SAS9.3.1 统计系统软件,采用描述性统计分析了调查者的基本情况,基本情况包括农村产业融合模式、评价者的性别、年龄、职业和工作年限等内容,如表 5-4 所示。

表 5-4　　　　　　　　样本的基本描述性统计

基础信息		频数	百分比	累计百分比
农村产业融合	政府培育模式	24	25.26%	25.26%
	龙头企业带动模式	34	35.79%	61.05%
	乡村共同体自发模式	8	8.42%	69.47%
	专业合作社主导模式	22	23.16%	92.63%
	家庭农场主导模式	7	7.37%	100.00%
性别	男	73	76.84%	76.84%
	女	22	23.16%	100.00%
年龄	30 岁以下	4	4.21%	4.21%
	30—39 岁	33	34.74%	38.95%
	40—49 岁	45	47.37%	86.32%
	50 岁及以上	13	13.68%	100.00%
职业	专家学者	30	31.58%	31.58%
	政府官员	23	24.21%	55.79%
	企业负责人或经理	12	12.63%	68.42%
	合作社理事	12	12.63%	81.05%
	家庭农场主	18	18.95%	100.00%
工作年限	10 年内	28	29.47%	29.47%
	10—19 年	39	41.05%	70.53%
	20—29 年	17	17.89%	88.42%
	30 年及以上	11	11.58%	100.00%

从主体思维角度分析时,黑龙江省农村一二三产业融合模式主要有"政府培育模式""龙头企业带动模式""乡村共同体自发模式""专业合作社主导模式""家庭农场主导模式"五种。其中,"龙头企业带动模式"的频数是34,占总样本的35.79%,被选择最多,说明评价者认为"龙头企业带动模式"是黑龙江省农村一二三产业融合的最主要模式。"政府培育模式"的频数为24,占总样本的25.26%,说明黑龙江省农村一二三产业融合发展刚刚起步,需要政府的大力扶持和投资。"专业合作社主导模式"的频数为22,占总样本的23.16%,说明随着农村一二三产业融合不断深入发展,专业合作社在农村一二三产业融合过程中发挥着越来越重要的作用。而"乡村共同体自发模式"和"家庭农场主导模式"的频数最少,分别是8和7,分别占总样本的8.42%和7.37%,这说明黑龙江省农村一二三产业融合发展现阶段,因受到资金、技术、企业家精神等生产要素的制约,"乡村共同体自发模式"和"家庭农场主导模式"被认为非主流模式。

从评价者性别看,评价者绝大部分是男性,占比为76.84%,而女性占比为23.16%;从评价者年龄看,评价者中,最小年龄在30岁以下,最大年龄在50岁及以上,其中30岁到49岁年龄段的评价者居多,占比为82.11%,这说明评价者绝大部分是专家级中青年人士;从评价者职业看,专家学者有30人,占比为31.58%,其次是政府官员有23人,占比为24.21%,说明专家学者和政府官员共有53人,占总评价者的一半以上;从评价者工作年限看,工作19年以内的评价者有67人,占评价者总数的70.53%,说明评价者对自己从事工作基本熟悉和熟练。

三 评价指标权重确定

通过量表设计、调查和信度及效度检验,获得黑龙江省农村一二三产业融合模式的影响因素及权重系数(见表5-5)。在获得各指标权重时,不同的调查对象因职别和学历不一样,对各指标确定的权重也有差异。但本研究经与几位农业经济领域的专家学者咨询后,考虑到被调查对象基本都是黑龙江省农村一二三产业融合专家、管理、经营等人员,且在农村一二三产业融合产业链的各个环节,可以看成为农村一二三产业融合领域的专家,不存在确定的权重因人为可能放大评价结果或与实际情况有偏离。因此,本研究不采用不同职别和学历的调查对象,给出的权重有差别的方法,对所有调查对象确定的权重均不作区分。

在表5-5中,生产要素和经营要素的权重最高,分别是38%和37%,说明黑龙江省农村一二三产业融合的关键在生产和经营上。其中,在生产要素方面,评价者对农业科技推广水平和融资渠道权重评价最低,说明评价者认为黑龙江省农村一二三产业融合现阶段,农业科技推广水平低,融资渠道少。在实地调研时,同样发现了评价者对其忧虑。而评价者对农民合作社带动和农业产业化龙头企业带动权重评价最高,说明评价者认为农民合作社和农业产业化龙头企业的确在农村一二三产业融合发展过程中起到重要作用。在实地调研时,也发现农民合作社和农业产业化龙头企业对农村产业融合效果明显。而且评价者对土地流转规模经营和农业产业关联程度的权重评价高,说明这两个指标在农村一二三产业融合发展过程中,同样起到关键作用。在经营要素方面,农产品精深加工的评价得分低于其他指标,说明评价者总体认为在现阶段,农产品精深加工需要升级,带动能力不够突出,技术装备水平低,精深加工和综合利用能力不足,传统产品居多,高科技和高附加值的产品少,尤其是精深加工专用的品种少,绝大部分农产品原料产地缺少储存保鲜等设施设备,品质难以得到保障。因此,评价者一致认为农产品精深加工在农村一二三产业融合中很不满意。其次就是评价者对产学研合作程度、"互联网+农业"覆盖程度和品牌产品效应的评价较高,说明通过产学研合作,可以提高科技水平;通过"互联网+农业",不仅可以推动云计算、物联网和移动互联网等信息技术向农业生产、加工、流通和销售等各个领域渗透和应用,而且促进流通方式和创造新业态,促进农产品销售;通过创建品牌产品,有助于有效推销产品,保护生产经营者利益,树立企业形象。但评价者对农产品批发市场、农产品行业协会、农业多功能性拓展和利益联结机制的评价较低,因为农产品批发市场可以看成是

表 5–5　　农村一二三产业融合模式的评价指标权重

目标层	准则层	权重	指标层	权重
黑龙江省农村一二三产业融合模式评价指标 A_0	生产要素 $A_{1,1}$	0.38	农业产业关联程度 $A_{2,1}$	0.12
			农业科技推广水平 $A_{2,2}$	0.08
			土地流转规模经营 $A_{2,3}$	0.12
			农业龙头企业带动 $A_{2,4}$	0.15
			家庭农场带动 $A_{2,5}$	0.09
			农民合作社带动 $A_{2,6}$	0.15
			职业农民培训 $A_{2,7}$	0.11
			农产品质量安全 $A_{2,8}$	0.10
			融资渠道 $A_{2,9}$	0.08
	经营要素 $A_{1,2}$	0.37	农产品批发市场 $A_{2,10}$	0.08
			农产品精深加工 $A_{2,11}$	0.06
			物流体系完善程度 $A_{2,12}$	0.09
			农产品行业协会 $A_{2,13}$	0.07
			产学研合作程度 $A_{2,14}$	0.12
			"互联网+农业"覆盖程度 $A_{2,15}$	0.12
			网络媒体宣传 $A_{2,16}$	0.09
			品牌产品效应 $A_{2,17}$	0.12
			公共基础设施 $A_{2,18}$	0.10
			农业多功能拓展 $A_{2,19}$	0.08
			利益联结机制 $A_{2,20}$	0.07
	环境要素 $A_{1,3}$	0.25	生态环境保护 $A_{2,21}$	0.16
			市场环境 $A_{2,22}$	0.11
			乡风文明 $A_{2,23}$	0.10
			政府扶持培育 $A_{2,24}$	0.12
			经济环境管制 $A_{2,25}$	0.15
			农村社会环境 $A_{2,26}$	0.13
			政府组织机构 $A_{2,27}$	0.10
			消费者满意度 $A_{2,28}$	0.13

中间商,农民在价值链的最低端,无法赚到更多钱;农产品行业协会可以当政府和农产品行业沟通的桥梁,及时将行业问题反馈给政府相关部门,帮助政府认识农产品行业的情况,但与现实情况不符,很多事情需要政府有关部门调查取证,再由上级批示等行政程序,满足不了农产品行业发展;而农业多功能性拓展和利益联结机制,虽然政府陆续出台政策措施进行培育,但黑龙江省农村一二三产业融合发展是初期,是农业产业化升级过程中,也就是说农业农村还是在生产、加工、流通和销售等传统领域,休闲农业与乡村旅游等基础设施设备正在建设,等建好后才能投入经营,农业多功能性拓展缓慢。此外,环境要素权重占25%,相比于生产要素和经营要素的权重低,说明评价者普遍认为当前环境要素固然满意,但现阶段不应该将农村一二三产业融合环境作为最满意指标,现阶段应优先发展乡村内部软硬件设施。

四 评价模型构建

满意度调查所用量表的各项与模式评价指标体系量表的指标层完全一样,所以不进行信度和效度的检验。评价集统一规定为五个级别:{非常满意、满意、一般、不满意、很不满意},分别赋值为{5、4、3、2、1}。调查对象包括专家学者30份,政府官员23份,企业负责人12份,家庭农场主18份、合作社理事12份,共95份问卷。

根据上述黑龙江省农村一二三产业融合模式评价的各相关因素权重,本研究利用模糊综合评价法,构建农村一二三产业融合模式评价数理模型,因采用了Zadeh算子与普通矩阵乘法的运算结果,模型分为两个层次。

第一层模型:根据指标层指标的评价分数,求每个基准层指标的评价隶属度集。其隶属度函数公式是:

$$M_i = [A_{2,j}] \times [R_i] \qquad (5-3)$$

其中,$i=1,2,3$;$j=1,2,\cdots 28$;$k=1,2,3,4,5$;M_i表示为第i个基准层指标下指标层模糊综合评判集;$A_{2,j}$表示为指标层下的第j个指标层指标的权重;R_i为第i个基准层指标下对应的指标层评价集的满意度评价值;×为两个矩阵的普通相乘。

此外，m_i^k 是 M_i 的模糊综合评价集中的第 k 个评价值，将 m_i^k 与评价集 λ 相乘，得出准则层的模糊综合评判值 W_i。

$$W_1 = 5m_1^1 + 4m_1^2 + 3m_1^3 + 2m_1^4 + 1m_1^5$$

$$W_2 = 5m_2^1 + 4m_2^2 + 3m_2^3 + 2m_2^4 + 1m_2^5$$

$$W_3 = 5m_3^1 + 4m_3^2 + 3m_3^3 + 2m_3^4 + 1m_3^5$$

第二层模型：

$$M = [A_{1,i}] \times [M_i] \qquad (5-4)$$

其中，M 为该农村一二三产业融合模式的最终模糊综合评价集；$A_{1,i}$ 为第 i 个准则层指标的评价权重；此外，将 M 与评价集 λ 相乘，得出农村一二三产业融合模式的最终模糊综合评判值 W。

$$W = 5M^1 + 4M^2 + 3M^3 + 2M^4 + 1M^5$$

五 模糊综合评价分析

（1）建立评价集

本研究将评价集设为 λ，即 $\lambda = (\lambda_1, \lambda_2, \lambda_3, \lambda_4, \lambda_5) = $（非常满意，满意，一般，不满意，很不满意），分别赋值为 5、4、3、2、1。评价者满意度评价指标集 R，包括生产要素、经营要素和环境要素共 3 个准则层。因此，$R = (R_i)$（$i = 1, 2, 3$）。然后，根据评价者满意度问卷调查评分情况，得出每个指标 R_i 隶属于评价集 λ 的人数与评价者总数的比值，即 R_i（$i = 1, 2, 3$）。采用模糊综合评价模型计算得到生产要素、经营要素和环境要素各项准则层评价者满意度的评价矩阵：

$$R_1 = \begin{bmatrix} 0.205 & 0.273 & 0.269 & 0.186 & 0.067 \\ 0.056 & 0.133 & 0.231 & 0.287 & 0.293 \\ 0.226 & 0.224 & 0.234 & 0.181 & 0.135 \\ 0.065 & 0.137 & 0.232 & 0.324 & 0.242 \\ 0.067 & 0.275 & 0.276 & 0.251 & 0.131 \\ 0.122 & 0.181 & 0.293 & 0.223 & 0.181 \\ 0.168 & 0.171 & 0.277 & 0.212 & 0.172 \\ 0.214 & 0.261 & 0.273 & 0.184 & 0.068 \\ 0.157 & 0.133 & 0.232 & 0.187 & 0.291 \end{bmatrix}$$

第五章 黑龙江省农村一二三产业融合模式的评价研究 / 135

$$R_2 = \begin{bmatrix} 0.217 & 0.228 & 0.232 & 0.189 & 0.134 \\ 0.167 & 0.135 & 0.232 & 0.224 & 0.242 \\ 0.128 & 0.177 & 0.277 & 0.253 & 0.165 \\ 0.122 & 0.182 & 0.292 & 0.223 & 0.181 \\ 0.169 & 0.171 & 0.288 & 0.203 & 0.169 \\ 0.272 & 0.173 & 0.199 & 0.174 & 0.182 \\ 0.185 & 0.273 & 0.352 & 0.131 & 0.059 \\ 0.333 & 0.276 & 0.244 & 0.118 & 0.029 \\ 0.195 & 0.211 & 0.272 & 0.213 & 0.109 \\ 0.024 & 0.114 & 0.312 & 0.352 & 0.198 \\ 0.051 & 0.182 & 0.206 & 0.349 & 0.212 \end{bmatrix}$$

$$R_3 = \begin{bmatrix} 0.352 & 0.311 & 0.199 & 0.114 & 0.024 \\ 0.135 & 0.118 & 0.242 & 0.233 & 0.272 \\ 0.151 & 0.216 & 0.239 & 0.212 & 0.182 \\ 0.294 & 0.239 & 0.121 & 0.194 & 0.152 \\ 0.312 & 0.346 & 0.137 & 0.103 & 0.102 \\ 0.234 & 0.212 & 0.242 & 0.201 & 0.111 \\ 0.089 & 0.189 & 0.281 & 0.314 & 0.127 \\ 0.276 & 0.233 & 0.244 & 0.118 & 0.129 \end{bmatrix}$$

表 5-6　　　　评价者满意度问卷调查评分数据汇总

评价指标	非常满意	满意	一般	不满意	很不满意
农业产业关联程度	19	26	26	18	6
农业科技推广水平	5	13	22	27	28
土地流转规模经营	21	21	22	17	13
农业龙头企业带动	6	13	22	31	23
家庭农场带动	6	26	26	24	12
农民合作社带动	12	17	28	21	17
职业农民培训	16	16	26	20	16
农产品质量安全	20	25	26	17	6
融资渠道	15	13	22	18	28
农产品批发市场	21	22	22	18	13
农产品精深加工	16	13	22	21	23
物流体系完善程度	12	17	26	24	16

续表

评价指标	非常满意	满意	一般	不满意	很不满意
农产品行业协会	12	17	28	21	17
产学研合作程度	16	16	27	19	16
"互联网+农业"覆盖程度	26	16	19	17	17
网络媒体宣传	18	26	33	12	6
品牌产品效应	32	26	23	11	3
公共基础设施	19	20	26	20	10
农业多功能拓展	2	11	30	33	19
利益联结机制	5	17	20	33	20
生态环境保护	33	30	19	11	2
市场环境	13	11	23	22	26
乡风文明	14	21	23	20	17
政府扶持培育	28	23	11	18	14
经济环境管制	30	33	13	10	10
农村社会环境	22	20	23	19	11
政府组织机构	8	18	27	30	12
消费者满意度	26	22	23	11	12

(2) 评价指标模糊评判

首先，根据式 5-3，将指标层各指标权重值与评价矩阵相乘，得到准则层模糊综合评判集。

$$M_1 = [A_{2,j=1,2\cdots9}] \times [R_1]$$

$$= \begin{bmatrix} 0.12 \\ 0.08 \\ 0.12 \\ 0.15 \\ 0.09 \\ 0.15 \\ 0.11 \\ 0.10 \\ 0.08 \end{bmatrix} \times \begin{bmatrix} 0.205 & 0.273 & 0.269 & 0.186 & 0.067 \\ 0.056 & 0.133 & 0.231 & 0.287 & 0.293 \\ 0.226 & 0.224 & 0.234 & 0.181 & 0.135 \\ 0.065 & 0.137 & 0.232 & 0.324 & 0.242 \\ 0.067 & 0.275 & 0.276 & 0.251 & 0.131 \\ 0.122 & 0.181 & 0.293 & 0.223 & 0.181 \\ 0.168 & 0.171 & 0.277 & 0.212 & 0.172 \\ 0.214 & 0.261 & 0.273 & 0.184 & 0.068 \\ 0.157 & 0.133 & 0.232 & 0.187 & 0.291 \end{bmatrix}$$

$M_1 = [\,0.143 \quad 0.198 \quad 0.259 \quad 0.228 \quad 0.172\,]$

$M_2 = [\,A_{2,j=10,11\cdots20}\,] \times [\,R_2\,]$

$= \begin{bmatrix} 0.08 \\ 0.06 \\ 0.09 \\ 0.07 \\ 0.12 \\ 0.12 \\ 0.09 \\ 0.12 \\ 0.10 \\ 0.08 \\ 0.07 \end{bmatrix} \times \begin{bmatrix} 0.217 & 0.228 & 0.232 & 0.189 & 0.134 \\ 0.167 & 0.135 & 0.232 & 0.224 & 0.242 \\ 0.128 & 0.177 & 0.277 & 0.253 & 0.165 \\ 0.122 & 0.182 & 0.292 & 0.223 & 0.181 \\ 0.169 & 0.171 & 0.288 & 0.203 & 0.169 \\ 0.272 & 0.173 & 0.199 & 0.174 & 0.182 \\ 0.185 & 0.273 & 0.352 & 0.131 & 0.059 \\ 0.333 & 0.276 & 0.244 & 0.118 & 0.029 \\ 0.195 & 0.211 & 0.272 & 0.213 & 0.109 \\ 0.024 & 0.114 & 0.312 & 0.352 & 0.198 \\ 0.051 & 0.182 & 0.206 & 0.349 & 0.212 \end{bmatrix}$

$M_2 = [\,0.182 \quad 0.197 \quad 0.264 \quad 0.212 \quad 0.145\,]$

$M_3 = [\,A_{2,j=21,22\cdots28}\,] \times [\,R_3\,]$

$= \begin{bmatrix} 0.16 \\ 0.11 \\ 0.10 \\ 0.12 \\ 0.15 \\ 0.13 \\ 0.10 \\ 0.13 \end{bmatrix} \times \begin{bmatrix} 0.352 & 0.311 & 0.199 & 0.114 & 0.024 \\ 0.135 & 0.118 & 0.242 & 0.233 & 0.272 \\ 0.151 & 0.216 & 0.239 & 0.212 & 0.182 \\ 0.294 & 0.239 & 0.121 & 0.194 & 0.152 \\ 0.312 & 0.346 & 0.137 & 0.103 & 0.102 \\ 0.234 & 0.212 & 0.242 & 0.201 & 0.111 \\ 0.089 & 0.189 & 0.281 & 0.314 & 0.127 \\ 0.276 & 0.233 & 0.244 & 0.118 & 0.129 \end{bmatrix}$

$M_3 = [\,0.244 \quad 0.242 \quad 0.209 \quad 0.177 \quad 0.129\,]$

然后，根据式5-4，求得农村一二三产业融合模式的最终模糊综合评判集。

$M = [\,A_i\,] \times [\,M_i\,]$

$= \begin{bmatrix} 0.38 \\ 0.37 \\ 0.25 \end{bmatrix} \times \begin{bmatrix} 0.143 & 0.198 & 0.259 & 0.228 & 0.172 \\ 0.182 & 0.197 & 0.264 & 0.212 & 0.145 \\ 0.244 & 0.242 & 0.209 & 0.177 & 0.129 \end{bmatrix}$

$= [\,0.182 \quad 0.209 \quad 0.248 \quad 0.209 \quad 0.151\,]$

(3) 模糊综合评价结果合成

首先，运用加权平均法，求得准则层模糊综合评判值，结果为：

$$W_1 = 5m_1^1 + 4m_1^2 + 3m_1^3 + 2m_1^4 + 1m_1^5$$
$$= 5 \times 0.143 + 4 \times 0.198 + 3 \times 0.259 + 2 \times 0.228 + 1 \times 0.172$$
$$= 2.912$$

$$W_2 = 5m_2^1 + 4m_2^2 + 3m_2^3 + 2m_2^4 + 1m_2^5$$
$$= 5 \times 0.182 + 4 \times 0.197 + 3 \times 0.264 + 2 \times 0.212 + 1 \times 0.145$$
$$= 3.059$$

$$W_3 = 5m_3^1 + 4m_3^2 + 3m_3^3 + 2m_3^4 + 1m_3^5$$
$$= 5 \times 0.244 + 4 \times 0.242 + 3 \times 0.209 + 2 \times 0.177 + 1 \times 0.129$$
$$= 3.298$$

然后，再运用加权平均法，求得总模糊综合评判值，计算结果为：

$$W = 5M^1 + 4M^2 + 3M^3 + 2M^4 + 1M^5$$
$$= 5 \times 0.182 + 4 \times 0.209 + 3 \times 0.248 + 2 \times 0.209 + 1 \times 0.151$$
$$= 3.059$$

六 评价结果及分析

首先，评价者总体满意度值为 3.059，该得分在"一般"与"满意"之间，但接近于"一般"，根据最大隶属度原则，满意度得分最高值为 3.298，也是位于满意度"一般"与"满意"之间，说明评价者对黑龙江省农村一二三产业融合模式基本认可，所有模式都觉得一般。综上，上述结果验证了黑龙江省农村一二三产业融合发展刚起步、程度低。农村一二三产业融合是系统工程，需要深入贯彻落实中央决策部署，不断强化政策措施，持续加大工作力度，才能使农村产业融合发展进程加快、模式增多、内容拓展、质量提升，在促进农业增效、农民增收、农村繁荣方面的作用日益显现，为实现乡村产业兴旺奠定坚实基础。

其次，生产要素的评价者满意度值为 2.912，低于评价者总体满意度值，位于"不满意"和"一般"之间，即评价者认为生产要素不满意。总结有几点原因。

第一，评价者对"农业科技推广水平"满意度值评价最低，为

2.372。说明评价者对黑龙江农村一二三产业融合发展模式中的农业科技推广水平不满意，

认为"农产学研"合作需要强化，农业科技成果转化为产业化有待提高，开发尖端技术、瓶颈技术、降低成本技术等高端技术研发能力有待提升；乡村基层农业科技推广体系构建及运营需要改革和完善，农业科技创新及推广服务能力有待提高，推广服务品种主要以大米和玉米为主，而且服务质量偏低；农业科技推广人才队伍的支持制度、组建、绩效考核等措施相对落后，黑龙江省农村地区主要依靠东北农业大学和东北林业大学，尖端科研人才难引进和难留住；另外，随着新型城镇化不断推进，农民在城镇定居日益增多，留在农村的农民从事农业耕作经验和农业科技素质总体下滑，而且对新技术的学习欲望和悟性有待提高。虽然政府对新型职业农民教育培训力度加大，但教育培训效果有待提高。

第二，"农业龙头企业带动"满意度值为2.459，位于"不满意"和"一般"之间，且接近"不满意"。这说明评价者对农业龙头企业带动有些不满意，认为尽管黑龙江省农业产业化龙头企业发展取得了长足进步，但与北上广等发达地区相比，仍然存在一定的差距，其原因主要有三个方面。一是总体数量偏少，农业产业化龙头企业自身实力不强。其原因是核心农业科技创新及转变为产业化的能力不强，农产品精深加工程度不够，掌握熟练技术及善经营管理人才短缺，导致黑龙江省农产品主要以初级加工为主。二是农产品名优品牌少，消费者认知度不高。黑龙江省虽然已经推行"寒地黑土"品牌，当然也有黑龙江省"完达山""北大荒""九三"等老字号品牌，但农产品商标仍然多达200多个，说明普遍存在"杂牌多、市场混乱"问题，在全国市场上，具有硬实力的消费者认知度高的优质品牌缺乏，总体水平不高。三是因宏观环境和微观环境问题，招商引资难，力度不够，农业科技创新滞后。

因此，黑龙江省新型农业经营主体发展缓慢，对农村一二三产业融合的带动能力有限，主要表现在有带动能力的农业产业化龙头企业太少，一些专业合作社有名无实、成长缓慢、科技创新能力很差，无

法开发新商业、新产品和新产业。

第三,"融资渠道"满意度值为2.678,也是在"不满意"和"一般"之间。评价者认为在农业科技创新及转化投入方面,虽然各级政府部门对农业科技创新及推广推介的财政投入逐年增加,但增幅不大,特别是鼓励和扶持农业科技创新及转化推广推介费用与我国先进发达地区相比有很大差距。对农业科技创新及转化推广推介财政投入结构比重尚未优化调配,还未建立制度性的体制机制;在政策资金扶持方面,门槛较高,资金短缺。黑龙江省农业产业化龙头企业普遍存在贷款难、贷款不足,甚至贷不到款的现状,新型农业经营主体更是如此,资本投入不足现已成为阻碍农业产业化龙头企业和新型农业经营主体发展壮大的关键限制因素。

第四,"农产品质量安全""农业产业关联程度""土地流转规模经营"的满意度值分别是3.369、3.363、3.225,位于"一般"和"满意"之间,说明评价者对其基本满意,但有待提高。

再次,经营要素的评价者满意度值为3.059,等于评价者总体满意度值,位于"一般"和"满意"之间,但接近"一般"满意。说明评价者基本认可。总结有以下原因。

第一,"品牌产品效应""网络媒体宣传"和"互联网+农业"覆盖度的满意度值分别为3.766、3.394和3.179,位于"一般"和"满意"之间,评价者对其基本满意,其原因是近几年,黑龙江省政府以县(市、区)为基础,建立了农业农村综合信息化平台,为企业提供农业物联网、电子商务(如O2O、B2C等)、经营销售等服务。同时,利用已有的产业园区废弃厂房和仓库等建筑,成立农业农村创业创新平台,为"互联网+农业"服务企业及其他企业入驻经营提供了平台。黑龙江省根据"政府指导、市场主导、企业引导"的原则,加速推动《"互联网+农业"行动计划》和《"互联网+现代牧业"行动计划》,建成了1000个"互联网+农业"高档次高标准示范基地,在乡镇成功实现光纤联网、广播电视和宽带全覆盖,95%的乡镇行政村实现4G网络,在40个基点县中,建立了省、市、县、乡(镇)、村五级的农业信息监测预警体系,不但推动了现代信息化和网络化技术应用到农业产业链环节当中,而且支持和鼓励利用大数据和云计算等信息化技术,监管检测规模化种植、畜牧和渔业养殖,为新型农业经营主体和小农户提供精确经营服务。

第二,"农业多功能拓展"的满意度值为2.414,在经营要素指标层中最低,位于"一般"和"不满意"之间,评价者基本不满意,其原因是农村一二三产业融合要想拓展农业多功能,需要建设好基础设施和公共服务点,而黑龙江省绝大多数农村基础设施落后,涉农公共服务供给有待提高,如乡村地区道路、网络通信、物流仓储、供电供水供气等条件很差,乡村与城市间无法互联互通,更不可能城镇居民到乡村旅游,这对农村一二三产业融合发展,特别会影响农民财产性收入的增加。

第三,"农产品精深加工"的满意度值为2.761,位于"一般"和"不满意"之间,评价者基本不满意,其原因是黑龙江省主要是以粮食为主、畜禽、果蔬和林副特产品为辅的农产品加工业。截至2016年末,黑龙江省能够加工农产品9000万吨。其中,实际加工粮食2300万吨,畜禽实际加工810万吨,果蔬实际加工162万吨。而且黑龙江省规模以上农产品加工业创造主要经营性业务收益为4466.6亿元,其中,食品加工业比重占80%,主要经营性业务收益为3617.7亿元,营业收入在全国处于中等水平。虽然黑龙江省农产品加工业初具规模,但黑龙江省能够达到精深加工的农产品主要是玉米和大豆,其他农产品达不到精深加工,而且精深加工综合利用能力不足,高技术、高附加值的产品少,技术装备水平不高,专门用于农产品加工的品种、选育及育种滞后,农产品收获后无法及时储藏保鲜,缺少包装、烘干等加工设施设备,导致农产品变质,品质难以保证。融资难、生产和流通成本高等外部环境制约依然突出,明显落后于发达国家。

第四,"农产品行业协会"的满意度值为2.841,位于"一般"和"不满意"之间,评价者基本不满意,其原因是黑龙江省农产品行业协会和产业联盟不仅没有充分发挥行业协会自律、教育培训和品牌营销作用,也没有制定农产品标准,以及推介农产品商业模式。在农产品质量安全、信用评估、信誉保证等方面，没能担负起行业协会的作用。黑龙江省政府不但鼓励和支持农业产业化龙头企业、农民专业合作社联社、高等农业院校和科研院所共同成立产业联盟，而且支持共同研发和转化、共同融资及拆借、共同品牌及整合、共同经营及销售，但利益联结机制和平台等关键因素没有形成商业化运作，需要政府做好引导和沟通，充分发挥农产品行业协会职能，早日实现信息互通、优势互补。

最后，环境要素的评价者满意度值为3.298，高于评价者总体满意度值，但满意度评价值在"一般"和"满意"之间，评价者对其基本满意。总结有几点原因：在生态环境保护方面，黑龙江省在"十二五"期间，水环境质量持续改善，大气污染防治取得阶段性成果，土壤环境保护工作有序展开，有害气体总量减排成绩斐然，生态环境保护工作稳步推进，农村环境综合整治初显成效，环境风险得到有效管控，环境经济政策逐步完善，但环境保护仍然面临机遇与挑战；在政府扶持培育和经济环境管制方面，不仅国家有关部门出台了一系列有关农村一二三产业融合发展的政策措施，而且黑龙江省发改委和农委也相继出台了相关政策，如《黑龙江省人民政府办公厅关于推进农村一二三产业融合发展的实施意见》《黑龙江省深入推进农村一二三产业融合发展、开展产业兴村强县示范行动工作方案》等政策规定，为农村一二三产业融合发展编制了科学规划和发展方向，整合公共资源，干预"市场失灵"；优化公共政策，提供制度支撑；打造区域品牌，构筑文化底蕴；发展专业市场，提供要素保障；创新政府服务，为培育发展农村一二三产业融合营造良好环境。但是，"市场环境""政府组织机构""乡风文明"的满意度值分别为2.611、2.799、2.942，除了"乡风文明"的满意度值接近于"一般"外，"市场环境"和"政府组织机构"满意度值均低于"一般"，说明评价者对农村一二三产业融合"市场环境"和"政府组织机构"基本不满意，其原因在于黑龙江省农村一二三产业融合发展刚刚起步，还没有培育出全国一流竞争能力的企业和产品，导致黑龙江省乡土经济和乡村产业发展滞后，规范壮大产业生产经营市场主体尚未形成，利益联结共享机制需要创新。

第四节 本章小结

本章根据产业集群理论，以 GEM 模型建立了黑龙江省农村一二三产业融合模式的评价指标体系。在此基础上，对高等农业院校从事农业经济管理的多位资深专家学者、部分省委及示范地区企事业单位负责人、合作社理事等专家级人士进行了问卷调查，问卷设计和调查都通过了信度和效度检验。然后，通过运用模糊综合评价法对调研数据进行了分析，分析结果表明：从总体满意度值来看，黑龙江省农村一二三产业融合模式被评价为"一般"，评价者基本认可；如果根据最大隶属度原则看，评价者总体认为"龙头企业带动模式"满意度值在"一般"与"满意"之间，也是基本满意；从评价指标角度看，评价者对生产要素不满意，对经营要素基本满意，而对环境要素较满意。

表 5-7　　　　　　　各级指标评价单值

目标层	权重	评价结果	准则层	权重	评价结果	指标层	权重	评价结果
黑龙江省农村一二三产业融合模式	1	3.059	生产要素	0.38	2.912	农业产业关联程度	0.12	3.363
						农业科技推广水平	0.08	2.372
						土地流转规模经营	0.12	3.225
						农业龙头企业带动	0.15	2.459
						家庭农场带动	0.09	2.896
						农民合作社带动	0.15	2.84
						职业农民培训	0.11	2.951
						农产品质量安全	0.10	3.369
						融资渠道	0.08	2.678

续表

目标层	权重	评价结果	准则层	权重	评价结果	指标层	权重	评价结果
黑龙江省农村一二三产业融合模式	1	3.059	经营要素	0.37	3.059	农产品批发市场	0.08	3.205
						农产品精深加工	0.06	2.761
						物流体系完善程度	0.09	2.85
						农产品行业协会	0.07	2.841
						产学研合作程度	0.12	2.968
						"互联网+农业"覆盖度	0.12	3.179
						网络媒体宣传	0.09	3.394
						品牌产品效应	0.12	3.766
						公共基础设施	0.10	3.17
						农业多功能拓展	0.08	2.414
						利益联结机制	0.07	2.511
			环境要素	0.25	3.298	生态环境保护	0.16	3.853
						市场环境	0.11	2.611
						乡风文明	0.10	2.942
						政府扶持培育	0.12	3.329
						经济环境管制	0.15	3.663
						农村社会环境	0.13	3.257
						政府组织机构	0.10	2.799
						消费者满意度	0.13	3.409

第六章　日韩两国发展"6次产业化"模式的经验及借鉴

近些年，日本和韩国"6次产业"发展比较迅速，在产业链延伸、价值链提升、农民增收、激活农村经济、生态文明建设等方面取得了显著成效。日本和韩国发展"6次产业"模式的具体做法，如政策扶持、组织结构建立、法律法规制定、认证程序等方面，对推动我国农村一二三产业融合发展、落实乡村振兴战略具有极高的参考价值。

第一节　日本发展"6次产业化"模式的具体做法

一　促进背景

日本在20世纪50—70年代经济增长过程中，农村大量年轻劳动力到大城市工作和生活，致使农村出现以町村为主的稀化、留守在农村的人口老龄化、耕地撂荒和闲置、农产品销售不畅等问题凸显，城乡二元结构发展极不平衡。自20世纪70年代开始，日本农村混合居住化快速发展，市民归农归村现象增多，不仅促进当地农产品消费，而且有利于拓展农业多功能性，提升了农产品价值链。进入20世纪80年代，日本加入乌拉圭回合及谈判后签订了《农业协定》，农产品自由贸易成为当时世界的大趋势。日本政府开始转变农业发展策略，实施地区主义和环境主义。20世纪90年代中期开始，市民消费的农产品或加工品的价格高于农民生产的农产品价格，且主要通过农产品加工和流通等环节形成的增值收益没有留在农村，而是流向城镇，限制了农民收入增加。由此，日本今村奈良臣教授提出：农业生产者在农村可以经营或参与经营农产品加工和流通、农用物资制造、农村旅游业等多种行业，形成一体化经营，让农业生产者得到更多的增加值而创造条件，最终就业增加，农民增收，农村经济获得发展。根据上述经济现象，今村奈良臣将第一产业比作数字1，第二产业比作数字2，第三产业比作数字3，无论是相加，还是相乘，都等于6，因此称其为"第六产业"。之后，今村奈良臣在原有的"第六产业"含义的基础上强调，"第六产业"更适合于三产乘积，也就是说没有第一产业，就没有"第六产业"，意在第一产业是根基，农村第一、二、三产业间相互依存和整合发展，拓展农业产业领域，延伸农业产业链，提高农业产业价值链，推动农村一二三产业融合和复合发展。

进入21世纪后，日本农民的收入出现大幅度下降，农民生产的农产品绝大部分销售给农产品加工企业，作为原材料销售，或经过农产品批发市场和农贸超市销售，尤其是零售超市不断增多，农民被压级压价现象日趋凸显，导致农业生产者得不到更多利润。并且，随着日本经济的高速增长，消费者不但在消费农产品时，更加关注饮食健康和食品安全问题，而且在传统饮食文化和农产品新鲜度方面，也受到消费者的重视。发展生态环保型农业，成为农业生产者和消费者共同的目标[1]。

在这样的背景下，日本政府开始采纳"第六产业"的发展理念，重视农产品生产、加工、销售等相关行业的融合发展，形成生产规模化和经营多样化局面。日本自民党在2008年12月的内阁会议中，制定和提出了《农山渔村六次产业发展目标》，这是日本政府第一次将"第六产业"作为政策大纲。以此为契机，日本农林水产省于2009年11月特意制定了《6次产业化白皮书》，为后来的"6次产业化"发

---

[1] 王志刚、江笛：《日本"第六产业"发展战略及其对中国的启示》，《世界农业》2011年第3期。

第六章　日韩两国发展"6次产业化"模式的经验及借鉴 / 147

展奠定了理论和实践基础①。

由此可见，日本政府发展"6次产业化"，是为解决本国农业农村各种复杂问题而出台的重要政策措施之一，也是日本农业农村经济发展到一定程度之后的必然结果。

二　概念界定及特点

"第六产业"是实现农业现代化的重要途径之一，其概念最早是由日本农业经济专家、东京大学名誉教授今村奈良臣于1996年提出的，认为"第六产业"是以农业生产者为经营主体，包括农林牧渔的生产过程（第一产业）、农林牧渔产品的加工和制造（第二产业）、产品流通和销售等行业（第三产业），形成集生产、加工和制造、销售及服务等行业为一体的产业链条②。另外，根据日本农林水产省的资料，"6次产业化"是指以农业为核心资源，农林水产生产者为主要经营主体，通过充分挖掘和开发农村优势资源，将农产品加工、流通、销售及其他行业有机地联系起来，形成集农产品生产、加工及制造、流通、销售、餐饮等行业为一体化经营，构成产业链，从而提高农产品附加值，为农民创造更多就业岗位，增加农民收入③。日本发展"6次产业化"，就是为了开发农村当地农产品、找出新的农村经济增长点、提高农产品附加值和农民为自己创造就业机会的过程。

从日本的"6次产业化"概念可知，具有如下特点。

①"6次产业化"的发展需要政府制定相关政策扶持以及社会各行业企业的合作。随着农业生产资料价格的不断升高，农产品生产成本就会增加，这就需要政府出台相关政策，为农业生产者给予一定补贴。并且，"6次产业化"需要社会各行业企业加盟和合作，生产符合消费者需求的商品，创造新价值，共同创造利润。

---

①　姜长云：《日本的"6次产业化"与我国推进农村一二三产业融合发展》，《农业经济与管理》2015年第3期。

②　農林水産省：《農山漁村の6次産業化》，http://www.maff.go.jp/j/soushoku/sanki/6jika.html.

③　農林水産省：《農林漁業の6次産業化の展開》，http://www.maff.go.jp/j/shoku-san/renkei/6jika/attach/pdf/2015_6jika_jyousei-20.pdf.

② "6次产业化"是农业产业集群的升级版。"6次产业化"突破三产边界，跨越地区限制，注重空间拓展，延伸农业产业链，提高价值链，催生新产业，创造新业态。因此，"6次产业化"以市场为导向，农业生产者为主要经营主体，构建产业链，通过地区间、企业间、农民与合作社间形成网络化，相互依存，共同发展。

③ "6次产业化"的本质是农业产业纵向延伸和横向发展。其打破了农业生产者只能从事第一产业的观念，通过生产要素有机整合、农业科技创新、农业多功能拓展等方式，将生产、贮藏、加工或制造、包装、流通、销售和服务等环节归入统一的经营机制。因此，形成农工商一体化、产加销一体化发展显得更加重要。

④ "6次产业化"发展目标是促进农民增收、缩小城乡收入差距、提高农村经济实力、解决日本农业农村经济停滞和衰退问题。日本农民加入农业协同组合后，不仅自己经营乡土特色餐饮店、乡村旅游等行业，而且与农业科技推广专员、农产品加工商、销售商等经营主体合作，获得更多利益分配。一方面将农村历史文化引入到农产品加工和制造上，增加了初级农产品的附加值，打造当地特色品牌；另一方面是农民增加收入的同时，可以吸引社会资本和具有现代经营理念的人才，增强农村经济发展，促进都市与农村间交流合作，谋求共同生存和发展。

三 发展现状

日本的"6次产业化"形成之前，经济产业省和农林水产省共同实施了"新联系事业""地区资源利用事业"和"农工商联合事业"。自2010年6月起，日本为了实现"强经济、强财政、强社会保障"的目标，制定了"新增长战略"，其中一个战略就是通过制定"6次产业化"法律，实现其"农林水产业形成产业化"的长远规划。2013年6月，从日本农林水产省发布的《6次产业化促进事例集》中可以看出，"6次产业化"事业计划的认证个数为1496个，从经营主体分类比重上看，农业生产法人为22.5%，生产者组合为21.6%，农协为19.6%，女性组织为13.7%，其他如农村共同营农组合、非农业事业者等不到6%①。

四 政策扶持

从2008年开始，日本政府为了促进"6次产业化"发展，陆续出台相关政策及纲要性文件。2008年12月，日本民主党首次颁布农林水产政策大纲《农山渔村第六产业发展目标》；2009年颁布《新农地法》②③；2010年，日本农林水产省制定和颁布了《6次产业化——地产地销法》，意义在于农业生产者生产的农产品就地利用、加工和销售，以此促进"6次产业化"发展；2010年3月，日本政府制定了《粮食、农业、农村基本计划》，提出："为了改善农村生产和生活条件，增强农村经济实力，在中央和地方政府分工协作的体制下，通过充分发挥农业多功能性，发展农业农村'第六产业'，以此保护好生态环境系统和农村景观环境。"④ 2010年4月，日本农林水产省陆续颁布了《农山渔村6次产业化政策实施纲要》《农山渔村6次产业化政策工作相关补助金交付纲要》《农业主导型6次产业化准备工作实施纲要》《农业主导型6次产业化准备工作补助对象事业以及补助对象事业费》等纲要性文件，明确了"6次产业化"发展规划和具体实施措施⑤；2014年，农林水产省再次出台《食品、农业、农村基本计划》，意在提高"6次产业化"发展质量，朝向范围更宽的目标促进，增强农村经济全面发展⑥。日本政府出台的政策相互互补，共同构成了"6次产业化"政策体系，标志着日本政府将"6次产业化"作为推动农业农村经济发展战略而具体实施。

---

① 小林茂典：《日本的第六产业化政策方向》，为了实现创造经济而农业农村第六产业活性化研讨会，2013年。
② 程承坪、谢雪珂：《日本和韩国发展第六产业的主要做法及启示》，《经济纵横》2016年第8期。
③ 张可喜：《日本"第六产业"与城乡共生》，《经济参考报》2010年第8期。
④ 张永强、蒲晨曦、张晓飞、周宁：《供给侧改革背景下推进中国农村一二三产业融合发展——基于日本"六次产业化"发展经验》，《世界农业》2017年第5期。
⑤ 王志刚、江笛：《日本"第六产业"发展战略及其对中国的启示》，《世界农业》2011年第3期。
⑥ 张永强、蒲晨曦、张晓飞、周宁：《供给侧改革背景下推进中国农村一二三产业融合发展——基于日本"六次产业化"发展经验》，《世界农业》2017年第5期。

五　法律法规

日本的"6次产业化"法律体系主要包括两个方面。一方面是日本农林水产省于2010年12月3日颁布的《农林渔民利用地区资源，创造新事业的促进法》（"简称《6次产业化法》"）和《股份公司农林渔业增长产业化支援机构法》（"简称《基金法》"）中，分别从农林渔民利用地区资源创造新事业，以及通过振兴农林渔业，提高粮食供给率这两个方面引导和规范"6次产业化"。同时，针对"6次产业化"经营的事业，通过政府出资、融资及财政支援，促进农林渔业的增长，使其形成产业化。另一方面是与"6次产业化"的相关法律，如《中小企业者和农林渔民相互合作，促进事业发展法》（简称《农工商联合促进法》）、《中小企业新事业经营活动的促进法》（简称《中小企业新事业活动促进法》）、《基于中小企业利用地区产业资源促进事业活动的相关法》（简称《地区资源利用促进法》）、《通过促进企业区位，形成和搞活地区产业集群相关法》（简称《地区产业集群形成法》）。这些法律之间相互互补协调，组成了日本的"6次产业化"法律体系[①]。

六　组织机构

为了确保"6次产业化"顺利实施，日本政府成立了"自上而下"式组织机构。日本政府有四个部门推动"6次产业化"发展，形成矩阵型组织结构，即日本中央和省级农业农村部门、农林水产省、经济产业省、农协分别负责"6次产业化"相关工作，具体内容如下。首先，日本中央和省级农业农村部门不仅专门设立"第六产业司局和处室"，主要负责制定"6次产业化"发展总规划、认定、投资等工作，而且从中央、都道府县、市町村都设立"6次产业化"计划制定中心，每个中心聘请专家，形成服务团队，主要负责政策咨询、生产指导、产品展示、设计技术服务等具体工作。其中，都道府县的"6次产业化"发展战略是由都道府县级别的计划制定中心和农政局

---

① 李炳昕：《日本农业农村的第六产业化政策及启示》，《韩国江原农业生命环境研究》2013年第2期。

第六章　日韩两国发展"6次产业化"模式的经验及借鉴 / 151

共同制定；市町村的战略是由市町村级别的农林渔业团体、工商团体、金融机构、试验研究机构等机关单位共同制定，在制定战略时，根据各地方实际情况，制订相关战略计划和战术计划。其次，日本经济产业省的中小企业机构也负责"6次产业化"发展相关工作，主要业务与日本中央和省级农业农村部门一样，也负责制定总规划、认定、投资等工作。再次，农林水产省不但在北海道地方、东北地方、近畿地方、关东地方、四国地方、中部地方、中国地方、九州地方和冲绳地方共九个地方设立派出机构，负责"6次产业化"咨询、指导和协调任务等工作，而且管理日本农林渔业成长产业化基金及管理公司的基金项目最终审定工作。最后，日本中央和省农协则负责宣传、培训、名优产品评定、咨询、协调等工作[1][2]。

七　财政投资

日本政府为了发展"6次产业化"，国家和社会民间团体（金融机构、食品企业等）于2013年2月共同投资成立了一站式服务机构，即"农林渔业增长产业化支援机构"，并成立了"农林渔业增长产业化基金"，形成"国家+社会资本联合基金"。该基金绝大部分是由国家以投资和贷款的形式发放，国家规定该机构支援标准，准许投资和融资，以此确保该机构有权管理。而社会民间团体就是以投资形式出资（投资所占比例限制在50%以下，最长投资年限为15年）。该基金的支援对象是农林渔业者和其他产业经营者合作共同投资的公司。

在日本，被认定为"6次产业化"经营体可以得到财政资金的支持，主要有补助金、贷款和投资三种形式：在补助金方面，只有国家进行补助业务，虽补助金不用作担保，但使用时必须按照业务要求使用，最高补助金限额为自有资金的2倍。比如"6次产业化"经营主体使用补助金，可以建立直销店、建设物流和销售设施、购买农产品加工设施设备、开发新产品、开拓销售市场等项目，国家根据项目的

---

[1] 王乐君、赵海：《三产融合发展是解决三农问题的重要途径》，《农民日报》2015年。
[2] 金应主：《日本的农村振兴政策和启示》，《韩国世界农业》2013年第158期。

不同,会补助项目金额的3/10、1/2、1/3、7/8的财政补助。而对于科技创新、技术研发、在海外参加博览会或展销会、举办洽谈会等也能得到一定资金的补助,补助金额为30%左右。在贷款方面,只有国家进行贷款业务,经营体贷款时,必须有担保,按照国家规定的业务范围内使用,最高贷款额为自有资金的2—5倍;在投资方面,一般投资"6次产业化"经营良好的企业,虽无须作担保,但财务制度体系必须完整,经营项目必须能赚钱,最高投资额为自有资金的20倍①②。

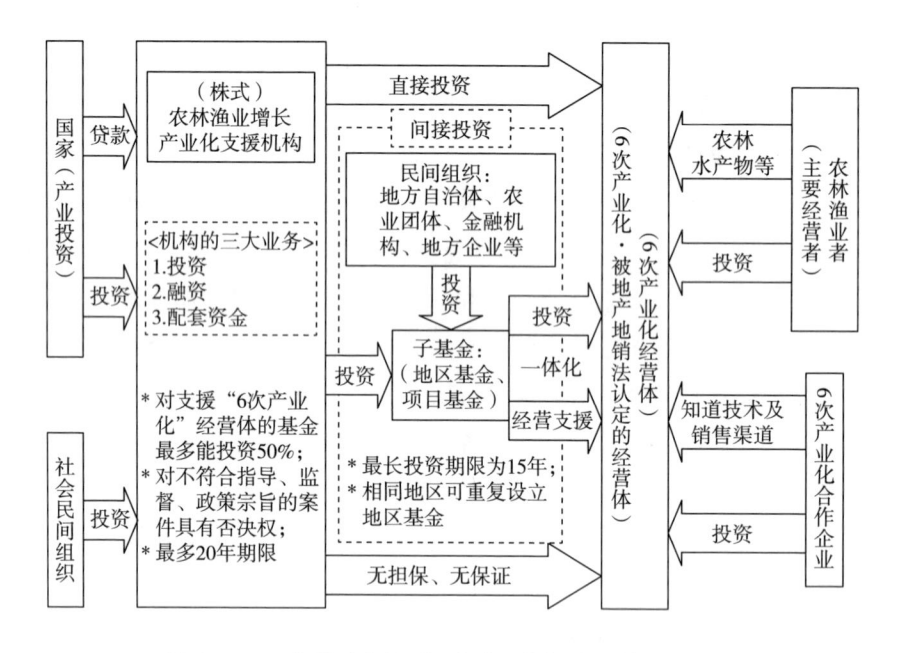

图6-1 日本财政支持"6次产业化"事业的流程示意

资料来源:农林水产省于2013年5月发布的"农林渔业增长后形成产业化"。

八 支援服务体系

日本农林水产省为了更好地促进"6次产业化"发展,协调相关

---

① 李西京:《日本农业6次产业化政策现况的研究》,《韩国世界农业》2014年第162期。
② 李乾:《国外支持农村一二三产业融合发展的政策启示》,《当代经济管理》2017年第6期。

产业间进行信息、知识和技术等交流、共享和汇总，设立了一站式服务机构，即农林水产省食品材料产业局产业联系科，该机构的管理会包括全国农业协同组合联合会、日本农业法人协会、全国农业会议所、食品产业中心、日本商工会议所等组织，不仅在中央设立总机构，而且在各地方农政局都有该机构办事处①。在日本"6次产业化"发展过程中，该机构起到了桥梁的作用。

九 "6次产业化"规划人教育培训

（1）都市农山渔村交流促进组织的"绿色旅游指导者培育学校"

2001年，都市农山渔村交流促进组织开设了绿色旅游带头人培养项目，教育培训的主要对象是市（町和村）的公务员、农协职工、旅游观光企业从业者以及关心农村发展的城市学生等人员，每年大概培养300名，结业后绝大部分都是绿色旅游带头人。

绿色旅游指导者培育学校的教育培训是根据对绿色旅游的认识和活动，分为导游者培训、指导者培训和协调者培训。

导游者培训是绿色旅游指导者培训的基础阶段。主要教授农林渔业体验、地区景观等课程，目的是培养能够传达在农村地区享受自然风光方法的"地区介绍人"。

指导者培训是绿色旅游指导者培训的实践阶段。目的是培养能够指导农林渔业自然体验活动的"体验指导者"。

协调者培训是绿色旅游指导者培训的提高阶段。目的是培养能够制定农林渔业体验活动计划，而且为了地区繁荣，协调地区各主体意见的"计划制定者"。

（2）"6次产业化"人才活动支援事业

① "6次产业化"专家

在日本，根据《为了开发利用地区资源的农林渔业等经营者，创造新事业及促进地区农林水产品利用的相关法律》（简称《6次产业化支援法》），不仅正在实施"6次产业化支持事业"，而且各都道府

---

① 小林茂典：《日本的第六产业化政策方向》，为了实现创造经济而农业农村第六产业活性化研讨会，2013年。

县设立了"6次产业支持中心"。这个支持中心是政府设立的,应征有关农业法人,代行政府政策,通过各支持中心的相关专家,依据各事业的不同,派遣人员或当面商谈,最终支援事业。

日本农林水产省设立了"6次产业化专家选定评价委员会",通过严格的审核后,满足条件者才能被提拔。被提拔的人才以"6次产业化专家"名称登记,设置"6次产业化人才库",为农林渔业者介绍这些专家。另外,制作"6次产业化人才"支援宣传的小册子,通过举行都道府县"6次产业化"支援机构的联络会议,将中央和各都道府县"6次产业化"支援机构的信息共享和协作,共同促进"6次产业化"。

②食的"6次产业化"制作人

食的"6次产业化"制作人国家认证制度于2012年开始在日本实施。而食的"6次产业化"制作人是指通过一二三产业融合复合,加工地区农林水产品,支援如开发、直销、经营餐厅等行业的专门人才。食的"6次产业化"制作人需要学习食的"6次产业化""农林水产业""食品加工""食品流通""事业计划"等知识,是具有实际商业运作能力的人的资格。

教育培训运营机构由大学农学部、农业高等院校、农业高中、民间教育培训机构组成。食的"6次产业化"制作人教育培训认证标准有四个等级,第一至第三等级主要学习"6次产业化"理论、相关法律规定、财务管理、食品卫生管理、市场营销、金融制度、制订事业计划、经营战略、商品开发等课程,而第四等级主要是实践能力的开发与认证。当有人获得认证后,就可以在名片上标明"食品Pro"的字样①。

③食—农连接规划人

"食—农连接规划人"是食品、农业和规划人相结合的统称。主要是指为了地区发展,支援当地经营主体为目的,通过农工商联合、

---

① 日本食の6次産業化プロデューサー運営委員会:《食的6次产业化制作人》,http://www.6ji-biz.org/.

"6次产业化"、食品产业集群等形式生产出食品,是提供专业知识和经验的专家、知识分子或职员。

"食—农连接规划人"教育培训是为了克服实际问题而进行的教育培训,主要提供相关业务、培训教材、实践活动等工作。其目的是培养解决实际问题然后提出地区发展战略的高等规划人。

从培育"食—农连接规划人"角度看,日本食品供求研究中心(社)设置的教育培训的课程主要有品牌设计、SWOT 分析、产学研合作、地区有形和无形资源研究、制作发展战略计划书、事业促进管理、事业计划经营管理、新商品开发、营销战略等内容[1]。

十 研究与开发

日本政府通过"地区产学研联系支援事业",促进产学研合作,进而开发新技术,创造新产业,扩大农林水产食品产业的规模,实现其"6次产业化"科技研发。该事业主要内容是国家政府委派在农林水产食品产业具有高端先进知识的规划者,到中小企业、研究机构等机构做顾问,主要评估和统计发掘研究课题、形成共同研究团体、为新技术开发而形成协作、为共同研究而事前调查、举行技术说明展示会和培养能够担当产学研合作的人才等工作花费的费用,之后上报,最后由政府进行支援[2]。

十一 认证程序

根据日本《6次产业化:地产地销法》,日本政府主要通过"综合化事业计划"促进"6次产业化"发展。想从事或已经从事的"6次产业化"经营体只有被认定为农林渔业团体后,才能得到政府扶持。

在日本,由农林水产大臣负责管理"综合化事业计划"。扶持对象主要包括农业生产者、林业生产者、渔业生产者或农林渔业生产者为主要出资方或法人的组织团体。其目的是改善农工商一体化经营,

---

[1] 一般社団法人食品需給研究センター:《日本食農連接規劃人》,http://www.fmric.or.jp/facobank/.

[2] 金勇列等:《日本农山渔村6次产业化制度》,韩国农村经济研究院出版社2011年版。

提高农林水产品的附加值。"6次产业化"认证程序分为申请阶段、经营体审核认定阶段和执行阶段,具体内容如下。

首先,申请阶段。根据日本各都道府县的"6次产业化"战略计划,农林渔业者及其组织团体按照政府规定的认证条件,制定经营规划和改善计划。制定后,将申报材料提交到都道府县支援机构。

其次,经营体审核认定阶段。都道府县支援机构接到农林渔业者及其组织团体的经营规划和改善计划后,与农政局和地区中心召开"6次产业化:地产地销"推进协议会,协商是否审核通过。如果审核通过,上报到中央支援中心。这时,由主管的农林水产大臣进行审批。如果审批合格,通知都道府县支援机构。再由都道府县支援机构通知农林渔业者及组织团体。

最后,执行阶段。都道府县支援机构会派遣"6次产业化"规划人对审核通过的农林渔业者及组织团体进行指导,指导的内容主要包括开发新产品的规划及实施、开拓新产品销售渠道、新产品包装等设计、农林水产品加工技术等方面。并且,农林渔业者及组织团体也会获得"6次产业化"生产基础设施设备、加工生产设施和设备、开发新产品和新市场等方面的支援[1][2]。

十二 事后管理

为了"6次产业化"发展过程中政府扶持行之有效,日本政府对"6次产业化"经营体实施事后管理。事后管理分为执行检查阶段和事后管理阶段两个阶段,具体内容如下。

第一,检查管理阶段。根据《6次产业化:地产地消法》,都道府县支援机构会派遣检查人员,对符合事业认定条件的农林渔业者及组织团体每年进行3次检查。检查标准包括:

一是农林渔业者及组织团体必须利用自己生产的农林水产品作为原材料进行新产品开发;二是根据实际情况,合理调整和完善生产方

---

[1] 易小燕、陈印军、袁梦、方琳娜、钱小平:《日本以"六次产业化"发展现代农业的做法与启示》,《中国农业资源与区划》2016年第7期。
[2] 日本农林水产省:《六次産業化・地産地消法に基づく事業計画の認定の概要》,http://www.maff.go.jp。

式，或采用全新的方式销售；三是农林水产品及加工后的新产品在 5 年内销售额要增长 5% 以上；四是从事农林渔业和相关事业的收入前四年一直在增加，且第五年开始必须盈利[1][2]。

第二，事后管理阶段。根据标准检查后，如果符合上述条件的农林渔业者及组织团体纳入继续政策支持范围；如果检查不合格，将取消认证资格，不再扶持[3]。

十三 发展模式及相关案例

（1）"地产地销"型

"地产地销"型是以专业农户为主要生产经营主体，利用农村自然资源和历史文化，不仅生产有机农作物、乡土特产品、花卉等农产品，而且将农产品进行加工，建设设施农业和园艺，进而形成集生产、加工、销售、园艺旅游等一体化基地，满足都市消费者如采摘、观光、直销店购买等消费需求。该模式是通过乡村与都市交流形成的一种模式，也是日本在农村地区最早最普遍的一种"6 次产业化"经营类型。

在日本，农协最具影响力，起到不可替代的重要作用。日本农村与我国一样，都面临农村过疏化、农民老龄化、农地撂荒闲置等问题。并且，日本为了应对国际与国内农产品市场的竞争压力，日本农协组织农民，将全体农民的利益为核心，从只注重单纯农业生产中转变，不仅将农产品生产向鲜美口味、外观色泽亮丽、新鲜度高、品质优良、规格统一、包装精致等方面发展，而且第一产业与第二、三产业一同发展，形成"6 次产业化"，以此满足都市消费者对农业农村品质安全和生态环保的需求。"地产地销"型"6 次产业化"模式以集约化、现代化的经营管理制度，加上日本农民勤劳吃苦的"工匠精

---

[1] 易小燕、陈印军、袁梦、方琳娜、钱小平：《日本以"六次产业化"发展现代农业的做法与启示》，《中国农业资源与区划》2016 年第 7 期。

[2] 日本農林水産省：《六次産業化・地産地消法に基づく事業計画の認定の概要》，http://www.maff.go.jp.

[3] 李乾：《国外支持农村一二三产业融合发展的政策启示》，《当代经济管理》2017 年第 6 期。

神",将第一、二、三产业形成一体化发展,以提高农产品附加值为突破口,向国外和国内其他地区销售,促使农民增收,进而振兴乡村经济,乃至提高地方和整个国家的竞争力。

案例1:"伊都菜彩"位于日本九州岛福冈市,是当地规模最大的农产品直销店,该店的投资运营方是丝岛农民合作社。农产品直销店离福冈市市中心大约30分钟的车程,面积是2500平方米,有400个停车位。

在第一产业方面:"伊都菜彩"农产品直销店出售绝对新鲜的农产品,即便是当天有剩余,晚上由提供农产品的农户回收处理。销售的农产品主要有大米、瓜果蔬菜和花卉(约占40%)、肉类(约占15%)、水产品(约占15%),其中,当地农产品占90%以上。

在第二产业方面:该直销店销售盒饭、点心和小菜等加工后的农产品,约占销售量的20%。

在第三产业方面:该直销店通过订单、委托、代售等方式,约有1400个农民合作社社员提供约90%的农产品。在定价方面,直销店根据市场行情指导社员定价。定价后,社员自行包装销售,而直销店收取农产品销售额的15%和加工品销售额的20%的手续费。到直销店购买农产品的消费者中,平日里当地和市区的消费者各占一半,而到周末或节假日,市区顾客量约占70%以上。在农产品质量安全方面,直销店定期统一对农产品进行食品质量安全检查,并让提供农产品的合作社社员参加对消费者负责的统一保险。在销售时,农产品销售包装上,印上生产者姓名、产地、电话、邮箱等信息,保证农产品质量可追溯,以此增加社员生产质量安全农产品的责任心。

综上,"伊都菜彩"农产品直销店2012年的销售额约为2亿元人民币,在福冈市地区农产品市场占有率最大。农民合作社提供农产品的社员平均销售额从2007年的200万日元增长到2013年的350万日元。其中,销售额1000万日元以上的社员就有34个,农民合作社社员收入均获得很大提高。并且,到2013年,吸纳周边工作人员103人,为当地农业农村经济发展作出巨大贡献。

（2）农工商联动发展型

农工商联动发展型模式是日本比较普遍实施的一种"6次产业化"类型，如果从行业角度看，就是农业、加工业和商业三个行业的联合；如果从主体角度看，就是农业生产者、工人和商人三个主体的联合。无论是行业角度，还是主体角度，都各自共享经营资源，通过生产、加工、包装和销售实现一体化，合作共赢为基础，开发新产品，创造新产业和新商业的农工商联动发展类型。因此，农业生产者避免了独自开发新商品、开拓新市场、建设农村新品牌的局限，通过联合拥有高新技术的食品制造企业、物流网发达的流通企业以及大型批发商和零售商，最终实现连锁经济①②。

案例2："阿苏农场"位于日本九州岛熊本县阿苏郡阿苏村，是熊本县招商企业，是由"阿苏国立公园健康的森林集团"开发和运营的健康主题公园，得到了日本总务大臣所管辖的日本预防医学行政审议会议的认可。"阿苏农场"作为日本株式公司，其面积约100万平方米，停车位有2500个左右，员工约有200人，大约有400个住户，又有火山资源，农场主题定位为"人、自然、元气"三大元素，与自然形成一体。"阿苏农场"的理念是公司的行动和员工的幸福就像自行车的两个轮子一样，公司将以挑战精神，努力创造新价值，为激活地区社会，提高和丰富消费者文化生活而作出贡献。阿苏农场从增进健康、预防医学角度出发，成为有助于国民健康的设施，并得到包括厚生劳动大臣在内的各部门及相关机构的认可，是真正的健康基础设施。为了让来访的消费者保持健康，需要让消费者学习和实践"运动""吃饭""治愈"的方法。同时，为了消费者能够享受更好的"环境"和"安全"，"阿苏农场"一直在保护环境的基础上，参加了各种环保活动，并引进了能够提供安全食品的严格的卫生管理系统。

在第一产业方面："阿苏农场"建有蔬菜栽培工厂和功能性蘑菇

---

① 崔振东：《日本农业的六次产业化及启示》，《农业经济》2010年第12期。
② 李中华、李强：《日本农业六次产业化的实践经验与启示》，《中国农民合作社》2015年第6期。

工厂。一个是蔬菜栽培工厂。采用最先进的技术种植生菜、香草、草莓、罗勒等蔬菜,不使用农药种植,不仅每天能供应消费者对新鲜蔬菜的需求,而且为工厂设施内的餐厅和"阿苏豪斯村庄"提供充足的新鲜蔬菜。蔬菜栽培工厂会邀请日本国籍的农学博士,组成日本健康增进学术机构,共同研究与开发了栽培系统,可以每天稳定种植和收获质量安全的蔬菜。另一个是功能性蘑菇栽培工厂。在日本,蘑菇不仅有丰富的膳食纤维,卡路里含量低,而且富含蘑菇的 β 糖会增进健康,被认为是增强精神的健康食材。该工厂与九州大学共同研究,成功地栽培出"山田""冬虫夏草"等机能性蘑菇。在阿苏农场清凉环境中培育出来的蘑菇,可以在阿苏芬芳村庄和阿苏豪州(音译)的任何餐厅都能吃到。

在第二产业方面:"阿苏农场"里有特色店,销售手工制作的点心、原创特产、健康醋、九州当地的 kitty 酱等加工和制造品。另外,阿苏牛奶公司利用阿苏的人气品牌牛奶"asomilk",生产出美味甜点销售,熊本和阿苏的特产很实惠,物美价廉,深受消费者欢迎。

在第三产业方面:"阿苏农场"设有"运动、饮食、治愈、住宿、体验、购物"的设施和专柜。在运动区,"阿苏农场"的运动设施是根据健康专家组织的"阿苏农场学术委员会"监修和建造的,最大特点是,可以在大自然中进行真正的健康运动,在大自然中享受健康。在运动区,建造了健康挑战馆和家族挑战馆,是由日本健康增进学术机构监修下开发的 17 种原创运动装置及健康运动设施,从小孩到中老年都能使用,可以轻松地玩出健康快乐。在饮食区,"阿苏农场"以"可以快乐地吃,然后食用安心和安全的食材"为理念开发食谱(主题是"可以看见根基的 restaurant""在田地中间的餐厅"),在位于阿苏农场附近的"阿苏健康农园"使用无农药栽培的农作物直接进入厨房。消费者从店内的巨大的玻璃窗户可以一眼望到一年四季的美丽阿苏山,能让消费者在自助餐厅感受到独特风景和健康的料理。另外,在原产地红牛里的乡土料理店中,采用绿色牛肉做的日本乡土料理,消费者可以感受到熊本乡土的味道。在治愈区,阿苏健康火山温泉是日本最大的自然石庭露天浴池,占地面积达 2000 坪,温泉水里

第六章　日韩两国发展"6次产业化"模式的经验及借鉴 / 161

含镁、钠、钙的硫酸盐,供消费者改善皮肤,减轻疲劳和压力;圆屋顶浴里,养着吃古角质的小鱼,对人进行低频按摩;氧化物巨蛋在暗淡的灯光下,高浓度的氧气和芳香的香气能缓和身心的压力,享受安逸的时间。在住宿区,阿苏姆索维奇利用自然景色和地形,在森林里建成的圆顶屋酒店,消费者在屋内能感受到高原的惬意之风;阿苏韦塞维奇是门扉和专用花园之后的一个等级的区域,所有客房均设有门扉和专用花园;阿苏富勒森林是孩子们踢球、吃西瓜、玩耍和充满梦想的地方。在体验区,"阿苏农场"大约有35种可爱的动物,消费者们可以近在咫尺接触和感受着动物们的气息。同时,消费者可以到手制体验馆,通过制造体验"制作凝胶"和"制作八音盒"等,和家人、朋友、情侣之间共同享受各种各样的手工体验。而且,消费者可以在趣味钓鱼圣地钓鱼,感受大自然的安静和钓鱼的乐趣。在购物区,在自然健康馆中,销售茶、醋、盐、芳香草等商品;在法兰迪特产店中,销售萌熊等角色商品、人气高的杂货小物件、深受女性欢迎的"京风"等各种各样材料制作的杂货商品;在小姐屋里,销售在世界上被爱的kitty的商品、九州版本的kitty、九州当地的kitty酱、布娃娃等商品。另外,阿苏牛奶公司生产的人气品牌牛奶"asomilk",制作成美味甜点,成为熊本和阿苏的特产。因此,在百货商店里,无论是食品还是商品,都是健康的[①]。

综上,"阿苏农场"在平成2017年接待游客440万人(目标是每年接待500万人),全国主要娱乐设施入榜第4位,在平成2018年专业人士选择的旅游、餐饮设施中排名第2位,为日本熊本县创造了1000个左右的就业岗位,增加了相关产业从业者的收入。"阿苏农场"不但将农业与第二、三产业连接起来,实现了延伸产业链,提高价值链的目标,在经济发展过程中,还重视保护环境,实现了人与自然和谐发展的局面。

(3)农产品出口促进型

农产品出口促进型主要是通过海外出口,进而扩大生产某些农产

---

① 百度百科:《阿苏农场》,https://asofarmland.co.jp/.

品产量，发展农业农村经济。因此，日本政府制定了具体推进农产品出口的战略性政策措施和财政投入，在海外进行大量市场调研，对农产品宣传、推广、运输、销售等方面进行了强化措施。

日本农产品进出口贸易在世界中上等发达国家中居重要地位，但日本农产品净进口额远远大于出口额，如2010年日本进口额为438亿美元，对日本国内农业农村经济发展带来很大的负面影响。另外，在日本国内，农民老龄化、农业产业收益率下降、农村过疏化等问题一直困扰日本对外经济贸易。因此，日本政府要通过发展"6次产业化"，将"6次产业化"变成品牌，扩大农产品对外贸易，增加农产品在国际市场上的占有率，以此解决国内农业农村经济发展的压力。

案例3：为了改变国外农产品对国内农产品市场的冲击，安倍晋三2012年底再次当选日本首相后，推行他所提出的安倍经济学（英文：Abenomics）。其中，实施一系列经济刺激政策之一就是强化农产品和食品的对外出口，计划农产品出口额从2010年的2300亿日元增长到2020年的1万亿日元。

在第一产业方面：日本农林水产省制定在全国范围内推行实施农产品质量安全认证制度，颁布《日本食品卫生法》《日本农林物质标准化及质量标识正确化法》（简称日本JAS法），该法要求在日本本土市场上销售的农林产品及其加工品（也包括食品），都必须接受JAS制度的监管，遵守JAS制度的管理规定。在严格质量安全管控的标准化程序下，打造标准化品牌，成为日本对外出口的重要特点。农业生产以高标准化为基础，推行GAP生产标准，农产品从最新品种的培育和选育、播种、植保、收获、冷冻贮藏、加工、包装、销售都有一系列严格的标准化作业，并加入了GMP、ISO族系列和HACCP质量体系认证，使日本出口的农产品都达到有机农产品，保证了农产品出口质量安全。

在第二产业方面：因日本耕地面积无法满足国内农产品原材料的供给，所以日本农产品加工业出口的策略是主要依靠国外进口农产品原材料后，进行加工，然后再出口。另外，日本是岛国，海洋资源丰富，拥有世界上最大的渔船船队和15%的渔获量占有率，成为世界第

第六章 日韩两国发展"6次产业化"模式的经验及借鉴 / 163

二大渔业国,主要出口沙丁鱼、金枪鱼、螃蟹、秋刀鱼等水产品。

日本农产品加工业经历60多年的发展,依靠强大的产品研发能力、畅通的销售渠道、强大的加工设备制造能力、严格的质量安全体系、政府的强大扶持、完善的农协组织,推动了农产品企业的规模化和集团化发展,形成了成熟的农产品加工产业。在日本农产品加工业规模巨大的比较有名的跨国公司"日本味之素",是一家国际性的综合企业,在玉米、大豆、小麦和可可粉加工方面位居世界前列。该公司的特点是企业历史悠久、资金雄厚、技术创新强,销售网络遍布全球,具有较强的竞争优势,在发展过程中起到巨大推动作用①②。

在第三产业方面:日本政府制定战略性出口政策,如日本政府向日本贸易振兴机构(JETRO)补助10亿日元后,该机构宣布2014年1月31日开始实施降低出口成本和销售费用的政策。同时,日本政府根据资源分布和市场需求,确定重点农产品出口地区和种类,推行知识产权政策、品牌战略、供应链强化战略,提升农产品附加值,搭乘经济全球一体化发展机遇,向东亚和欧美开拓市场。在国外市场推广方面,借助日本裔商人和海外商会,收集海外市场供求信息,达到精准供给。在宣传方面,日本农林水产省和外务省共同协作,利用展销会或博览会等活动进行宣传,提高在海外的知名度,帮助日本农产品企业开拓海外市场③。并且,日本政府借助"互联网+农业",以电视促销和网上购物等销售方式,向国外推销日本美食。另外,日本通过"6次产业化"发展,建设出知名的如阿苏农场、Mokumoku农场等农场,打造成"品牌旅游+品尝美食+农产品购物",也为日本农产品品牌推广和销售起到一定作用。

综上,日本通过"6次产业化"发展,2015年市场销售规模约为

---

① 刘松涛、张彦旸、王林萍:《日本农业六次产业化及对推动中国农业转型升级的启示》,《世界农业》2017年第12期。
② 熊仓·功夫:《让我们把"和食——日本传统饮食文化"注册为世界非物质文化遗产》,《食品工业》2014年第16期。
③ 农林水产省食品产业局:《关于6次产业化的多形势》,《日本东京》2017年第5期。

1.97万亿日元（100日元相当于5.98元人民币，2017年），比2014年同期增长5.4%，渔业市场销售额约为2336亿日元，比2014年同期增长7.6%。截至2015年，日本"6次产业化"从业者人数约为39万人，渔业"6次产业化"从业者人数约为2.3万人[①]。

第二节 韩国发展"6次产业化"模式的具体做法

一 促进背景

韩国"6次产业化"促进背景主要有两个方面。

一方面是外部环境因素。城市居民对农业农村价值的认识发生了变化，提高了农业环境和农业多功能性的关心程度，尤其是对食品安全的期待和需求不断增高。而农产品消费市场向定制型少量消费发展，从而导致农产品生产结构发生了变化。同时，城市居民愿意在餐饮店吃饭，这使得送餐业、配套餐具业等行业成为新的市场。餐饮店里产生的食物垃圾经处理后，加工成肥料，这就又形成了新的市场。并且，IT（信息技术）、BT（生物技术）、NT（纳米技术）等科学技术的不断进步，国家对农业生产实施了很多优惠政策，使得农产品加工业得到了快速发展。

另一方面是农业农村内部因素，成为"6次产业化"发展的必然动力。因城市化、现代化、产业化的不断进展，农村人口减少，农民老龄化加剧，农村空洞化严重，导致农村社会经济发展停滞，地区经济发展受到了很大影响。另外，归农归村者不断增多，使得农村地区居民的意识和作用得到了提高。这就需要通过"6次产业化"发展解决这些问题。

由此可见，农业农村内外部因素成为促进"6次产业化"的契

---

① 农林水产省食品产业局：《关于6次产业化的多形势》，《日本东京》2017年第5期。

机,也成为未来能够增长的产业,是农民增收的根本动力。

二 概念界定及特点

"6次产业化"是韩国新农村建设发展到成熟期后产生的一种商业经济活动。"6次产业化"不仅是第一产业(农业)×第二产业(制造及加工业)×第三产业(服务业)融合及复合的产物,而且是农业农村部门生产多种农产品的过程。因此,根据韩国农林畜产食品部于2013年7月出版的《"6次产业化"优秀事例集》[①]中,提出"6次产业化"是以农民为中心,依托农村拥有的有形和无形资源,将农产品或农特产品(第一产业)、制造业及加工业(第二产业)和包括流通、销售、旅游观光、休闲体验等行业在内的服务业(第三产业)进行融合和复合,创造新附加值的一种经济活动。韩国农林畜产食品部通过"6次产业化"的实施,不仅给农民创造工作,尤其是给老年人和妇女适当的工作,使其有稳定的收入,而且将体现地区特色的农产品与食品加工企业、餐饮店、超市等联系起来,让农民积极地参与到生产、加工及销售等环节中,挖掘农村地区资源,开发能够反映现代社会的商品,使初级农产品增加附加值,创造新的价值,进而让农民生活、文化、医疗等基础设施在一定水平上达到便利,最终提高农民生活质量,缩小城乡差距,实现城乡一体化发展。

从韩国的"6次产业化"概念可知,具有如下特点。

①"6次产业化"的发展需要政府的政策扶持、法律制定及财政投资。由于韩国政府对国内市场开放加快、国外廉价农产品进口量增加等原因,农民收入持续减少。并且,农业生产力水平低、农村人口减少以及农民老龄化日益突出等问题,阻碍了农村地区经济社会发展。因此,政府的扶持政策、法律制定和财政投资显得尤为重要。

②"6次产业化"从概念上可以看出,一方面是第一产业(农业)×第二产业(制造及加工业)×第三产业(服务业)融合及复合的产物;另一方面是将农村的有形和无形资源有机地联系起来,形成以农民为主体的"政产学研+农工商"合作模式。

---

① 农林畜产食品部:《6次产业化优秀案例集》,VETICA 株式会社 2013 年版。

③"6次产业化"是经营多元化和垂直系列化的结果。从农产品加工企业角度看，不仅可以使农产品生产、加工、流通、销售等部门形成一个完整的价值链，使各部门间相互有机地、综合地融合，提高农产品加工企业的竞争力，而且以市场需求为导向，可以充分利用农村有形和无形资源，开发新产品，开拓新市场，提升产品品牌价值，实现蓝海战略，最终形成综合效应①。

④"6次产业化"适用于商业生态系统。不仅可以提高农产品附加值和竞争力，使农民提高收入，而且生产出高品质、安全、新的商品，满足消费者需求。并且，可以使农产品生产者、农产品加工企业、政府、大学、研究所、消费者等构成价值链，不同的价值链相互交织形成价值网，建立共生关系，共同创造利益，从而增强农村经济社会发展能力。

三 发展现状

韩国于2000年初开始，由农林畜产食品部、农村振兴厅等政府部门实施了"农村体验观光事业""新活力事业""乡土产业"和"农工商融合事业"，这些事业为韩国实现"6次产业化"奠定了基础。据韩国农林畜产食品部、农村振兴厅等政府部门的统计，到2012年为止，共有107个优秀事例。从经营主体分类比重上看，营农组合法人占34.6%，农村事业促进团占20.6%，农民占15.9%，研究协会等组织占14.0%，农业组合法人、地方政府和企业各占8.4%、3.7%和2.8%②。

四 政策扶持

2013年10月，韩国农林畜产食品部为了促进"6次产业化"，出台了《农业农村及食品产业发展5年计划（2013—2017年）》，包括强化农产品产业竞争力、充足地供给安全农产品、增加农民收入和稳定经营风险、以"自主、自立、合作"理念提高农民生活质量以及构

---

① 姜震九，"6次产业化的经营战略内涵和外延"，农业6次产业化接班人研讨会，2014年。
② 李炳昕，"农业6次产业激活方案"，韩国农业技术专家协会会议资料，2013年。

建智能农业政策体系共五大方面。主要内容有：农林畜产食品部为了系统地支援"6次产业化"，制定了《农村产业支援特别法》。同时，到2017年，不仅要确定50个"6次产业区"和专业化农工园区，而且要培育1000个销售额在100亿韩元以上的"6次产业化"经营体。非农业收入增长率从平均每年4.6%提高到7.5%。并计划在农村地区为高龄农民和女性农民每年提供5000个工作岗位①。

并且，韩国农林畜产食品部根据《农村融合和复合产业培育及支援相关法》，于2014年12月30日发布的《农林畜产食品部事业实施方针书》中，提出了"农村融合和复合产业激活支援事业"，该事业是专门为"6次产业化"具体发展提出的，主要内容有事业发展对象、支援资格及条件、支援对象、支援资金的使用用途、支援形态及事业名额共六项。目的是通过激活"6次产业化"事业，以地方独特资源为中心，使整个产业（生产、加工、流通、体验等）价值链联系起来，提高农产品附加值。除了该事业外，还有"农村资源复合产业化支援事业""农工商融合型中小企业培育事业""农渔村观光休闲养生资源开发事业"以及"地方战略食品产业培育事业"等7个辅助事业②。

五 法律法规

韩国政府为了综合地、系统地支援"6次产业化"，制定了相关法律制度。韩国的"6次产业化"相关法律和政策比较完备，1983年颁布了《农渔村收入源开发促进法》，该法律让非农业收入政策正式化，尝试开发非农业收入，同时开始发展农村观光事业。20世纪90年代陆续颁布了《农渔村发展特别措施法》《培育农水产品加工产业及品质管理相关法》《农渔村整顿法》和《农渔业、农渔村及食品产业基本法》，特点是农业形成复合产业化，扩大农村观光基础设施。2004年至2008年，先后出台了《农林渔民生活质量提高及农山渔村地区开发促进特别法》《城市和农渔村相互交流促进法》和《食品产业振兴法》。

---

① 卞禹婷：《农业6次产业化现况和发展方向——以庆尚北道为例》，硕士学位论文，庆北大学，2013年。

② 农林畜产食品部：《2015年度农林畜产食品部事业实行方针书》，http://manual.agrix.go.kr/home/index.php? cd = 29.

2009 年，又出台了《农民等非农业收入支援法》以及《农渔业经营体培育及支援法》。这些法律的出台，使农业融合化和复合化，区域均衡发展，农村产业开始兴起，是"6 次产业化"发展的初期[①]。

2010 年和 2011 年，韩国农林畜产食品部先后颁布了《传统酒等产业振兴法》《饮食服务业振兴法》《泡菜产业振兴法》。2013 年 10 月 30 日和 11 月 14 日，韩国国会分别提出了《农村产业培育及支援的相关法律提案》和《农民等经营体的农村复合产业促进及支援相关法律提案》。之后，于 2014 年 5 月 2 日，韩国农林畜产食品部制定的《农村融合和复合产业培育及支援法》（简称《"6 次产业化"促进法》）在韩国国会本会上通过，意味着有关"6 次产业化"法律正式形成。该《"6 次产业化"促进法》的主要内容包括：树立基本计划、事业者认证、农村融合和复合产业地区指定及培育、农村融合和复合产业事业者的营业设施、制定废物处理标准和期待效果共六个方面[②]。通过融合复合化的农村产业政策持续发展，韩国"6 次产业化"体系正式形成并发展。

六 组织机构

为了具体促进"6 次产业化"发展，韩国农林畜产食品部下属农村产业科作为总管理机构，每个省、市、县各设立"6 次产业主管科"，形成直线制组织结构。在业务上，农林畜产食品部农村产业科作为总管理机构，执行基本计划制订、制定预算和支援、监督管理等业务；省级"6 次产业主管科"行使事业促进现况管理、公开计划、申报工作及推荐等业务；市和县级"6 次产业主管科"则具体管理事业促进现况、组织事业执行及事业费发放、监督预算及使用等业务[③]。

[①] Kim Yong‐lyoul、Kim Tae‐gon、Heo Joo‐nyung：《韩国农业的第六产业化及相关政策》，第 10 届东北亚农政研究论坛，2014 年。

[②] 韩国农村经济研究院动向分析室：《6 次产业化体系性促进基本构造》，《农业农村动向（周刊）》2014 年第 20 期。

[③] 农林畜产食品部：《"农业未来增长产业化"详细实践计划》，http：//www.mafra.go.kr/list.jsp？newsid=155446377&section_id=b_sec_1&listcnt=5&pageNo=1&year=&group_id=3&menu_id=1125&link_menu_id=&division=B&board_kind=C&board_skin_id=C3&parent_code=3&link_url=&depth=1.

七 财政投资

韩国政府为了推进"6次产业化"事业发展,细化了各项事业费用,一旦被政府认定为事业发展对象,将给予相应的财政支援。负责财政支援的政府部门有农林畜产食品部、农村振兴厅、韩国农水产食品流通公社、山林厅、农协中央会等17个中央政府部门、8个省级地方政府以及1个直辖市,对金融、咨询、教育培训、出口、研究开发、"申请、认证及评价"、事业及设施支援、营销及品牌设计、体验观光和地区开发共10个方面进行支援。财政支援方式包括补助和贷款两种方式。在补助方面,主要有全额补助、一定数额补助和事业费不等比例补助三种方式。在贷款方面,主要以低年息的不等比例贷款、不等年限的全额贷款以及几年后再还贷款三种方式。2013年,韩国政府对于农业第六产业化发展设立了专项资金,高达100亿韩元(1万韩元约合60元人民币,2014年),2014年又追加了100亿韩元。因此,不同的经营体可以享受适合自己事业发展的财政支援,更加具有针对性、精准性和灵活性[1][2]。

八 支援服务体系

韩国在推进"6次产业化"发展过程中,由中央政府、地方政府和民间组织负责对农产品加工、贮藏、包装、物流等方面的技术支援。中央政府负责创业孵化器咨询、瓶颈技术、与有关机构联系等工作;地方政府负责指导农户瓶颈技术、与中央机构联系等工作;民间组织负责农产品加工技术、支援技术开发、创业、负责政府农业基金发放、农特产品直卖场等工作,对韩国"6次产业化"发展起到了重要作用[3]。

九 "6次产业化"规划人教育培训

"6次产业化"规划人是指利用自己专业知识和管理能力,以有

---

[1] 韩国农林畜产食品部:《韩国第六产业化支援政策说明书》,韩国农林畜产食品部研究资料,2014年。
[2] 农林畜产食品部:《6次产业化支援政策指南》,http://www.mafra.go.kr/search/totalSearch.jsp。
[3] 李炳昕:《农业的第六产业活性化方案》,为了实现创造经济而农业农村第六产业活性化研讨会论文集,2013年。

效地开发农业和农村资源为基础,在地区间、事业间、生产者与消费者间建立桥梁,增强农村发展活力的专门人才。从这个概念可知,"6次产业化"规划人不仅起到地区的"6次产业化"规划者、协调者、组织者和实施者等重要角色,而且可以强化地区居民、民营企业、政府、大学等主体之间的联系,参与到"6次产业化"事业发展上,使农村地区资源有效地、多样性地被利用,最终创造就业,实现农民增收,从而提高地区经济实力,乃至提升国家综合竞争力。

另外,韩国"6次产业化"规划人被分为以下三种类型。

首先,供给实现型。这种类型是由大学的教授和研究员、企业研究机构的研究人员等具有专业知识和技能的人才,利用自身特定的能力,开发商品,成为"6次产业化"规划人。其优点在于:因利用了专业知识和技术,具有独特性,能够开发出具有竞争力的商品和新产品;而缺点在于:因开发了新产品,具有一定的经营风险,即便是经营成功了,也需要长时间的验证。

其次,需求实现型。这种类型是"6次产业化"经营体在经营过程中,为了解决自己无法解决的一些问题,与其他组织进行合作,共享事业发展的必要信息,以便完成事业发展目标。因此,经营体会参加一些诸如专家讨论会、学习小组会、学术研讨会等会议。其优点在于:事业经营体在经营过程中,出现的困难一旦能得以解决,在一般情况下,能缩短商业成功的时间。缺点在于:因需要与其他组织或个人合作,以此解决自己无法解决的问题,在一般情况下,需要花费一定的资金。就算得以解决,也有必要不断完善和落实。

最后,综合型。这种类型不是局限于商品买卖,而是应对整个地区的社会需求和不同规模的事业经营体、不同层次的商业合作、激活交流和沟通等多种业务而形成的一种类型。其优点在于:无论是"6次产业化",还是区域经济开发,综合型规划者对相关政策很了解,能够灵活运用,促进事业发展。其劣势在于:因支援范围比较广泛,只凭规划人,很难全部解决问题。因此,综合型规划人得有综合的人际关系,还得知道国家或地方政府实施的政策等因素。

(1) CB（Community Business）中心

CB中心的教育培训目的是为了激活社区商业，扩大居民共识，提高社会认识，强化事业主体的作用；同时，培育符合地区特性的社区商业，通过选定机构，计划和实施教育培训。

教育培训过程是每年选定10个机构，进行CB创业者基本课程、深化课程和海外研修。而且为了让普通人很好地受到教育培训，CB中心不仅开发CB入门课程，而且进行相关研讨会，研讨会主要包括自我评价能力、支援组织的作用及活动事例、设计计划和撰写报告、宣传及运营、调查问卷分析、树立后续对策以及现场实习等内容。

(2) 农渔村共同体

①农渔村共同体公司

农渔村共同体公司以选定的农渔村共同体公司实际运营者为教育培训对象，培养其运营管理、食品加工、流通及销售、宣传营销及顾客服务等综合业务能力。

教育培训主要包括参加者间的交流、可持续发展战略、个人规划、有关法律事项、农产品产业流通计划及顺利销售、网络宣传营销、顾客管理及改善服务、乡土资源调查基本方法及开发案例等共19个方面的内容。

②农渔村共同体活动家学会

农渔村共同体活动家学会开设的教育培训，是通过环境变化进行客观分析后，诊断农村组织的结构及运营情况，建立符合各农村实际的运营模式。

教育培训主要包括环境分析、企业家精神、事业经营战略、带头人及组织运营、经营决策、农村共同体公司和社会企业的劳务管理、权限委任及业务分担、运营资金利用方案、农业会计及税务管理、农村共同体公司价值测定及业绩评价方案、制订经营计划的重要性及方法、制定事业计划及评估等共13个方面的内容。

③农渔村共同体学会

韩国农林畜产食品部于2011年选定了54个优秀农渔村共同体学会，通过构建相互交流和协作机制，不断促进事业发展。农渔村共同体教育培训共分3个阶段：在入门阶段方面，是以农渔村共同体公司目标为导向，学习农渔村共同体政策和目标、地区化战略等内容；在深化阶段方面，主要是为运营农渔村共同体公司的主体教授如领导能力、关系管理、制定战略、激活组织等内容，学习后能够达到实践；在专门阶段方面，主要是农渔村共同体公司在运营中，培养生产管理、会计管理、顾客维持及改善服务、宣传营销等综合经营能力。

④补修教育

补修教育是指为了顺利地促进农渔村共同体公司的事业，各经营体统一事业方针及评价标准，且事业实际内容能够反映国家政策方向。

教育培训主要包括农渔村共同体公司全年事业业绩决策、农林畜产食品部新事业方针、农渔村地区居民服务、会议及意见听取方法、网络交流、文化艺术创造力、业务重点排序及制作计划、树立目标管理及行动计划、对话及协商艺术等共19个方面的内容。

（3）农村振兴厅农村人力资源开发中心

①精英归农大学

精英归农大学拥有体系性和集中性的教育，该大学主要是让归农者消除不安情绪，提高归农者的意志，将"归农者+机构+农民"形成紧密的人际网络，进行信息相互交流及技术指导，从而起到安稳地定居在农村的作用。

该大学根据教育培训者的不同水平和专业，教授农业技术、流通及经营、农机及创业等方面的课程。课程主要包括农业政策、农机实习、体验项目运营案例、农地和田园住宅制度、营农会计、农业政策金融、农民合作社、各种特色经济作物和蔬菜水果类种植技术等内容。

②退伍军人归农教育

退伍军人归农教育的目的是通过联系市县归农教育培训中心，鼓励返乡务农，提高务农成功率。并且，为了务农成功，与市县归农教育培训中心负责人联系，实施启导制度，从而提高教育培训效果。

教育培训主要包括利用网络灵活运用农业信息、农业价值理解、归农政策、适应老后生活和理解农村生活、农产品销售战略、制作创业计划、创造农村观光资源价值、基础务农技术、农机获得及操作等共 34 个方面内容。

③农民大学

为了发展地区特色农业,农民大学不仅实施各种农产品中长期技术教育培训,而且培养专门经营人。同时,对于农业领域,不但体系性地培养符合社会需求的农村劳动力,而且进行创造农产品附加值及发展地区农业为目的的教育培训。

教育培训时间及课程既有短期,也有长期。教育培训内容主要是教授农民特别需要的地区特色农作物种植技术,且根据地区的不同,也教授如栽培学理论、农业经营学、销售与流通、电子商务、农村观光学、花卉园艺、传统酒生产与销售等与"6 次产业化"有关的内容①。

十 研究与开发

韩国政府通过支援事业,促进和协调产学研合作,对"6 次产业化"技术信息调查分析后,进行研究开发。韩国对"6 次产业化"研究开发主要是五个方向。第一,开发生产费用节俭型技术;第二,开发高附加值食品产业核心技术;第三,开发高效率、环保型的尖端生产技术;第四,开发有创意的、挑战性的、空白的、瓶颈的技术;第五,开发世界化、国际化战略品种和未来能有望增长领域的技术②③。

十一 认证程序

韩国政府把"6 次产业化"发展事业作为国家战略计划,所以"6 次产业化"认证程序尤为重要。根据农林畜产食品部的相关政策,"6 次产业化"认证程序分为四个阶段,包括:申请阶段、经营体认

---

① 朴才胜:《农业 6 次产业化协调员教育科目开发研究报告书》,农村振兴厅出版社 2013 年版。

② 韩国农林畜产食品部:《韩国第六产业化支援政策说明书》,韩国农林畜产食品部研究资料,2014 年。

③ 农林畜产食品部:《6 次产业化支援政策指南》,http://www.mafra.go.kr/search/totalSearch.jsp。

定阶段、树立详细计划及实施阶段、调拨资金阶段。

首先，申请阶段。农林畜产食品部农村产业科作为总管理机构，将支援内容、事业申请要领、评价标准和程序等内容通知省级6次产业主管科。省级6次产业主管科将农林畜产食品部通知的内容作为依据，制定符合地方实际的事业发展计划，同时在政府网站上公布，并通知市或县级6次产业主管科。当市或县级6次产业主管科接到通知后，将事业发展计划通过告示、政府网站、举行说明会等方式向想要经营或已经经营的"6次产业化"经营体宣传，引导其申请。事业经营体根据事业方针政策，将申请书和事业计划书向市或县级提出申请。

其次，经营体认定阶段。市或县级6次产业主管科聘请七位专家（包括大学教授、研究员和物流专家等）成立专家评审委员会，通过审查申请书、现场调查等方式认定，合格后，将被认定经营体的申请书提交给省级6次产业主管科。省级6次产业主管科对申请材料等文件综合评审后，认定事业对象。之后，将认定结果向农林畜产食品部汇报，并通过市或县级6次产业主管科通知事业经营体。

再次，树立详细计划及实施阶段。事业经营体做好详尽的事业计划书后，向市或县级6次产业主管科提交，之后再由市或县级6次产业主管科提交给省级6次产业主管科。省级6次产业主管科对事业计划书审核结果告知市或县级6次产业主管科，再由市或县级6次产业主管科告诉事业经营体被认定为发展对象。被认定后，事业经营体必须在规定的时间内完成事业目标。如果事业经营体想要修改原先的计划书时，必须由政府主管部门同意，才可以修改计划。如果事业计划书不是很完善，政府主管部门会让事业经营体尽快地修改和完善事业计划书。

最后，调拨资金阶段。农林畜产食品部有补助和调拨资金的权利。省级6次产业主管科审核事业经营体申请的资金明细和预算是否合理后，向农林畜产食品部申请补助资金。省级6次产业主管科将中央政府开支和省政府开支合起来后，根据事业促进实际，将资金调拨给市或县级6次产业主管科。市或县级6次产业主管科让事业经营体先使用自筹资金，当事业经营体提出补助申请时，市或县级6次产业主管科确认详细执行事业计划、资金调拨与否、实施能力、事业目标等标准后，将补助资金交给事业经营体。当事业经营体得到补助资金后，根据事业发展计划和补助资金执行管理规定，促进事业发展。另外，事业经营体向市或县级6次产业主管科提交事业促进实际和有关凭证资料。当事业到期完成后，市或县级6次产业主管科按照规定对账，然后将对账的结果和事业促进实际提交给农林畜产食品部。

十二　事后管理

农林畜产食品部为了"6次产业化"发展以及政府扶持有效，对"6次产业化"经营体实施事后管理。事后管理分为三个阶段，即执行检查阶段、事后管理阶段和事业评估及回流阶段。

首先，执行检查阶段。市或县级6次产业主管科上下半年至少各检查一次，检查时间由农林畜产食品部决定，检查内容有事业计划是否履行、补助金是否使用合理等方面。另外，农林畜产食品部也联合市或县级6次产业主管科一起检查，每年不定期检查3次。

其次，事后管理阶段。农林畜产食品部对事业经营体经营成果进行评估，评估的内容主要有事业费使用实绩、销售额完成程度、事业实绩（包括新产品开发、品牌开发、宣传及营销等）、自我评价和建议等方面。

最后，事业评估及回流阶段。农林畜产食品部发现事业经营体不促进事业发展，或者很难达到预期目标值（主要指销售额）时，支援资金将全部回收；当事业经营体遇到不可抗力情况时，经认证后，支援资金将减额；当目标值未达到50%以上、销售额减少、事业进度不顺利时，支援资金将终止。当发生以上三种情况时，事业经营体将在两年内不得申请"6次产业化"事业。如果事业经营体以其他理由不返还支援资金时，将根据《农林畜产食品部财政事业管理基本规定》等规章制度进行制裁。另外，支援资金减额和终止支援带来的剩余资金以奖励的形式支援优秀的事业经营体[1]。

---

[1] 农林畜产食品部：《2015年度农林畜产食品部事业实行方针书》，http://manual.agrix.go.kr/home/index.php? cd=29.

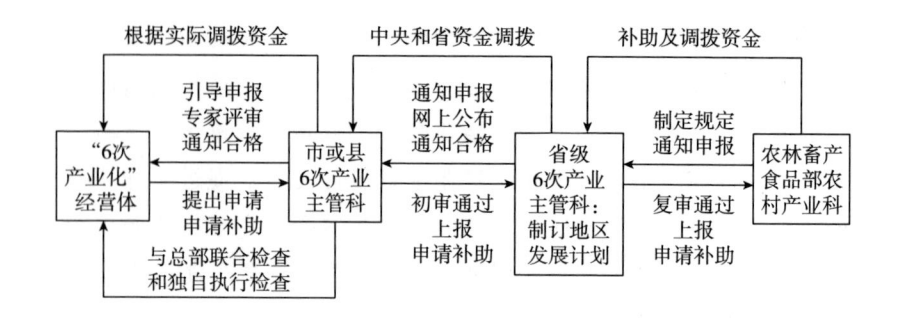

图6-2 韩国"6次产业化"经营体认定及事后管理流程示意

十三 发展模式及相关案例

在政府、农产品加工企业、高等院校、研究机构、农民、农业合作社法人等经营体共同协作下,韩国"6次产业化"事业发展迅速。根据韩国农林畜产食品部2013年7月出版的《"6次产业化"优秀事例集》中,列举了35个优秀事例,形成了商品多种化、经营多样化和主体多元化的特点。首先,在商品多种化方面,主要涉及地方特色农产品、日用品(如化妆品、洗发水等)、医药保健品等多种商品;其次,在经营多样化方面,涉及农产品生产、加工、流通、销售、旅游观光、医疗保健、休闲养生等多种行业;最后,在主体多元化方面,包括农民、农村共同体、企业法人、地区单位等主体。因此,韩国农林畜产食品部组织专家,对"6次产业化"事例进行了收集,经专家评审和实地调研后,从主体角度将优秀事例归纳为四种类型模式,包括农民主导型、农村共同体主导型、企业法人主导型、地区单位主导型。

第一,农民主导型。韩国京畿道骊州郡的"euna"牧场是一家四口分工合作、共同经营、体系化管理的私人牧场。在第一产业方面,该牧场现有85头奶牛,其中42头奶牛生产生鲜乳,其余的奶牛养殖后销售。同时,该牧场每天生产约一吨的生鲜乳,其中大部分卖给"Yonsei"奶业有限公司;在第二产业方面,该牧场销售后剩余的生鲜乳加工成如奶酪、酸奶等各种奶制品。并且,该牧场邀请制作奶制品的美食专家进行指导,生产的奶酪和酸奶非常好吃,受到消费者欢迎；在第三产业方面，该牧场在生产和加工奶制品的同时，利用生产工具、自然风光、地区历史文化等资源，与体验观光活动联系起来，形成坐拖拉机、喂饲料、制作奶酪、制作个性化奶油饼干等各种体验观光活动。因此，该牧场通过"6次产业化"发展和经营，2012年，国内外游客达到11300多人次，获得京畿道政府指定的旅游观光地，生鲜乳销售额为3.8亿韩元（100韩元约合0.55元人民币，2015年），奶制品销售额为0.05亿韩元，旅游观光和体验活动的营业额为1.9亿韩元。

第二，农村共同体主导型。韩国京畿道坡州市客岘村是具有历史文化背景的生产地方特色农产品的生态旅游观光村，主要经营山葡萄、山葡萄汁、山葡萄酒、山葡萄果酱、旅游观光等项目。在第一产业方面，客岘村的农民们自发地成立了农民合作社，有97个农户加入了农民合作社。其中，50多个农户直接生产山葡萄，扩大了山葡萄生产量。另外，农民们开始生产蓝莓，试图成为具有地方特色农产品形象的山村。在第二产业方面，该村的村长带领村民，在山葡萄种植园内，将山葡萄直接加工成山葡萄酒、山葡萄汁等产品，提高了山葡萄的附加值，使农民增收。在第三产业方面，该村不仅建立网站，在网上销售产品，而且通过山村生态体验观光等项目，向来访的游客进行销售。同时，该村推出一年四季不同的旅游体验项目，使农民收入得到提高。因此，该山村通过生产地方特色农产品，并对山葡萄进行加工及销售，而且经营体验观光项目，使山村第一、二、三产业有机地联系起来，形成了体系化。同时，该村通过农民合作社，有效地组织农民参与到生产、加工、销售、旅游观光、体验等项目，每年年收入达到2亿韩元，构成了"6次产业化"。

第三，企业法人主导型。韩国忠清南道保宁市"西部忠南高品质生猪养殖产业集群事业团"利用政府的扶持政策和财政补助，主要经营生猪养殖、加工、直销店、体验及旅游观光等项目。在第一产业方面，该"事业团"一方面与檀国大学合作，得到了高品质的饲料；与天安莲庵大学合作，农民系统地学到了先进的养殖技术；与韩国种畜改良协会等研究机构合作，得到了优良猪品种。另一方面，构建了高品质养猪事业体系。农民通过统一养殖管理，生产的猪肉品质达到标准化。在第二产业方面，该"事业团"与青云大学合作，得到了制作火腿肠和香肠的技术。并且，受到了忠清南道、保宁市等政府部门的政策扶持和财政补助，使得生产设施设备得到了完善。在第三产业方面，"事业团"与大型超市、"Nambu Meat"株式企业、农协等企业合作，将生产的生猪肉、火腿肠和香肠等有机畜产品进行销售。同时，通过经营特色饭店、旅游观光、直销店、电子商务交易等营销措施，扩大了销售渠道。并且，"事业团"推行安全生产责任追究制度，获得了HACCP体系认证，得到了消费者的信赖。因此，该"事业团"于2012年年销售额约为120亿韩元，加入会员的农民平均每户增加了近0.7亿韩元的收入。在经营特色饭店和直销店的同时，雇用了当地居民，促进了地方经济的发展。

第四，地区单位主导型。韩国忠清北道堤川市"堤川中医产业集群事业团"是由堤川市市长任"事业团长"，政府的中药生命科成立一站式服务机构，制定总规划后，构建了政产学研合作模式的产业集群，主要经营药草生产、中药材流通、高档中药产品、中医医疗服务和保健食品等项目。在第一产业方面，该"事业团"与农民合作社签订协议，由1227个农户栽培中药材。并且，与世明大学天然资源医药研究所、大元科技大学食品技术研究所、一洋药品企业附属研究所等2所大学和13个研究机构合作，获得了优良中药材种子、先进的中药材种植技术等服务。在第二产业方面，该"事业团"与7个具有GAP（良好农业规范）认证的加工企业、23个有机药用作物加工企业、14个制药及化妆品公司、45个中药材食品加工企业合作，对堤川市的中药材进行加工和制造商品。在第三产业方面，该"事业团"生产的产品在26个批发市场、74个药材市场、36个网站上销售。同时，积极地参加各种展示会和博览会，为34家中医院和疗养院提供中药材和加工产品。另外，不仅有32个流通企业加盟，而且为39个饮食店提供中药材产品。同时，建立了中药材标本博物馆、中药材展示馆、中药材生命科学馆和中药材儿童公园等设施，促进了堤川市中药材产业的发展。因此，堤川市政府利用当地中药材资源，开发中药材产品,成为东北亚最成功的中药材研究开发枢纽基地。该"事业团"2010年中药材产品销售额达到300亿韩元,中药材栽培面积达到785公顷,生产中药材3059吨,雇用3000名工人。另外,2012年,该"事业团"向13个国家出口中药材及中药材加工产品,销售额达到16亿韩元。

第三节 模式面临的主要问题

日本和韩国在发展"6次产业化"模式过程中面临诸多问题,主要有:

一是农民与农民之间、农民与合作社之间、合作社与工商业投资者之间利益分配问题表现突出,怎么保障各参与主体的利益成为"6次产业化"发展中最难解决的问题;

二是"6次产业化"发展地区对政府政策的依赖过多,缺乏内部发展动力,往往是规模大的经营体得到更多优惠,小规模经营体和地区共同体享受不到优惠;

三是日韩两国在系统地推进"6次产业化"过程中,能够准确利用和实施各项优惠政策的专门人才短缺,而且缺少懂农业、会经营、擅管理的青年农民,农村老龄化、空洞化严重;

四是开展"6次产业化"的农村在选择主题时,往往加工品、休闲娱乐、采摘、体验等产品类似,同质化严重,竞争力不强,需要政府规划,统筹调整发展主题;

五是在开发新市场和新商品时,一些尖端科技、瓶颈技术、降级成本技术等高端技术亟待解决;

六是发展"6次产业化"的核心问题是农产品加工和销售,创造经济价值被认为是第一要务,而发展农村教育、医疗、福利和文化等方面没有得到政府和社会的更多关注;

七是没有充分发挥农村或地方特点的商品,缺乏对都市消费者的饮食文化和生活习惯的深入调研,针对性的商品少,需要在发展过程中重新检讨；

八是从供应链的角度看，倡导的地产地销的观点无法超越农产品直销市场的思考方式，盲目地追求经济事物，没有充分认识到农产品的价值[1][2]。

第四节 实施效果分析

一 "6次产业化"发展日趋水平多样化和垂直系列化

日韩两国政府通过一系列政策措施发展了"6次产业化"，发展模式也日趋多样化，不仅解决了"三农"问题，而且提高了地区经济实力。日韩两国"6次产业化"模式的发展趋势有两个方面。一方面是农业生产水平多样化。在发展地区农业过程中，日韩两国农业一直集中生产一种或若干种农作物，虽然在短期内形成了规模经济，但是生产的农产品风险大，要想发展多种农产品加工商品受到了很大限制。因此，地区农业开始生产多种农产品，形成农产品水平多样化。另一方面是垂直多样化。农业和农村内部在提高附加值的同时，以"6次产业化"生产者为主，参与到加工、流通、销售等商业领域中，不仅形成范围经济，还形成了农产品生产、储藏、加工、流通、销售一体化，即垂直多样化。因此，"6次产业化"是农产品生产、加工、销售等水平和垂直多样化融合的产物，也是创造就业岗位和提高农产品附加值的搞活地区经济的战略之一。

二 适合内源型和外源型相混合的发展模式

"6次产业化"发展过程中，农业和农村发展一直依靠政府的财政投资，这种外源型发展模式使得农村地区以外的资本流入农村。然而，农民在生产和生活过程中，将农村地区资本重新流入城市，使得

---

[1] 李炳昕，"农业6次产业激活方案"，韩国农业技术专家协会会议资料，2013年。
[2] 王乐君、赵海：《日本韩国发展六次产业的启示与借鉴》，《农村经营管理》2016年第161期。

农业和农村社会无法积累资本,制约了农村地区经济和社会的发展。为了发展农村地区经济,日韩两国政府通过相关政策和财政支援发展了"6次产业化",这就导致"6次产业化"发展缺乏多样性和自发性。结果是经营规模较大的经营体得到了优惠的政策,而经营规模小的经营体容易被疏远。但是,符合农村地区实际情况,且发展比较稳定的经营体,利用农村地区文化、风俗等无形资源,对农产品进行加工、包装、流通、销售,虽然创造了价值,农村地区却很难提高教育、福利等软实力。为了发展"6次产业化",日韩两国"6次产业化"发展到一定规模时,农业生产经营体(如农户、农业合作社等)参与到生产、加工、流通、旅游观光等商业活动中,不仅创造了就业岗位,而且提升了农产品附加值,使农民增收,进而提高了地区经济实力。由于创造新产品和新价值,研究开发的财政投入也随之增加,最终经济、社会、文化等众多因素向"6次产业化"发展,形成了内源型和外源型相混合的发展模式。

三 经济效益和社会效益分析

日韩两国政府以自上而下式的体制推动了"6次产业化"的发展。在"6次产业化"模式发展过程中,得到了地方政府、农产品加工企业、大学、研究所、农民合作社等社会各界的积极呼应,在搞活农业农村经济和农民增收方面取得了一定效果。

根据日本农林水产省"6次产业化"综合调查报告数据,从经营主体角度看,"6次产业化"农业经营主体从2011年的429200人到2014年的441500人,增加了12300人;渔业经营主体从2011年的18200人到2014年的24000人,增加了5800人。从市场销售额角度看,农业市场销售额从2011年的16368.19亿日元到2014年的18672.33亿日元,增加了2304.14亿日元;渔业市场销售额从2011年的1615.21亿日元到2014年的2055.93亿日元,增加了440.72亿日元。

根据韩国农林畜产食品部相关资料,自"6次产业化"认证制度实施以来,认证事业者数从2014年的379个到2017年的1397个,增加了1018个;农民认可度从2013年的83.6%到2015年的97%,

增加了13.4%；创业数从2013年的360个到2015年的472个，增加了112个；平均销售额从2013年的7.47亿韩元到2015年的9.31亿韩元，增加了1.84亿韩元。另外，根据韩国2016年《农林畜产食品统计年报》，韩国农户收入从2013年的3452.4万韩元到2015年的3721.5万韩元，增加了269.1万韩元。

第五节 经验借鉴

近年来，日韩两国政府将"6次产业化"发展作为本国农业农村发展的战略，而不断推进其发展。正是由于日韩两国将"6次产业化"作为国家战略，"6次产业化"模式显现出产品多种化、经营多样化、主体多元化等特点，发展形势良好，在提升农产品质量安全、开发农业多功能性、增加农民收入、提高生活质量、恢复农村经济活力等各方面取得了显著效果。因此，日韩两国发展"6次产业化"模式成功之处在于：

第一，在生产方面"6次产业化"农业生产者基本都是规模大的专业户，根据日韩两国农协提供的市场信息和良种，实行专业化生产（一年就种植1—2个品种，最多种植3个品种），专业分工明确，形成"一村一特色产业""一农户一主导产品"，再加上农民勤劳的"工匠精神"，生产出的农产品具有口感鲜美、外观色泽鲜艳亮丽、品质高级等特点。

第二，在经营方面。首先，被认定为"6次产业化"经营体的合作社，相当于一个小型的农业企业，基本都有一个专门清洗、整理和加工农产品的车间。当被认定为"6次产业化"经营主体后，日本政府相关部门会派遣规划人（韩国则是通过教育培训"6次产业化"经营体），指导和教授农户加工农产品。其次，日韩两国农协经过几十年的发展和完善，成为经济和社会双重职能的民间组织，不仅负责承担农业生产、购买农产品、出售农产品等经济活动，而且将政府发放的各种补助金发给农户和有关组织，农协又代表广大农户向政府相关部门反映建议，保护农户的权益。再次，在市场上销售的农产品都是精心整理后包装的产品，没有散装、带泥土、枯燥等劣质农产品。每个包装上都有产品名称、产地、生产者姓名、联系方式，甚至印有网址。最后，利用农村有形和无形资源，打造符合当地特点的休闲旅游、健康养生、医疗保健等服务业品牌项目。

第三，在环境方面。首先，日本和韩国政府制定"6次产业化"相关政策和法律，各项政策具有互补性的特点，共同形成两国"6次产业化"政策法律体系，为"6次产业化"发展奠定了政策保障。尤其是日韩两国政府制定食品质量安全方面的政策措施，强制执行农产品质量安全认证制度，并颁发相关法律法规，进而打造本国标准化和农产品品牌。其次，日韩两国国民基本都是单一民族，坚持传统及富有大和民族或大韩民族特色的文化和习俗，绝大多数使用一种语言和文字，具有较好乡土民风。最后，随着日韩两国社会经济的飞速发展，环保法律法规的不断健全和完善，生态环境保护不仅成为社会化和全民化，而且通过学校教育、媒体宣传、专门机构监督等措施，形成民众日常生活化的一个基本准则。

第六节 本章小结

本章详细分析了日韩两国发展"6次产业化"模式的具体做法，即促进背景、概念界定及特点、政策扶持、法律法规、组织机构、财政支持、支援服务体系、教育培训、研究与开发、认证程序、事后管理、发展模式及相关案例分析后，概括了日韩两国"6次产业化"模式面临着利益分配矛盾加剧、专门人才短缺、高尖端技术亟待解决等问题，并分析出日韩两国"6次产业化"模式的实施效果，最后从生产、经营和环境三个方面，总结和归纳了日韩两国"6次产业化"发展模式的经验借鉴，对推进我国农村一二三产业融合发展，落实乡村振兴战略，具有重要的参考价值。

第七章　完善黑龙江省农村一二三产业融合模式的对策建议

通过第四、五、六章对农村一二三产业融合模式的分析，可以看出农村一二三产业融合模式的实现，需要在农村一二三产业融合各要素相互作用、相互促进下才能形成。在实践中，为了保障农村一二三产业融合各模式的实现，就要构建有利于推动各模式实施的发展对策。因此，本章从农村一二三产业融合的生产要素、经营要素和环境要素思维角度，提出农村一二三产业融合各模式得以顺利实施的对策建议。

第一节　从生产要素思维角度的对策建议

一　创建农业科技推广保障机制

农业科技推广保障机制是一个复杂的系统工程，不仅要改进农业科技推广保障机制本身，还需要政府相关部门出台政策措施、法律法规等文件，保障农业科技推广顺利实施。因此，要想农业科技推广运行有效率和效果，决定于建立农业科技推广平台和保障程度。

（1）完善农业科技推广法律法规及配套法律制度。我国目前与农业科技推广相类似的法律法规主要有《中华人民共和国农业技术推广法》《科学技术进步法》《农业技术合同法》等法律法规。虽然这些法律对农业科技推广起到了非常重要的作用，但有些条款没有与时俱进，有必要修订和完善有关条款，进而保证农业科技推广能够健康稳定发展，比如在修订《农业技术推广法》等相关法律的基础上，出台相关配套法律制度，保护好农业技术推广机构及人员的知识产权权益，让农业技术推广事业走向正轨，进而激励科研人员农业科技创新的积极性；以立法形式保障农业科技推广经费的可持续投入；以立法形式将有实力符合标准的民间科研机构并入国家农业科技推广体系；通过法律形式为高等农业院校和研究所开展农业科技推广工作创造良好环境，同时在政策和资金等保障上予以培育和扶持；通过法律形式确立农民专业合作社作为农业科技推广的基层单位，在财政、金融、税收等方面予以扶持。

另外，我国现有的《中华人民共和国农业技术推广法》经1993年7月2日第八届全国人大常委会第2次会议通过，且根据2012年8月31日第十一届全国人大常委会第28次会议通过的《关于修改〈中华人民共和国农业技术推广法〉的决定》修正，规定"基层农业技术推广机构为全额拨款事业单位"，但我国乡镇农业技术推广机构财务管理形式多样，农业技术推广机构的专业技术人员普遍低于全部农业技术推广人员比例，而且截留农业技术推广人员的工资等违法违规现象时有发生。为此，农业科技推广需要国家执法相关部门监督，使农业科技推广项目规划和资金管理向规范化和科学化发展。

（2）建立农业科技推广与技术服务机制。通过农业科技创新和技术服务，使市场、科技人员、农户加强联系，在充分发挥现有农业技术推广体系作用的同时，逐步形成以农村产业融合发展示范地区为技术源，以企业为主体，与科研单位、农业技术推广机构、中介服务组织相连接的承担经营性服务职能的农业技术推广新体系。加快引进先进技术，实现配套技术的应用与推广，加快技术的转化率，提升农村产业融合发展示范地区生产质量与效益。

此外，建立农村一二三产业融合农业科研机构，引进农业专业人才。依托农村产业融合发展示范地区所在的县（市、区）农业科研推广队伍和黑龙江省高等农业院校，在农村产业融合发展示范地区开展科研团队建设。农业科研机构按照产业技术研发、公共技术服务、人才队伍建设和科技成果转化四大功能进行组建。围绕服务于做强产业和做大品牌，发挥科研团队在保证技术先进性和实用性中的巨大作用，指导农户的品牌意识、产业意识、市场意识，及对基层推广队伍的指导。而且要注重引"技"引"才"工作，合作创建农村产业融合发展示范区。要加强与高等农业院校间的合作，建立战略合作伙伴关系，注重引进高新产业技术、高技能人才，促进农作物新品种、食品、北药产品、复合肥、有机肥、农作物新品种等产品研发与更新换代，实现产业升级。不断引进种植业特色新模式，提高种植业水平。尤其重视高等农业院校大学毕业生的择优录用工作，让更多大学毕业生到乡村工作，发挥所学之长，借助农村一二三产业融合平台，实现人生奋斗目标。

（3）建立和完善科技支撑。一是加强与高等农业科研院校的大联合、大协作，建立健全产学研一体化发展模式，针对农村一二三产业融合发展和开展建设产业融合、功能划分、经营理念和模式等方面研究，为农村一二三产业融合建设和发展提供科技支撑。二是提高参与农村一二三产业融合企业的科技创新能力，鼓励企业采取多种形式参与新产品、新技术和新模式开发，引进和采用大数据、人工智能等新装备、新科技和新机制，提高农村一二三产业融合示范地区发展的技术水平。三是充分利用黑龙江省全省的科技、推广、旅游、咨询等单位的技术力量，建立激励性的技术服务指导机制，随时掌握农村一二三产业融合发展动态，及时发现和解决问题。

因此，要建立和完善农业科技支撑体系。农业科技创新、成果转化和应用推广是农村一二三产业融合示范地区建设成功与否的根本保证。对于黑龙江省农村一二三产业融合而言，需要重点抓好以下五个方面的科技研发和推广应用。第一，种植业优质高产栽培技术。创新玉米、大豆等作物高产优质栽培技术，建立基地生产记录档案，抓好技术培训，严格按照标准化生产规程组织生产。以农业防治、物理防治和生物防治为主，配合化学防治，不用高毒、高残留农药，遵守农药使用安全间隔期。推广节肥节药节水技术，深入开展测土配方施肥，形成1—2套高产栽培技术。第二，农产品清洁安全标准化生产技术。围绕单品种规模化种植，实行区域化种植、规模化生产、标准化管理。按照农产品优质高产和环境清洁安全的要求，集成应用农业

第七章 完善黑龙江省农村一二三产业融合模式的对策建议

工程、装备、生物、信息和农艺等高新技术，建立适合不同品种和生态种植模式的农产品优质高效和清洁安全标准化生产技术体系，建设成农产品现代化清洁安全综合生产和清洁综合加工技术示范基地。第三，新型节水灌溉技术。一方面在优质果蔬集约高效技术示范区采用微灌节水技术。其中设施蔬菜采用滴灌灌溉，并示范应用水肥一体化技术；在林果等种植区示范应用涌泉灌，即通过安装在毛管上的涌水器而形成的小股水流以涌流方式进入土壤。另一方面对于大面积地面灌溉采用工程节水技术措施。重点应用实施地下管道输水工程。第四，农业物联网技术。一方面在有机农产品生产示范基地、优质果蔬集约高效技术示范区全覆盖应用传感网络和4G网络融合技术，使基地管理者利用自己的4G手机任何时候任何地点就能远程管理和控制。实现对农作物栽培的自动化管理，提高工作效率；另一方面应用二维码食品安全溯源技术，建设食品安全追溯系统，对企业所有产品进行追溯，确保农产品质量安全。第五，全程机械化应用技术。农机合作社主要在本地及周边地区从事大豆、玉米等机械化生产操作，种植基地内大豆、玉米机耕、机收、机播全部由农机合作社来操作完成，同时大力推广喷药机械和施肥机械，从而减轻农民劳动强度。抓好机械深松、精量播种、化肥深施、喷灌滴灌、农药微喷、秸秆还田等节本增效技术的推广工作，积极推进农副产品精深加工机械推广应用。扩大对农机合作社和农机大户的补贴力度，扩大农机补贴的种类，如保护性耕作机械、施肥机械及秸秆还田机等，金融部门在信贷上应给予一定支持。

二 培育及引进农业产业化龙头企业

黑龙江省为了培育和支援农业产业化龙头企业蓬勃发展，主要措施如下。第一，引导农业产业化龙头企业加强管理，提高水平。实施先进的企业管理规章制度，实施标准化及规范化管理，权利和责任清晰，着重信誉，展现农业产业化龙头企业的优良形象，打造"黑龙江龙头企业标准"。第二，打造具有黑龙江省特色的农业产业化龙头企业名优品牌，扩大市场销售额和占领市场制高点。促进"政产学研"合作，共同研发新技术新装备，努力提升农产品加工质量，积极开展

"有机、绿色、无公害"、食品质量安全管理、名优商品等申报认定业务和工作，积极打造黑龙江省农产品质量安全标准。积极拓展国内外农产品市场，主动参加农产品展示会和博览会，也不断扩充"农村+超市"对接范围。第三，严格做好各类级别的农业产业化龙头企业申报及认证和运营管理控制工作。对农村一二三产业融合示范地区优势突出和发展前景好的农业产业化龙头企业予以评估排队，对排位前列的农业产业化龙头企业进行重点扶持和服务，同时做好国家级、省级、市级重点农业产业化龙头企业的申报准备工作。围绕农村一二三产业融合示范地区主导产业，核心工作是招引或培植一批能够增加农产品加工附加值、品牌竞争力和吸引力强、产业链和价值链长、引领性和带动性强的农业产业化龙头企业，实行优势企业和产业集中利用优势资源，进行集约方式经营管理。积极建设农村生活基础设施、农村社会发展基础设施和农业生产性基础设施等农村基础设施，为农业产业化龙头企业生产销售创造优越条件，营造好的营商环境。支持社会工商业资本和银行金融机构投资农业产业化龙头企业，建设优良水稻、玉米等农产品原料基地，扩大生产、加工及销售规模，积极打造黑龙江省绿色生产及精深加工品牌和标准。对农业产业化龙头企业新增生产线贷款、新（扩）建种植基地等给予贷款贴息或补贴补助。

三 大力发展农民专业合作社规模及运营能力

黑龙江省政府应重视农民专业合作社的带动作用，让零散小农户和贫困户通过"代耕代收"、承包农用地或林地使用权、政府扶持金等方式，加入农民专业合作社的股份，不仅使农民专业合作社壮大规模，而且零散小农户和贫困户可以通过农民专业合作社，学习经营，降低生产和销售成本，融入规模经济中，进而增加收入。鼓励农民专业合作社在不影响自身发展的情况下，积极经营农产品加工、农家乐、农产品电商等新商业新业态，解决农村剩余劳动力问题。鼓励农民专业合作社在城镇街区开办直销店或卖场，开拓农村地区特色农产品市场经营。政府应积极改革配套法律制度，为农民专业合作社经营发展营造好的营商环境和政策环境，进而让农民专业合作社向标准化和规范化方向发展。

此外，应增强农民专业合作社农产品加工能力。目前农村一二三产业融合示范地区农民专业合作社采取"合作社（协会）＋基地＋农户"的运作机制，带动农户发展农产品种植，大多数合作社只是提供农户发展种植、采摘等第一产业的增值服务，少数农民专业合作社基础设施较完善，建有集产品加工、销售、质检、文化、培训、农资服务等一体化的综合服务功能。受制于产品加工能力较弱，大多数农民专业合作社社员没有享受到产业的增值效益。因此，应大幅度提升农民专业合作社农产品加工能力，是打造农民分享产业增值收益机制的关键。

四 大力培育和扶持家庭农场

黑龙江省政府应鼓励家庭农场适度规模经营，不仅可以提高家庭农场标准化和规范化生产，而且可以提升经营管理水平。家庭农场应积极发挥带动作用，可以与有能力有素质有意愿的零散小农户合作，以土地入股等方式一起生产经营，种植具有当地特色的农产品。而且以农用地确权登记和交换及合并土地等方式，加强农田基础设施建设，进而互利共赢。

培育一批新型职业农民，发展家庭农场，是发展农村一二三产业融合的关键。立足农业产业的长远发展，通过技术培训、与国内外同行业的交流合作，发展培育一批有知识、有文化、懂技术的年轻新型职业农民，创办家庭农场，把家庭农场作为农技推广、社会化服务、农经服务的主要对象，鼓励家庭农场打造一流农业生态园。鼓励家庭农场严格按照国家有机食品标准生产，发展产品采摘、田园烧烤、农家乐、休闲观光旅游为一体的综合性服务体系，打造农村一二三产业融合示范地区一流的农业生态园。

五 加大力度培养和引进农村产业融合专门人才

（1）大力培育新型职业农民和农村经理人等农村实用型人才。黑龙江省政府应着重培育种植专业大户、家庭农场主、专业合作社带头人、农民合作社理事长、返乡涉农创业者、种养能手等新型农业生产经营主体，并构建和完善新型职业农民培育政策体系。在政策上加大优惠支持力度，通过实施资金奖励、政府采购、降低赋税等优惠政策，扶持返乡涉农创业者使用现代信息技术（如大数据、云计算、物联网、移动互联网等技术）创业经营。在农业科学技术普及推广方面，县农业技术推广中心、农机总站和乡镇基层站作为普及推广单位，以战斗堡垒的形式，革新科技推广服务，加强普及秸秆还田技术、测土配方施肥技术、农业"三减"技术、生物肥应用技术、保护性耕作技术、绿色有机生产标准化技术、"三三"轮作技术，在现代农业标准化示范基地建立"互联网+农业"，利用拼多多、淘宝等电商平台，加快服务农村，从而发展农村一二三产业融合科技含量，服务"三农"。

（2）强化培训，提升综合素质。把教育培训纳入整个现代农业建设过程始终，突出以农业科技队伍、现代农业业主（准业主）、示范地区农民等主体为重点，采取集中培训、示范培训、召开各类现场会议、参观学习、到高等农业院校或科研院所进修学习等方式，有步骤、有计划、有针对性地开展培训，切实提升被培训对象的综合素质。同时加强科技创新，确立企业创新主体地位，广辟科技创新投入来源，积极为科技创新创建平台。逐步建立起科技成果推广机制，构筑农业技术与成果转化相对接、点面结合、以点带面辐射带动、农业科学技术走进农村课堂等体系。例如黑龙江省甘南县兴十四村，该村积极依托兴十四村现有的培训基地，加大对农村一二三产业融合发展需求的各类人才培训支持力度，造就一批适应农村一二三产业融合发展、市场竞争的人才队伍。进一步建立自主培养与人才引进相结合，2010年以来每年在村、集团都选派5名有学历青年，派送到哈尔滨、大连、温州等院校和企业进行知识深造学习和市场营销实习。以学历教育、技能培训、实践锻炼等多种方式并举的人力资源开发机制，鼓励企业家和各类人才到农村创业和从事农村一二三产业融合项目开发，引进高层次人才为农村一二三产业融合发展服务，发挥科技人才支撑作用，为推进农村一二三产业融合产业发展提供坚强的人才保证。

（3）健全完善人才支撑政策。一是强化人才引进，设立工作专项资金，采取签约聘用、合作研发、技术入股、成果转让、创办领办企业、担任咨询顾问等方式，引进循环农业创新创业领军人才、急需紧缺高层次人才和高校毕业生，借用"外脑"支撑和促进产业转型升级。二是聘请中国农科院、省农科院等科研单位的专家、教授为技术顾问，深入农村一二三产业融合示范地区项目开展现场指导培训。并且，从国家、黑龙江省相关科研院校聘请区域发展规划、农业生产经营、经济管理、旅游设计、项目管理等领域的专家学者，组成专家指导小组，为项目建设提供咨询、指导等服务，全面提升农村一二三产业融合发展示范地区规划、建设和管理水平。三是强化新型职业农民培育，培养技术硬、懂经营、能创业、愿带领群众致富的新型职业农民。同时，完善产业工人培训体系。充分利用职教资源优势，大力支持和发展职业培训，把周边区域的农民变成具有一定技能的产业工人，破解产业发展的人才配套瓶颈。积极探索联合办学，搭建就业平台，通过技能培训、激励机制来培养和造就一大批适应产业发展需求的产业工人。四是推行优惠政策措施，建立创新创业服务扶持平台，吸引农村年轻劳动力留乡务农，鼓励大学生、返乡农民工、复员转业军人等人员，到农村一二三产业融合示范地区创业就业，提供良好生活和工作环境，留住、用好人才，做到人尽其才，才尽其用。培育能力强、素质高的新型农业经营者队伍，鼓励和优先支持会技术和懂经营的返乡农民工创立家庭农场，申办农民专业合作社，开办农产品加工及销售的涉农企业，以及农业农村社会服务组织。以提高农民专业技能和社会化服务水平、做大做强新型农业经营主体为导向，突出地方特色，创新培训方式，全面实施新型职业农民培育工程，重点培训专业种植大户、家庭农场主、农民合作社带头人等新型经营主体，积极培育有素质、有能力、有意识地具备"文化＋技术＋经营管理"的新型职业农民军，为黑龙江省发展农业现代化提供人力资源队伍。鼓励农业产业化龙头企业、农民专业合作社等新型经营主体通过提升工资待遇，积极引进和培育科技人才、营销人才在农村一二三产业融合示范区内安居乐业。

六 拓宽融资渠道

（1）加快创新示范区建设投融资机制。推进农村一二三产业融合示范地区建设的投融资体制创新，探索和建设 PPP 投融资与运营机制，发挥政府财政的引导与担保作用，整合金融机构以及其他社会主体的资源与资金，增强金融机构投入农业的意愿，形成金融机构投入农业项目的有效渠道，吸引工商资本参与提供农业基础设施与服务。加快探索基于土地整理与财政的农业大型基础设施 PPP 融资模式，促进农村一二三产业融合示范地区农户以土地入股的形式，构建土地统一集中地规模经营平台；吸引社会资本入驻进行一揽子的土地整理、土地修复、基础设施建设以及生产经营，实现企业化、产业化和规模化经营；以政府财政与土地整理相关的土地出让金为担保和部分还款来源，支持金融机构给农村一二三产业融合示范地区投资建设的社会主体进行贷款。通过 PPP 的融资方式减轻政府财政和融资压力，增强政府资金的撬动作用，加快农村一二三产业融合示范地区重大基础设施建设的进度。

并且，全力拓宽资金融入渠道，建立起多渠道、多层次、多元化的投融资机制。建立起稳定的投入增长机制。政府应每年安排专项资金用于示范区建设，确保支出优先支持示范区。积极争取国家资金，对各类涉农项目资金，合理安排、打捆使用。鼓励各类企业，特别是科技型企业，进入示范区投资建设。号召零散小农户和贫困户将自己的农用地、劳动力等生产要素以参股入股的方式，融入农村一二三产业融合示范区建设中，形成政府引导、企业投入、吸纳民资和外资等多元化的投资格局。积极争取扶持优惠政策和涉农项目资金，探索设立产业投资基金，强化地方融资力度，协助企业解决融资难等瓶颈问题。金融办、各银行要加大信贷投放力度，进一步简化信贷手续，适度提高放贷额度、延长贷款期限，支持示范区建设。农业开发办、发改局、财政局、农业局等部门要围绕示范区产业争取项目资金，扶持示范区建设。各乡镇、各部门要积极开展招商引资，千方百计吸引域外资本、民间资本投资，参与示范区建设。

(2) 加大"惠农贷款"金融服务能力。迄今为止，在黑龙江省农村一二三产业融合示范区，有不少农户种植新品种葡萄、购买新设备、发展设施农业、改造种植区、扩大规模等，投入开始增多，出现了资金短缺问题。所以，示范区农民专业合作社联合社与农村信用社等金融机构达成协议，进行低息贷款合作，为示范区农户提供了一定的金融支持，但收效甚微，效果不理想。从其他农村合作社联社发展经验看，应重点与当地农村商业银行开展"惠农贷"金融服务，农户个人最高可贷款10万元，年贷款利率最低5.22%，可分三年还清。农户不用担保和抵押，仅需身份证和户口本即可申办，由合作联社出资统一资金担保，旨在解决农户融资难、贷款利息高等问题。下一步，示范地区应加大"惠农贷"金融服务的贷款额度，增强资金扶持力度。

因此，要健全完善金融服务政策。构建多层次、多元化、范围广、可延续、适度竞争、风险可管制的现代农业农村普惠金融体系，激活干部工资"众筹"，利用工资卡贷款、融资，解决落实"双创"资金问题。完善农业金融服务平台，使用农村承包田、农业机械、房产、林地等有效资产作抵押，机动地资源贷款，盘活农村金融。同时，发挥农村土地流转服务中心作用，扩大与国开行、农发行的合作，着力引进更多金融机构参与涉农贷款，稳妥开展农村土地经营权、农民住房财产权、林权等抵押贷款，解决新型经营主体发展资金难题。继续与阳光农业、安邦财险、中国财险等保险公司合作，扩大农作物参保面积和投保额度，降低农作物种植风险。

此外，农村产业融合发展示范地区在不断增加国家、省、地方政府投入的同时，要吸引社会各方面力量参与，积极争取金融部门的支持，全力拓宽资金融入渠道，整合国家产业发展项目资金，放大投入效应，逐步构建多途径、多层次、多主体的投融资体制机制。金融机构应积极建立农村农户贷款体系，建立农民资产土地、宅基地抵押融资渠道，分别从低收入农户创业、农民增收、发展扶贫重点村集体经济、建设产业融合农业示范区五个方面入手，可以为低收入农户、为30人以上或吸纳带动低收入农户10户以上的农工商企业、农场和来料加工经纪人、农家乐经营户、家庭农场主等发放信用贷款，为建设农村产业融合农业示范区放贷的金融机构，可给予奖励资金。

（3）营造社会各界投融资机制。黑龙江省农业农村厅可通过激励政策和号召广大爱国爱农人士投资到农村一二三产业融合中，形成涉农企业投资经营、种养大户吸纳工商资本、大学生乡村创业、中国农业发展银行放宽贷款等多种机制，推动农村一二三产业融合发展。具体而言，政府可制定拥有5—10亩小农户建大棚贷款及低息补贴、农户耕种工具抵押贷款、宅基地使用权抵押贷款、农产品期货债券等具体政策，激活农村资源资产，多方拓展投融资途径，盘活社会工商业资本投向农村一二三产业融合。

并且，党中央、国务院为了落实新时代乡村振兴战略，曾陆续出台过多项支持农村电商政策，为农村电商乡村发展提供了政策保障。黑龙江省农业农村厅为了响应党中央号召，积极发展"农村电商+信贷"模式。并利用移动互联网，在农村一二三产业融合示范区发展"互联网+农业"，即示范区农户和消费者利用拼多多、京东等电商平台，发展新商业新业态，成为买卖双方交易的最重要渠道和平台。示范区所在的县市金融部门制定支持农村电商发展的政策，给予农村电商模式资金支持，大力发展农业互联网服务。

（4）健全完善财政投资政策。发挥政府投入在创建示范区的主体和主导作用，积极开辟建设新的资金渠道。完善财政税收支持政策，健全生态建设补贴制度，加大种植基地的耕作以及有机肥生产使用的补贴力度，依据相关税收政策，积极对相关企业开展"三免三减半"、免征关税等税收政策支持。充分发挥政府在项目和资金统筹中的作用，统筹整合使用各级财政涉农资金，支持各类农业农村发展的相关专项资金和中小企业专项基金向示范区倾斜。将中央财政奖补资金优先使用于示范区基础设施、基地扩建、产业发展、品牌培育、技术改造、科技创新和公共服务平台建设。

并且，发挥政府在项目和资金使用中的统筹作用，整合使用国土、财政、发改、水务、农业等部门的土地整理、农业综合开发、新增千亿斤粮食生产能力规划、高效节水等涉农项目资金亿元以上，强化农村一二三产业融合示范区基础及配套设施建设投入，提升示范区集聚力、承载力。县市政府财政应纳入预算直接投资，用于培育、壮大农村产业融合发展示范区发展，引导、鼓励新型经营主体调结构、种有机、推良种，支持各类农业农村发展的相关专项资金和中小企业专项基金向农村产业融合发展示范区倾斜，加大绿色有机、高产高效、循环可持续等增产技术补贴力度。同时，积极争取国家、省资金投入，调整、优化玉米产业资源配置方式，鼓励龙头企业和社会资本参与示范区建设和运营，建立以财政资金补助为杠杆、企业和社会资金广泛参与的投入机制。探索利用专项债券、政府购买服务、PPP、涉农贷款贴息、专项建设基金等财政支农新方式，撬动金融资本、社会资本亿元以上投向示范地区。

同时，要建立稳定的财政支农投入增长机制。确保财政支出优先支持示范区，落实公共财政倾斜政策，预算内固定资产投资优先投向示范区农业基础设施和民生工程。扩大测土配方施肥、深松整地、秸秆还田补贴覆盖面积，将测土配方施肥、深松整地、秸秆还田列为补贴项目，调整为以耕地面积为单位补贴，直接补给示范区农户。新增农业补贴重点向示范区倾斜。加大示范区的优惠政策和改革创新措施，鼓励返乡农民、大学生、退伍军人、家庭农场积极加入，解决农村剩余劳动力问题。增加示范区内农民收入，形成农业农村经济发展新的动力源。发挥工商资本在规模化种植、精深加工、品牌包装、销售方面的经验优势，带着农民闯市场，发挥引领作用给农民看、组织农民干、带着农民卖，提高农民的职业素质水平，掌握一技之长，为农民持续增收提供保障。通过优惠的产业政策、灵活的机制体制、规模化集成效应，将示范区打造成为吸纳人才的大平台、扩大就业的快车道、农民持续增收的发动机。鼓励示范区在更深层次上吸引和聚集土地、资本、科技、人才等现代要素，为农村创业创新提供"演练场"和"大舞台"。

（5）税收优惠政策。应落实小微企业税收扶持政策，积极支持新型业态和融合模式发展。根据有关法律法规的规定和各级政府的要求，税收方面将给予示范区适当倾斜，示范区的涉农企业应在一定年限内的税收，根据国家税收政策返还用于示范区建设；示范区土地整理项目腾出的用地指标出让金用于示范区建设。

另外，应减免涉农企业赋税，积极鼓励发展"互联网+农业"的现代新型业态和新型商业模式。黑龙江省财政厅应加大对农村一二三产业融合经营主体的财政投资力度，统筹兼顾相关财政资金引向农村一二三产业融合发展领域。省政府在使用和管理农村一二三产业融合涉农资金时，应别具一格地集中投资。通过"以奖代补""先建后补""政府购买服务""低息贷款""贷款贴息"等方式，利用已有的"新兴产业发展投资基金"，促使政府和社会工商业资本合作，引导社会工商业资本投向农村一二三产业融合领域。

第二节 从经营要素思维角度的对策建议

一 进一步提升农产品精深加工

对于黑龙江省而言，从第一、二、三产业发展比例看，第一产业不强，第二、三产业严重滞后。产加销一体化发展有待提高，种植业与畜牧业缺少紧密衔接，纵向一体化的龙头企业项目较少，基本上以加工玉米、大米和大豆为主。农产品精深加工转化率有待提升，产业链没有充分延伸，农业生产性服务业还在初级阶段，农业产业体系不完善。

因此，首先要解决农产品储存、晾晒和烘干等问题，应鼓励家庭农场、农民专业合作社和有实力的种植大户等新型农业经营主体发展农产品精深加工，提高如大米、玉米等主食加工业形成标准化、工业化和现代化，加工后的农产品质量达到社会公认的绿色食品、有机食品等程度，达到农业农村部办公厅所提倡的"生产基地+中央厨房+餐饮门店""生产基地+加工企业+商超销售"等产加销一体化模式，扩大农产品产业规模，培育名牌产品，推进休闲食品行业发展。然后，大力扶持和培育国家级、省级、市级农业产业化龙头企业发展，鼓励农村一二三产业融合示范地区发展农产品精深加工先导区或加工园区，提高农产品生产加工集中率，提倡农业产业化龙头企业相互合作，甚至可以兼并重组，进而强化相互协作能力，农产品精深加工科技研发能够得到突破，促进农产品精深加工装备制造业加快发

第七章　完善黑龙江省农村一二三产业融合模式的对策建议 / 197

展。至此，黑龙江省有关部门应从政策、财政、税收和金融等方面，加大力度对农产品精深加工企业扶持，形成农产品加工业蓬勃发展。

二　完善农产品流通体系建设

（1）完善和贯彻相关政策。完善的政策是农产品流通体系有效运转的重要保障。首先，物流政策需要向农产品物流方面倾斜和完善，完善的目的就是为了更好地发展农村一二三产业融合和落实乡村振兴战略；其次，农产品物流政策体系需要创新，应鼓励更多生产企业和销售商参与到农产品物流体系建设当中，以互惠互利合作的形式，降低农产品物流成本；最后，政府有关部门应派遣检察人员，对农产品物流运输系统检查核实，及早发现问题和反馈问题，加以解决，通过相关政策和法律法规进行规范。

（2）完善基础设施建设。农产品物流体系建设的关键在于完善农产品物流基础设施，为此必须加大力度投资建设农产品物流基础设施。黑龙江省有关部门应该把建设农产品物流基础设施设备的财政预算和决算提到规划日程上，按照具体计划逐步实施，促进农产品物流体系的建设。并且，政府有关部门应通过项目招标和优惠政策等形式，鼓励农业产业化龙头企业参与物流配送体系基础设施建设当中，增加企业对投资农产品物流体系的积极性。因此，农产品物流基础设施建设需要政府有关部门和具有实力的企业共同投资和运营。

（3）加快农产品物流信息平台的建设。在农产品物流体系建设过程中，农产品物流信息平台起到举足轻重的作用。作用在于：可以收集农产品生产和销售信息，相关信息透明度加大，能够为农民、企业、消费者提供更多的选择权。政府应鼓励第三方物流企业参与其中，利用农产品物流信息平台，提高农产品冷藏、运输及配送等物流效率，进而缩短农产品流通时间，为农民和企业创造更多的利润。

（4）培养农产品物流专业人员。农产品物流体系能够得到快速发展取决于培养专业人员。要从现有的农产品物流体系中挑选出具有新观念和丰富的农产品物流经验的优秀专业人员，对其他同事和职员进行教授，教育培训出一批能够胜任的优秀工作人员，促进农产品物流体系加快建设。同时，农产品流通企业要与高等院校和科研院所合作，形成产学研合作的农产品流通专业人才建设体系。高等院校和科研院所不仅能够培训农产品流通人员，使其获得专业知识，而且可以提高其能力，能够在农产品物流体系运行过程中发挥才能，为农产品物流体系建设服务。

三　充分发挥农产品行业协会作用

农产品行业协会在农村一二三产业融合发展问题中应起到以下三个方面的作用。第一，引导和壮大龙头企业发展区域产业。在黑龙江，龙头企业普遍存在产品精深加工不够、科技含量低、产业链不长等问题。农产品行业协会要做好协调功能，联系高等农业院校，为龙头企业提供农业科技成果，对于产业链的延伸、农产品精深加工、产品标准化生产等问题都可以解决，而高等农业院校可以借助龙头企业提供的市场信息和资金，寻求更好的发展，进而双方形成双赢局面。并且，在农业产业区域布局方面，农产品行业协会在充分了解区域市场、生产规模和自然环境等因素的基础上，整合加工企业进行协调重组，经加工企业相互有效协商后，可促进真正地具有竞争力的大型企业或集团，进而有效推进农村一二三产业融合发展。第二，完善龙头企业与农户之间的利益联结机制。对于黑龙江省而言，龙头企业与合作社或农户之间的利益联结机制或模式相对单一，龙头企业通常与合作社或农户签订契约，即"订单农业"的方式，让农户按照契约规定进行标准化生产，农产品成熟后，通过高于市场一定价格，收购农户生产的农产品。但是，契约内容或农户在生产过程中，或多或少会出现违约等现象，龙头企业或农户会受到损失。这时，农产品行业协会以客观公正的态度，协调龙头企业和农户之间的矛盾，比如制作约束力强且标准的契约，不仅为龙头企业保证农产品质量，而且让农户得到应得的农产品收购价格，促进和完善龙头企业与农户利益联结机制，充分行使农产品行业协会的职能。第三，提高农民市场组织化率。对于黑龙江省而言，虽然是农业大省，但农业产业化龙头企业较少，处于起步阶段，导致农民组织化程度不高。农产品行业协会作为行业代表，不仅要为农户维护正当利益不受侵犯，而且要为农户谋发展谋出路，最终代表着广大农户的根本利益。并且，农产品行业协会要发挥协调者和组织者角色，组织小农户联合起来，成立农民专业合作社，改变传统生产方式，形成规模化、组织化、专业化分工的生产经营者，让农户参与到农业产业链各个环节，为农户争取到更多的利益，让农户切身体会到加入专业合作社的好处。

四　强化产学研合作力度

（1）科学规划战略计划。黑龙江省政府应响应和落实国家提出的乡村振兴战略，而要想落实乡村振兴战略的重要途径之一就是农村一二三产业融合发展，应结合黑龙江省自然资源优势，在以科学发展观为指导，充分调动各农业产业的积极性，谋划好黑龙江省农村一二三产业融合中长期发展规划，尤其是对农业科技发展方面，协调各高等院校和科研院所，出台相关政策措施和配套补充政策，聚集黑龙江省全省的科研力量，共同解决农村一二三产业融合产业核心技术攻关、共性尖端技术突破等问题，以农业科技创新发展农村一二三产业融合。

（2）鼓励企业参与产学研合作。政府应出台有关农村一二三产业融合法律法规，支持企业与高等院校和科研院所合作、扶持企业设立研究所、激励企业产品研发投入、保护企业知识产权和技术标准、鼓励国家级农业产业化龙头企业牵头组建产学研合作农业科技创新联盟。当产学研合作遇到融资困境时，政府有必要设立专项资金予以扶持或让企业自我申请，从战略角度引导参与农村一二三产业融合的企业开发高尖端技术和瓶颈技术，提高自主科技创新能力。参与农村一二三产业融合的企业应围绕产业发展趋势进行产学研重大项目合作，解决产业发展中遇到的技术难题和瓶颈性技术，破解制约产业发展的关键性技术难题。

（3）创新产学研合作体制机制。积极创新高等院校和科研院所服务乡村振兴战略的体制机制，提高为农村一二三产业融合科技创新服务能力，支持高等院校教师参与企业横向课题的研究，必要时高等院校教师进入企业兼职，并给予一定的奖金和股权等薪酬激励，促进高等院校和科研院所的管理制度改革，完善高校教师挂职服务的绩效考核评价体系，促使农业科技创新过程中发挥核心作用，为农村一二三产业融合产学研合作创造良好氛围。

(4) 完善产学研合作科技服务体系。将黑龙江省全省科技资源重组之后，应促进各类产学研合作服务机构，因科技创新服务业可以提供技术产权交易、科技成果转化和评估、有机衔接和协调等服务，这对产学研合作服务农村一二三产业融合发挥着助推器的作用。虽然高等院校和科研院所有人才、技术和科研设备等资源，但因事业单位的制度和内部业务等问题，在具体服务农村一二三产业融合时，无法整合科研单位所有资源支撑农村一二三产业融合发展中遇到的农业科技瓶颈问题。因此，产学研合作服务机构能够帮助企业解决在投资农村一二三产业融合科技创新能力不足问题，又能将市场信息告诉高等院校和科研院所，又起到了协调者和组织者的作用。

(5) 加强政府组织协调和引导作用。政府可以根据不同行业、不同领域和不同企业的特点，举行各种专题性交流会、洽谈会、企业家茶话会、乡村振兴说明会、校企合作会等对接活动。为了避免无效合作，政府可聘请专家成立"农村一二三产业融合产学研合作推进委员会"，专门负责产学研合作规划及相关政策制定、协调合作和管理控制，推动各部门间有效合作，整合科技资源要素，充分发挥政府宏观调控的作用，同时具体了解黑龙江省农村一二三产业融合真实情况，进而促进产学研合作有关科研创新活动，并设置专项资金予以资助扶持。

五 农业多功能价值有待开发

目前，黑龙江省在农村一二三产业融合过程中，开发农业多功能方面主要以鲜果采摘、休闲旅游为主，历史文化资源、人们在农业生产中形成的民俗文化有待发掘，创意农业、养生养老度假、乡村农事参与、民俗体验、精品民宿等休闲农业模式尚待开发。因此，要结合示范地区的自然资源、历史文化、风土人情和农业生产经营活动等实际情况，充分发挥各方面的优势，深度挖掘资源潜力，积极开发农村传统文化保护、传统农耕文明传承、田园休闲观光、农村旅游度假、农村健康养老等多种功能，有序发展多种形式的农家乐，以及新型乡村旅游休闲、农业科普、农事体验等产品，打造一批具有历史、地域、民族特点的特色旅游功能区，为人们提供休闲、观光、回归自然、欣赏田园风光的场所，使人们在亲近自然、接触农业文明乐趣的同时，接受农事教育，学习农艺知识，实现农业多功能的全面拓展，释放农业农村功能的活力，提高农业农村发展水平。

并且，依靠科技进步建设功能拓展型农村产业融合发展示范点，按照高起点、高标准的要求，大力推进现代信息技术的推广应用，加快示范区内通信服务提档升级、物联网应用改造，采取大数据、云计算等技术，服务于农业与其他产业融合的信息采集、分析、预测、发布。大力发展智能农业、电子旅游和智能旅游，探索农业和休闲旅游等第三产业的定制服务，满足不同层次的消费需求。完善示范区农业与其他产业融合发展的各项配套基础设施，提升示范区建设档次和科技水平。建立健全相关产业的标准和制度，规范各类主体的行为活动，提供让消费者满意的人性化产品和服务，将示范区打造成为技术先进、设施配套齐全的现代技术装备应用集成区。

此外，通过建设特色鲜明的功能拓展型国家农村产业融合发展示范园，努力在多种产业融合模式、拓展农业多种功能、构建利益联结长效机制、发展农业新型业态、构建农业与第二、三产业相互融合的农业现代化产业体系、培育多元化经营主体、激活农村产业融合活力等方面，进行大胆探索和创新。以示范园建设为载体，形成可复制、可推广的农村产业融合发展模式，逐步破解农村产业融合的瓶颈制约，在全省乃至范围内树立新的示范样板，构建起产业融合、三产互动的良性发展格局，为其他地区提供有益经验和借鉴，辐射带动周边地区和全省农村产业融合的发展，拓展农业农村的发展空间，促进农村经济发展和农民增收。同时，树立大产业、大格局的理念，按照农村产业融合发展"一盘棋"的思路，大力推进第一产业与乡村旅游、科普教育、文化风俗、养老保健等其他行业间的深层次融合，在资源要素配置、区域布局规划、生产经营活动等方面，进一步强化政策引导和扶持，促进农业与相关产业的统一规划、统筹安排、协调发展，实现示范园区内的相关产业相互融合、相互促进、共同发展，探索多功能拓展型农村产业融合的发展模式，加快构建农业与第二产业和第三产业相互交叉融合的现代农业产业化体系，培育农业农村新业态。

因此，积极培育多元化的农村产业融合主体，引导和支持广大农民在从事农业生产经营的基础上，挖掘农村资源资产资金潜力，探索通过"土地变股权、农民变股东"，把闲置和低效利用的农村资源优化用于农村产业融合发展，开发农家乐、观光采摘、农业体验等新的乡村旅游产品，拓宽收入渠道。鼓励家庭农场、农民专业合作组织、农业产业化龙头企业等新型经营主体，通过股份合作等形式创业创新，建立健全服务协作、流转聘用、保底收益、按股分红等利益联结长效机制，带领农民发展农业的多种功能、多种形式的特色旅游，发挥其引领带动致富的作用。配套发展壮大客货运输、旅游服务等相关产业，促进主导产业与关联产业协同发展，形成农业产业集群，延伸产业链条，扩大产业链的就业岗位和空间，增加农民就业机会和务工收入，让农民更多分享农村一二三产业融合增值收益，真正从农村产业融合中有"获得感"。搭建一批创业创客服务平台，降低创业风险成本，提高农村产业融合成功率，将示范地区打造成为农民"双创"的孵化区。

六 建立利益联结新机制及多种模式

（1）建立农民分享产业增值收益的新机制。以农业增效为目标、以农民增收为核心，引导农业龙头企业与农户、合作社之间形成利益联结，实现共同发展。建立农民合作社与企业"保底收益+高价分红"利益联结关系，农民分享一二三产业增值红利，培育农民增收新模式，使企业、合作社、农民利益共享。

一是探索土地股份合作型二三产增值收益分享机制。在黑龙江省农村一二三产业融合示范区内，农村土地和集体资产应实施现代企业股份制改革，将农村耕地、建设用地和集体资产确权后，分股到每一户。地方政府应将农村土地确权办证，聘请专家研究出农村一二三产业融合示范区内农村土地流转指导价，为农业产业化龙头企业、专业合作社、家庭农场、种养大户等新兴农业经营主体在租赁示范区内农户的土地时提供指导价格，也为农户入股新型农业经营主体提供讨价还价的正当权益。通过"示范区管委会+龙头企业+农民合作社"合作模式，彼此相互入股，做大做强，将效益最大化。并且，可以扩大示范区影响力，吸收和并入零散小农户和贫困户，以劳动力、土地及资金等生产要素作为股份入股农业产业化龙头企业，使其有机衔接现代农业。反之，政府也可以出台政策，鼓励和支持龙头企业利用资金、技术、影响力等自身优势，与示范区管委会和农户合作，共同申请和经营专业合作社。应在农村一二三产业融合示范区内统筹规划，形成政府引导，农业产业化龙头企业为导向，农户为基础，家庭农场和专业合作社为桥梁，构建"政府+龙头企业+合作社（家庭农场）+农户"的现代农业产业化联合体，逐渐形成股份制和规范分工协作的收益分享机制。同时建立合理的利润分配机制，推广"保底收入+按股分红"分配方式，确定社会资本和利益分配比重最高值，保护零散小农户和贫困户的合法收入。另外，政府鼓励农民流转土地，给予一定数量的土地流转补贴。鼓励农民从事绿色有机生产，给予有机肥、生物农药、生物植保防控补贴。应积极与省政府发改委、农业农村厅、财政厅等部门的协调，提高农用地质量安全，推广科学测土配方追肥，通过财政补贴和以奖代补等方式，普及推广绿色施肥和秸秆还田等绿肥种植技术。并且，积极申请政府对农村一二三产业融合示范区支持的优惠政策，通过财政补助，利用东北农业大学、东北林业大学等农业高等院校专家，对示范区科学指导，推广现代施肥理念和服务，并普及肥效时间长、肥力好、作用快的高效缓释绿肥和有机肥。

二是探索资源资金股份合作型二三产增值收益分享机制。在农村一二三产业融合示范区内，构建"核心企业+合作社联合社+农户+国家财政资金"合作模式，一起入股后，领办现代农业发展公司，经营农村一二三产业融合各行业业态，提高农民社会地位，参与到经营环节，纵向参与利益分配，分享入股红利。而年末所有收益要按照股份制公司的运营制度分配，当国家财政资金重组后，村集体、农户、合作社联合社、企业等经营主体应依据入股份额参与利润红利，但国家财政资金则不参与利润分红。

具体出资与利益分配机制如下：构建"龙头企业+村委会+农

户"的利益联结机制,即农业产业化龙头企业作为主要出资方,以"现金或现金+资产"的形式出资,并将现金换算入股;农户将自己的土地使用权流转费用以年为时间单位,按照一定比例,以现金的形式换算入股;村委会以"现金或资产"的形式出资,换算成现金入股。并且,国家财政拨款资金按照上述出资比重分配。农户不但有农用地生产出农产品收入,而且入股后,又有工资收入和股份分红,即农户和村集体入股龙头企业后,按照入股的比重,年末进行利润分红。

三是探索订单协作型二三产增值收益机制。研究和构建农村一二三产业融合示范区农业订单信誉体系,制定完善的农业订单内容、格式、程序、事后检查制度,将农业订单合同以备案检查方式形成制度,使其规范化和标准化,逐渐形成农业订单合同或契约可追溯。将经过实践后成熟的利益联结机制及模式与政府优惠政策及财政奖励挂钩,从以奖代补、先行后补的形式,激励农村一二三产业融合示范区农业产业化龙头企业,与专业合作社、种养大户、家庭农场主等新型农业经营主体签订选购保证合同(或契约),或者在合同(或契约)里写明年终返红利或二次分红等与增加收入有关的结算内容,或者高于某一时期的市场销售价格收购,进而增加新型农业经营主体收入。鼓励农业产业化龙头企业在收购农产品时,按照"平等互利、质量优先、数量增加"的原则选购农产品,将正向资金链在双方合同(或契约)中体现,合理规定选购农产品价格,构建正规化互利共赢的利益联结关系。政府应从税收减免、低息贷款、以奖代补等形式,鼓励农业产业化龙头企业资助新型农业经营主体参加农业保险。如黑龙江中玉食品有限公司、黑龙江中豆食品有限公司、密山市盈收水稻专业合作社、密山市休闲农业及民宿游一体化建设项目、黑龙江湖润湾田农业有限公司各个具体实施主体与参与带动农户,每年签订保价回收合同,确保农民增收。

四是探索产销联动型二三产增值收益分享机制。探索产销联动型增值收益分配机制,支持示范区农产品产销双向合作互动,尤其是农产品零售商、土特产批发商与农村一二三产业融合示范区(园)专业合作社联合社合作,以建设标准化、规范化、规模化优质农产品生产基地为目标,互利共赢。同时,鼓励和支持农村一二三产业融合示范区内的农户成立农产品物流合作社,达到标准和规范后,与周边地区如万达永辉超市、华联超市等大型连锁超市合作,或以入股参股的形式加盟,将利益共享强化,减少中间商带来的差价,为消费者和生产者提供方便。当新商业新业态利益联结机制建立后,应及时推广普及。鼓励消费者主动寻找农村,以农业合作众筹方式,消费者利用农民的土地种植定制型农产品,并与"农村村委会+企业家+农户"模式共同经营乡村旅游和休闲农业,探索新型利益联结模式。建立"保底收益+高价分红"利益联结机制,在加工销售方面突出优质优价原则,建立按品种品质梯次加价增收机制,让广大农民分享生态循环产业化增值,实现农民可持续增收。鼓励农产品生产、加工和销售一体化,构建农业技术创新及转化、农业生产标准化和农产品质量安全可追溯等体系,制定统一销售体制机制,整合农产品品牌,加强品牌建设,建立利益共享机制,实现涉农企业和农民共同富裕的双赢局面。如鼎金米业集团通过产业延伸增值,使农民分享第二产业增值收益。

五是构建农民利益联结:"保底订单+配套基础设施+民宿修建配合旅游资源分流"的多方面利益联结机制。首先,签订保底订单。企业与合作社或农户通过签订长期购销合同,与农户建立长期稳定的购销关系,保证每公斤水稻、畜禽、蔬菜等农产品最低收购价格不低于市场收购价,使农户获得稳定的种养收益。其次,提供配套基础设施建设。通过对示范区范围内的观景台、观景桥、景区路等配套基础设施进行建设,完善景区环境,设计打造景点,吸引游客和周边城市人群,通过增加消费人群来增加农户收入。最后,分配旅游资源。农户现有房屋进行改建装修,打造具有特点的民宿,企业为参与的农民分配游客资源并能够为前来旅游的不同人群提供落脚点,通过住宿、餐饮等为农户带来直接收益。

六是工资性增收机制。积极为示范区所在地农民提供就业条件,转变就业方式,鼓励农民进基地、进园区、进厂就业,各种就业渠道相结合,增加农民的工资性收入。

七是农业废弃物循环利用给农民带来的收益。引导广大农民利用自家秸秆粪便在田头路旁养蚯蚓,秸秆粪便转化生产的蚯蚓粪施用到自家农田,使自家的农田提升为有机土壤和肥料,提高了纯收入,而且鲜蚯蚓由企业收购又增加了农民的纯收入。

(2)构建多种形式的利益联结模式。要健全利益联结机制,分享现代农业产业收益,创新利益联结多种模式,构建紧密带动关系。根据农业产业经济发展特点和农民对美好生活的期盼,农村一二三产业融合试点示范区选择符合自身的利益联结模式,有必要重构示范地区农民与涉农企业和新型农业经营主体间的利益联结关系和利益分配。

第一,农业产业化联合体引领模式。通常一家农业产业化龙头企业牵头,若干农民合作社和家庭农场积极参与,农户为基础,通过订单农业和入股分红为一般利益联结方式,形成完整产业链条的农业产业化联合体。探索开展"农业产业化联合体+合作社+农户"模式,农户和龙头企业相互依赖,相互生存,龙头企业将农户作为企业员工或献爱心对象,农户将龙头企业当作自家开办企业用心生产,构成利益联结共生体,最终实现龙头企业和农户双赢效果。

第二,订单收购带动模式。积极促进想要销售自己种植农产品的一般农户和贫困户与专业合作社、涉农企业、返乡涉农创业者等新型农业经营主体签订优质农产品销售契约或合同,构成稳定的买卖利益关系。并且,鼓励销售好的涉农企业、专业合作社、返乡涉农创业者等新型农业经营主体,让农户和贫困户以参股的方式,加入到农产品生产、加工及销售等利益环节,形成互利共赢的好局面。

第三,代耕代种带动模式。通过黑龙江省乡镇政府为贫困户和零散小农户申请的特色种植业奖励补贴金,鼓励和号召种植大户或专业合作社与能力弱的贫困户和零散小农户签订"代耕代种"契约或合同,以此支援和帮助零散小农户和贫困户"代耕代种",达到为其增加收入的目的。

第四,入股分红带动模式。支持和鼓励农民将自己的土地经营权、自家农业机械和设备、政府财政扶持金和支农金、农业产业扶持奖金及补助、种养殖经验等入股新型农业经营主体,实行"保底收益+按股分红"的分配方式。

第五,土地流转带动模式。当专业合作社、涉农企业、返乡涉农创业者等新型农业经营主体在租赁农用地和设施设备时,可通过租赁租金动态调整、"实物计租、货币结算"等计价方式,优先流转或承租零散而又无能力的小农户和贫困户的撂荒或种植效率低的土地,促使零散小农户和贫困户以租金收入的方式增加收入。

第六,务工带动模式。鼓励和支持专业合作社、涉农企业、家庭农场主等新型农业经营主体与具有一定素质和劳动能力的零散小农户和特困户签订长期务工或季节性劳动契约,在合理合法范围内给予劳务费,确保稳定的劳动收入。支持和鼓励规模较大的有自己私营农用地的种植大户、专业合作社、家庭农场等新型农业经营主体,以雇佣的方式,规划出一部分农用地或一部分设施设备承包给具有一定素质和能力的农户(尤其是贫困户)管理,以"保底工资+超产分成"的形式,提高农户积极性,增加一定收入。

第七,构建"长期订单+农业保险"的双重利益分配模式。一是长期订单收购。企业通过与果蔬农户签订长期订单方式,确定保底收购价。二是农业保险。企业年底在剩余利润中拿出一部分比例,资助部分订单农户参加农业保险。

第八,示范园利益联结模式,即"联合社+企业+合作社+农户"。充分发挥联合社、企业、专业合作社、家庭农场、种植大户在农村产业融合示范地区的主体作用,进一步促进联合社、合作社、公司发展农产品深加工和销售,并鼓励家庭农场和种养殖大户开办直销店直销和电子商务营销。还应支持和鼓励涉农龙头企业以全额投资或入股经营的方式,与联合社或合作社签订长期合作契约,促使联合社和合作社建设农产品标准化、规范化和规模化的生产基地,使其适度规模经营发展。聚集富民,以农民为中心,健全利益联结机制,让农民更多分享农业产业增值收益。围绕"五统一"管理、股份合作、订单合同、服务协作、土地流转等利益联结模式,建立合作社联合社与农户风险共担的利益共同体。

第三节 从环境要素思维角度的对策建议

一 创新市场监管机制

政府应以减少前置审批、加强事后控制为原则,制定农村一二三产业融合涉农企业行业规则,规范工商资本进入农村一二三产业融合行为,保护农民合法利益,加强农业产业市场秩序,具体如下。

(1) 科学规范工商资本农用地流转及使用行为。政府应以鼓励农业产业化和严禁非农化为原则,加强工商资本使用农用地行为的动态监管力度,科学规范企业使用农用地合同,明确规定工商资本与农民专业合作社或农民双方的权利和责任,完善和及时修订土地流转风险保障金制度,确保农用地转出方的利益。

(2) 依法规范和管理农产品市场秩序。规范地方贸易保护政策,破解农产品批发市场分割,建设黑龙江省统一的农产品批发市场。完善农产品交易相关规定,强化对玉米和水稻等黑龙江省具有比较优势的农产品市场准入管理,加强末端消费市场的监管力度,依法惩处假冒伪劣和虚假广告及标识等不正当市场行为,净化农产品交易市场环境,建立市场主体信用体系和失信惩罚制度,完善农业产业化龙头企业的社会责任和认定监管制度,强化新业态行业自律行为,提高农产品质量安全达标意识,诚信守法。

(3) 制定涉农企业行业标准。政府应发挥组织协调者角色,组织农产品行业协会、农业产业化联盟、产学研合作联盟和行业领军龙头企业等经营主体,构建农业产业新业态认定标准,制定行业标准评价指标体系和评估委员会,设计农业产业化生产经营业态、技术质量标准和业务程序标准化框架,具体细化农产品质量安全生产和环保标准化,即达到 ISO9001 质量管理体系、ISO14001 环境管理体系、GMP(生产质量管理规范)等标准,支持和引导组建专业化行业协会,推动农村一二三产业融合产业标准化和规范化管理。

(4) 减少前置审批,强化全过程控制。政府应以宽进严管、投资必有效为原则，以农村一二三产业融合销售额（或利润）为主要绩效考核标准，科学合理划分中央和地方、地方与示范区、政府与企业、企业与农民专业合作社（或农户）之间的权责范围，推动农村一二三产业融合生产、加工、流通、销售等各环节的精确化和数字化动态监管，如在产品包装袋上印有生产公司名称、产地编码、配料表、食用范围、营养成分表、生产日期、保质期限和方法、联系方式、二维码等信息，消费者可以用手机扫二维码，就能获得种源情况、土壤环境、施肥、用药（检疫）、采摘（屠宰）、包装等全程可追溯的农产品质量可追溯体系，并在社会广泛宣传，提高违法失信带来的成本和后果。

二 充分发挥乡风文明传承功能

黑龙江省在发展农村一二三产业融合过程中，不但要学习城镇商业思维理念和社会文化，而且要努力提高自身素养，发挥乡村农业多功能性中的文化功能，提升乡村文明。因此，农村一二三产业融合发展应顺应农民的风俗习惯和文化传统，制定村规民约，让农民自己治理，提高行政区基层的社会治理效率，发扬和继承乡村文化，形成现代乡村文化和风俗，进而影响乡村农民的自觉性和价值观，实现真正意义上的农村一二三产业融合，而不是市（县、区）级别的物质性产业融合。

（1）乡风文明的基础取决于乡村经济的发达程度。马克思和恩格斯提出的"经济基础与上层建筑理论"中，已经明确指出经济基础是第一位的，没有经济基础，其他无从谈起。因此，从这个理论中，不难看出，如果乡村经济一直得不到发展，农民收入就无法增加，导致农民生活质量无法提高，就算有深厚的文化底蕴和淳朴的文明乡风，乡风文明很难取得效果。因此，对于黑龙江省乡风文明建设而言，首要任务应该把提高乡村经济作为第一工作重点，促进农民增收，提高农民生活质量，进而促使农民渴求得到更高生活质量，即渴望从精神和文化上得到更高更好的生活需求，从乡村内部自发地进行乡风文明建设。但是，鉴于黑龙江省农村地区实际上普遍贫困，短期内要想乡村经济振兴不够现实，而且农业具有社会效益和生态效益高，经济效益低的特点。至此，乡村经济发展需要政府相关部门出台优惠政策和财政支持，加大乡村经济的帮扶工作，落实好各项扶贫工作，加速改变乡村文明停滞不前的局面。

（2）大力发展文化设施。大力建设乡村文化娱乐设施是丰富乡村居民文化娱乐生活的基础平台，也是传播现代先进文化的物质载体。而黑龙江省乡村文化设施建设普遍滞后，需要政府和热爱乡村各界人士提供支持，即黑龙江省政府相关部门在统筹规划全省经济时，应把乡村振兴放在第一要务，把乡村文化基础设施建设归入城乡建设总体规划，将建设乡村文化基础设施作为政绩考核之一；另外，要号召社会各界热爱乡村的人士支持国家乡村振兴战略，采用工艺捐助或让社会工商资本进入乡村等方式，建设乡村文化基础设施，加快乡村文化建设平台发展，促进城乡文化交流和互动，提高乡村居民业余文化生活质量，以此促进乡风文明建设。

（3）加强乡村教育培训水平。农民是农村一二三产业融合的主力军，农民素质的提高有助于农村一二三产业融合发展水平，而教育培训是提高农民素质的重要方式之一。加强乡村教育培训可以从以下四个方面入手。首先，农村九年制义务教育不动摇，确保农村基层教育严格落实。农村基层教育经费应持续增加和投入，改善农村办学物质条件，加快建设现代素质教育。其次，加强新型职业农民成人教育，提高现代文明素质和品德。再次，加强新型农业经营主体的技能教育培训，让新型农业经营主体学会现代先进农业生产技术和经营管理，提高综合素质。最后要吸引大中专毕业生、返乡农民工、退役军人等人员返乡创业，将城镇的先进文化理念带到乡村，影响其周边居民。在此基础上，高等农业院校也可以发挥作用，形成多层次、多渠道、多方式地教授农民转变思想观念，树立正确的人生价值观和文明意识。通过教育培训，形成有利于农村一二三产业融合发展所需要的价值观、道德观和伦理观，推动乡村振兴战略。

（4）创新乡风文明机制。首先，要构建乡村文化投入长效机制，从财政制度上保证对乡村文化环境的可持续投入，且高于财政总支出的增长比率；将财政投入倾向于乡村文化建设，建立健全中央和省市财政对农村一二三产业融合示范地区倾斜的专项资金支付制度，该制度可以采用项目评估、先建后补、以奖代补、减免税收等多种办法和形式，提高对乡村文化投资的效益，且鼓励工商资本投资乡村文化产业，让社会各界共同为繁荣乡村文化贡献出自己的力量。其次，长期以来，发展乡村文明最直接最有效的方式就是外部扶持，通过各种教育培训演出，如文艺、卫生、农业科技下乡活动等形式，将城镇现代文化输入到乡村，但忽略了乡村农户自发的学习和发扬先进文化，应要鼓励和引导农户自我提高。最后，政府不仅要鼓励乡村居民以"众筹资金"、自我组织、自负盈亏、自我经营与管理，开办读书社、文化宫等乡村业余组织，而且以"企业+农户""企业+村支部+农民"等多种形式，挖掘和开发农村特色文化产品和非物质文化，促进乡村文化产业稳步快速发展。

三 健全和强化政府组织结构

（1）加强组织领导，提供组织保障。为了有效组织农村一二三产业融合发展，应坚持"政府指导、市场主导、企业引导"的原则，示范地区可以设立组建由政府市（县、区）长任组长、主管副市（县、区）长为副组长的农村产业融合发展工作领导小组，组织领导和综合协调示范地区的总体发展建设工作；实行示范地区项目"特事特办、急事快办"和"一事一议、一事一案"，加快项目建设中的重大事项落实，项目建设配套资金及时到位。领导小组下设办公室，办公地点可设在农业局，具体负责整个重点项目建设过程中的日常工作，同时负责规划方案制定、质量监控、档案管理、设备采购、技术培训等工作。确保制定的水稻、蔬菜等主导产业建设项目家喻户晓，提高农民建设积极性，整体推进现代农业的发展顺利实施，以保证目标任务全面完成。

此外，要加强农村产业融合发展示范地区的组织领导，示范地区政府应把农村一二三产业融合建设工作列入示范市（县、区）经济社会发展规划和年度经济发展计划当中，也就是摆在重要议事日程上。各项建设任务细化分解落实到各个部门、落实到具体责任人。明确建设任务完成进度、时间安排，实行"挂图作战"，各承担单位定期报告任务完成情况、面临的困难和下一步打算。承担任务的有关部门和乡镇切实加强组织管理，根据任务清单，建立工作目标责任制，明确责任主体和相关政策措施，根据轻重缓急抓好项目建设，形成政府统一领导、部门齐抓共管、社会广泛参与的工作机制。

（2）加强部门配合，共同主持创建工作。农村一二三产业融合示范地区发改、农业、财政、工信、粮食、国土资源、开发区等有关部门要从部门职能出发，倾力支持示范地区创建项目，厘清支持思路，确定支持目标，制定支持措施，狠抓推进落实工作，与创建示范地区企业一道，形成强劲合力，快速推进示范地区创建工作，按时完成创建目标，实现现代农业和农村产业融合发展。

四　建立经济环境运行机制

建设和发展农村一二三产业融合示范地区是一项庞大的系统工程，不仅涉及农业、农村、农民，而且涉及工商、科技、金融等方面。为确保示范地区建设顺利而有效地进行，在健全组织管理、建立运行机制等方面制定以下措施。

（1）建立融合导向机制。导向示范地区规划建设与发展，积极践行各项相关政策，强化监管职责；将研发、生产、加工以及销售这一产业链下的公司进行融合，充分发挥出政府的引导与推动作用，以企业为主体来实现市场化运营，以效益优先为发展原则，确保在建设与发展示范地区的过程中，搭建良好的融资平台，并协调各方群体间的利益关系，以及监管的职责，提升企业的竞争实力，以促进示范地区快速发展。

（2）建立协调与管理机制。在建设和发展农村一二三产业融合示范地区的过程中，示范地区以市场为主导、政府指导、企业引导，并依靠各方利益主体共同参与，实现示范地区的可持续发展。示范地区政府在完善和落实宏观调控的基础上，充分发挥政府的管理协调等职能，确保农村一二三产业融合示范地区建设和发展能够顺利实现，为示范地区提供资金、人才和技术等生产要素，以此解决所面临的瓶颈问题。

（3）健全示范地区运行机制。示范地区内的企业、农户、合作社按照"自主经营、自负盈亏、自我约束、自我发展"的原则，进行运营和管理。并且逐步建立"产权明晰、责任明确、科学管理"的现代企业制度，基于当前企业管理理念下，实现现代化管理制度体系的搭建，保证企业在示范地区内实现稳健发展，带动农民持续增收，形成产、加、销一体化的企业经营机制，促进示范地区的可持续健康发展。

（4）建立科技推广与技术服务机制。通过科技创新和技术推广使市场、科技人员、农户紧密相联，在充分发挥现有农业技术推广体系作用的同时，逐步形成以农村一二三产业融合发展示范地区为技术源，以企业为主体，与科研单位、农业技术推广机构、中介服务组织相连接的承担经营性服务职能的技术推广新体系。引进的农产品新品种，在试验成功的基础上，应积极实现和推广成规模化。加快引进先进技术，实现配套技术的应用与推广，加快技术的转化率，提升示范地区生产质量与效益。

（5）建立农业生产安全保障机制。引导农民参与农业政策性保险，逐步扩大保险范围，完善农业保险机制，进一步提升对农业、农民的保障水平，确保示范地区内农业保险全覆盖，增强农业保险的稳定性和可持续性；增加商业保险和互助保险合作，实现农业生产零风险，为农业产业发展解除后顾之忧。

第四节　本章小结

本章从生产要素、经营要素、环境要素的角度，构建了农村一二三产业融合模式的发展对策。首先，从生产要素角度出发，创建农业科技推广保障机制，培育及引进农业产业化龙头企业，提升和发展农民专业合作社，大力培育和扶持家庭农场，加大力度培养和引进农村产业融合专门人才，拓宽融资渠道；其次，从经营要素角度出发，进一步提升农产品精深加工，完善农产品流通体系建设，充分发挥农产品行业协会作用，强化产学研合作力度，农业多功能价值有待开发，建立利益联结新机制及多种模式；最后，从环境要素角度出发，市场监管机制创新，充分发挥乡风文明传承功能，健全和强化组织机构，建立经济环境运行机制。

第八章　结论

　　我国农村一二三产业融合与日韩两国农业"6次产业化"相比，我国农业农村经济发展面临农民老龄化、农村空洞化、农地撂荒、生产经营分散等问题，而且农村一二三产业融合存在着农产品精深加工有待提高、农业科技创新推广不足、融资渠道不多、相关法律法规尚未制定出台等现实性问题，这些问题严重阻碍了我国农村一二三产业融合发展。因此，本研究以黑龙江省农村一二三产业融合试点示范区作为研究对象，从试点示范区实际情况出发，借鉴国内外农村一二三产业融合的相关理论和研究成果，以主体思维角度分析出黑龙江省农村一二三产业融合主要模式，即政府培育模式、龙头企业带动模式、乡村共同体自发模式、专业合作社主导模式和家庭农场主导模式共五种主要模式，且在界定各模式的含义和优劣势的基础上，进行了黑龙江省农村一二三产业融合发展模式的案例分析，并对各模式总结分析后，得出"政产学研+农工商"合作模式是最理想模式。然后，本研究根据产业集群理论，从生产要素、经营要素和环境要素三个角度分析了黑龙江省农村一二三产业融合模式选择的影响因素，并构建了黑龙江省农村一二三产业融合模式的评价指标体系。再运用模糊综合分析法，对黑龙江省农村一二三产业融合模式的选择进行了评价。此外，本研究对日韩两国发展农业"6次产业化"模式的具体做法及其经验，即相关理论、概念界定及特点、政策扶持、法律法规、组织机构、财政支持、支援服务体系、专门人才培育、认证程序和事后管理等发展体系进行了研究。最后，通过上述研究，从生产要素、经营要素和环境要素三个思维角度，提出黑龙江省农村一二三产业融合模式发展对策，取得了一定的创新性研究成果。具体如下。

第一，在厘清农村一二三产业融合相关概念及意义的基础上，根据商业生态系统理论，研究出农村一二三产业融合模式的概念，即根据商业生态系统理论，在一定的运营机制下，不管是农村地区的农业生态系统，还是利用农产品及农村资源发展起来的产业生态系统，将农、林、畜、水产品作为核心资源，通过农民、工人、商人和政府有关部门、涉农企业、高等院校、研究中心等行为主体构成网络型组织结构，虽然各主体承担着不同的功能，但又相互依赖、相互生存，形成"政产学研＋农工商"合作的经营模式。然后，提出"政产学研＋农工商"合作模式可以使农业生产者、农产品加工企业、政府有关部门、高等院校、研究中心、消费者等主体构成相互依赖和生存的价值链，不同的价值链相互交织形成价值网，构建相互共生关系，共同创造价值和利益，进而增强农业农村经济发展活力，实现乡村振兴战略。

第二，通过实地调研，本研究从总体发展思路、基本原则、相关政策、财政扶持、发展类型、发展特点、多元化主体培育、利益联结机制、多渠道服务、运行管理机制、保障措施11个角度对现状进行了分析，黑龙江省农村一二三产业融合是政府以"自上而下"的体制机制推动，主要的经营主体是农民合作社和工商企业，经营的领域主要是对大宗类的水稻、玉米、大豆等农产品进行生产、加工和销售，即形成"农工商一体化"和"产加销一体化"，尚未真正拓展农业多功能性。农村一二三产业融合方式主要是订单农业，由农民成立合作社，与企业合作，按照企业要求进行规模生产，生产的农产品由企业高出一定市场价格收购，然后企业进行加工和销售。在整个价值链中，农民还是在价值链的最低端，没有跳出第一产业范畴。另外，工商企业加工能力较弱，高品质、高科技、高附加值的加工品有待研究与开发。因此，出现农业产业体系不完善、农业多功能价值有待发掘、利益融合进展较慢单一、组织创新能力尚需提升等问题，影响着黑龙江省农村一二三产业融合健康稳步发展。

第三，从主体思维角度，对黑龙江省农村一二三产业融合实施模式进行了分析，研究发现黑龙江省主要以农村一二三产业融合示范县

(市、区)和示范园为抓手,在践行中形成了黑龙江省农村一二三产业融合模式,即政府培育模式、龙头企业带动模式、乡村共同体自发模式、专业合作社主导模式和家庭农场主导模式共五种主要模式。并且,本研究在界定各模式的含义和优劣势的基础上,对黑龙江省农村一二三产业融合实施模式进行了案例分析,研究后发现这五种模式都离不开政府的培育和扶持,而且涉农企业在以上模式中发挥着无可替代的作用。并且,这些模式均出现农业科技创新不足、融资渠道有限、专门人才短缺等问题。因此,在黑龙江省农村一二三产业融合试点示范地区和示范园中,综合以上五种不同模式的优缺点,如果政府、企业、高等院校、研究所、农民、工人和商人等各参与主体发挥各自的功能和作用,以相互依赖和生存的合作关系共同生存和发展,构成网络状结构,即形成"政产学研+农工商"合作模式,最大化地推动和实施农村一二三产业融合发展,是黑龙江省农村一二三产业融合可复制和可推广的最佳模式。

第四,根据产业集群理论,以帕—吉 GEM 模型建立了黑龙江省农村一二三产业融合模式的评价指标体系。在此基础上,对高等农业院校从事农业经济管理的多位资深专家学者、部分省委政府及示范地区企事业单位负责人、合作社理事等专家级人士进行了问卷调查,问卷设计和调查都通过了信度和效度检验。然后,通过运用模糊综合评价法对调研数据进行了分析,分析结果表明:从总体满意度值来看,黑龙江省农村一二三产业融合模式被评价为"一般",评价者基本认可;如果根据最大隶属度原则看,评价者总体认为"龙头企业带动模式"满意度值在"一般"与"满意"之间,也是基本满意;从评价指标角度看,评价者对生产要素不满意,对经营要素基本满意,而对环境要素较满意。

第五,通过详细分析了日韩两国发展"6 次产业化"模式的具体做法,即促进背景、概念界定即特点、政策扶持、法律法规、组织结构、财政支持、支援服务体系、教育培训、研究与开发、认证程序、事后管理、发展模式及相关案例分析后,概括了日韩两国"6 次产业化"模式面临着利益分配矛盾加剧、专门人才短缺、高尖端技术亟待解决等问题,并分析出日韩两国"6次产业化"模式的实施效果,最后从生产、经营和环境三个方面,总结和归纳了日韩两国"6次产业化"发展模式的经验借鉴,推进对我国农村一二三产业融合发展,落实乡村振兴战略,具有重要的参考价值。

第六,从生产要素、经营要素、环境要素的不同思维角度,完善了农村一二三产业融合模式的发展对策。首先,从生产要素思维角度出发,创建农业科技推广保障机制,培育及引进农业产业化龙头企业,提升和发展农民专业合作社,大力培育和扶持家庭农场,加大力度培养和引进农村产业融合专门人才,拓宽融资渠道;其次,从经营要素思维角度出发,进一步提升农产品精深加工,完善农产品流通体系建设,充分发挥农产品行业协会作用,强化产学研合作力度,农业多功能价值有待开发,建立利益联结新机制及多种模式;最后,从环境要素思维角度出发,市场监管机制创新,充分发挥乡风文明传承功能,健全和强化组织机构,建立经济环境运行机制。

参考文献

卞禹婷:《农业6次产业化现况和发展方向——以庆尚北道为例》,硕士学位论文,庆北大学,2013年。

陈柳钦:《产业融合的发展动因、演进方式及其效应分析》,《西华大学学报:哲学社会科学版》2007年第4期。

程承坪、谢雪珂:《日本和韩国发展第六产业的主要做法及启示》,《经济纵横》2016年第8期。

崔利硕:《6次产业竞争力战略研究》,硕士学位论文,韩国百济大学,2013年。

崔振东:《日本农业的六次产业化及启示》,《农业经济》2010年第12期。

段海波:《刍议农业产业融合机制和农业产业化》,《改革与战略》2014年第5期。

高洪涛:《旅游产业集群发展的影响因素研究》,《湖南工业职业技术学院学报》2010年第1期。

顾益康:《农村工业化必须与农业集约化同步发展》,《农业经济问题》1985年第8期。

国家发展改革委宏观院和农经司课题组:《推进我国农村一二三产业融合发展问题研究》,《经济研究参考》2016年第4期。

韩国农村经济研究院动向分析室:《6次产业化体系性促进基本构造》,《农业农村动向(周刊)》2014年第20期。

韩国农林畜产食品部:《韩国第六产业化支援政策说明书》,韩国农林畜产食品部出版社2014年版。

江登斌:《试论农村多元经济融合》,《经济问题》1994年第

8 期。

姜长云：《日本的"6 次产业化"与我国推进农村一二三产业融合发展》，《农业经济与管理》2015 年第 3 期。

姜长云：《推进农村三次产业融合发展要有新思路》，《宏观经济管理》2015 年第 7 期。

姜长云：《推进农村一二三产业融合发展的路径和着力点》，《中州学刊》2016 年第 5 期。

姜长云：《推进农村一二三产业融合发展新题应有新解法》，《中国发展观察》2015 年第 2 期。

今村奈良臣：《把第六次产业的创造作为 21 世纪农业花形产业》，《月刊地域制作》1996 年第 1 期。

金光春、单忠纪、翟绪军、韩光鹤：《韩国"农业第六产业化"发展事业对中国的启示》，《世界农业》2016 年第 3 期。

金光春、单忠纪、翟绪军、韩光鹤：《韩日两国农业第六产业化发展的比较研究》，《世界农业》2015 年第 4 期。

金光春、胡胜德、杨树果、季颖：《韩国农村融复合产业培育及支援法律制度分析》，《世界农业》2017 年第 8 期。

金泰坤等：《农业 6 次产业化概念设定和创业方法》，韩国农村经济研究院出版社 2013 年版。

金应圭：《日本的农村振兴政策和启示》，《韩国世界农业》2013 年第 158 期。

金勇列等：《基于农村产业统计动向分析的 6 次产业发展战略研究》，韩国农村经济研究院出版社 2014 年版。

金勇列等：《日本农山渔村 6 次产业化制度》，韩国农村经济研究院出版社 2011 年版。

李炳旿：《农业的第六产业活性化方案》，为了实现创造经济而农业农村第六产业活性化研讨会论文集，2013 年。

李炳旿：《日本农业农村的第六产业化政策及启示》，《韩国江原农业生命环境研究》2013 年第 2 期。

李乾：《国外支持农村一二三产业融合发展的政策启示》，《当代经济管理》2017 年第 6 期。

李文学：《产业融合需要构建政策和法律保障体系》，《农业工程技术》2015 年第 29 期。

李酉京：《日本农业 6 次产业化政策现况的研究》，《韩国世界农业》2014 年第 162 期。

李中华、李强：《日本农业六次产业化的实践经验与启示》，《中国农民合作社》2015 年第 6 期。

梁伟军：《产业融合视角下的中国农业与相关产业融合发展研究》，《科学·经济·社会》2011 年第 4 期。

梁伟军：《交易成本理论视角的现代农业产业融合发展机制研究》，《改革与战略》2010 年第 10 期。

刘松涛、张彦旸、王林萍：《日本农业六次产业化及对推动中国农业转型升级的启示》，《世界农业》2017 年第 12 期。

刘玉珂：《资源型产业集群影响因素与发展研究》，博士学位论文，中国地质大学，2009 年。

柳学列等：《为了创造农业 6 次产业化》，韩国农村经济研究院出版社 2014 年版。

芦千文：《农村一二三产业融合发展研究述评》，《农业经济与管理》2016 年第 4 期。

吕岩威、刘洋：《农村一二三产业融合发展：实践模式、优劣比较与政策建议》，《农村经济》2017 年第 12 期。

罗清：《浅析生态学视角下我国产业集群的持续发展》，《当代经济》2006 年第 9 期。

马相真等：《农业未来增长 6 次产业化专门人力培养方案》，韩国农村经济研究院出版社 2015 年版。

马晓河：《推进农村一二三产业深度融合发展》，《农民日报》2015 年 2 月 10 日。

马晓河：《推进农村一二三产业深度融合发展》，《中国合作经济》2015 年第 2 期。

马歇尔：《经济学原理》，朱志泰译，商务印书馆 1964 年版。

迈克尔·波特：《国家竞争优势》，李明轩、邱如美译，华夏出版社 2002 年版。

毛旭艳：《体育用品产业集群发展模式与评价研究》，博士学位论文，中国矿业大学，2012 年。

朴才胜：《农业 6 次产业化协调员教育科目开发研究报告书》，农村振兴厅出版社 2013 年版。

朴时炫：《为了农村 6 次产业化的农村观光发展方向》，韩国农村经济研究院出版社 2013 年版。

日本农林水产省：《6 次产业化促进事例集》，农林水产省出版社 2010 年版。

谭明交：《农村一二三产业融合发展：理论与实证研究》，博士学位论文，华中农业大学，2016 年。

王健、张正河：《空间布局应依据资源禀赋和发展水平》，《农业工程技术》2015 年第 29 期。

王乐君、寇广增：《促进农村一二三产业融合发展的若干思考》，《农业经济问题》2017 年第 6 期。

王乐君、赵海：《日本韩国发展六次产业的启示与借鉴》，《农村经营管理》2016 年第 161 期。

王乐君、赵海：《三产融合发展是解决三农问题的重要途径》，《农民日报》2015 年 12 月 3 日。

王强：《产业融合结构布局要抓优势、分环节》，《农业工程技术》2015 年第 29 期。

王素芹：《影响中部地区产业集群的因素及建议》，《经济经纬》2008 年第 2 期。

王昕坤：《产业融合—农业产业化的新内涵》，《农业现代化研究》2007 年第 3 期。

王兴国：《推进农村一二三产业融合发展的思路与政策研究》，《东岳论丛》2016 年第 2 期。

王秀峰：《喀斯特地区农业可持续发展理论及其应用研究》，博士学位论文，武汉理工大学，2006 年。

王志刚、江笛：《日本"第六产业"发展战略及其对中国的启示》，《世界农业》2011年第3期。

魏双盈：《基于生态学理论的现代制造业产业集群研究》，博士学位论文，武汉理工大学，2007年。

翁智刚：《产业集群论》，博士学位论文，西南财经大学，2008年。

小林茂典：《日本6次产业化发展方向及课题》，《世界农业》，2012年第7期。

小林茂典：《日本的第六产业化政策方向》，为了实现创造经济而农业农村第六产业活性化研讨会论文集，2013年。

小林茂典等：《农业六次产业活性化方案——日本农业6次产业化现况和政策》，韩国农村经济研究院出版社2014年版。

熊倉·功夫：《让我们把"和食——日本传统饮食文化"注册为世界非物质文化遗产》，《食品工业》2014年第16期。

杨犹龙：《发展乡镇企业，促进农业适度规模经营》，《吉林农业大学学报》1990年第1期。

易小燕、陈印军、袁梦、方琳娜、钱小平：《日本以"六次产业化"发展现代农业的做法与启示》，《中国农业资源与区划》2016年第7期。

余新楷、辛卫平：《农业产业化—发展社会主义市场农业的必然选择》，《江西农业经济》1994年第3期。

喻春光、刘友金：《产业集群竞争力定量评价GEMN模型及其应用》，《系统工程》2008年第5期。

张可喜：《日本"第六产业"与城乡共生》，《经济参考报》2010年8月10日。

郑风田、崔海兴、程郁：《产业融合需突破传统方式》，《农业工程技术》2015年第26期。

宗锦耀：《以农产品加工业为引领推进农村一二三产业融合发展》，《农村工作通讯》2015年第13期。

Kentaro Yoshida："Economic Valuation of Multifunetional Roles of Agriculture in Hilly and Mountainous Areas in JaPan", Journal of Political Economy, 2001.

Padmoer. T、Gbson H: "Modelling systems of Innovation", Research Policy, 1998.

Scott, A. J. Flexible production systems: "Analytical tasks and theoretical horizons – a reply to Lovering", International Journal of Urban and Regional Research, 1991.

附 录

黑龙江省农村一二三产业融合模式评价调查问卷

您好!

　　首先,感谢您在百忙中能够填写这份调查问卷。我现在在东北农业大学经济管理学院农林经济管理学科博士后进站,目前正在进行"黑龙江省农村一二三产业融合模式选择及对策研究"的课题,需要研究影响农村一二三产业融合模式的主要因素,恳请您提供帮助和给予宝贵意见,您的帮助将对本研究有极其重要的意义!

　　本问卷所得的资料和数据纯为学术用途,完全匿名填写,敬请您放心填答。

一　个人信息:

1. 您的性别:□男　　　　　□女
2. 您的年龄:□30 岁以下　□30—39 岁　□40—49 岁　□50 岁及以上
3. 您的职业:□专家学者　□政府官员　□企业负责人或经理　□其他(　　)
4. 您的工作年限:□10 年内　□10—19 年　□20—29 年　□30 年及以上

二　农村一二三产业融合模式评价指标:

1. 您认为黑龙江省农村一二三产业融合中哪个模式最好:

□政府培育模式　　　　　□龙头企业带动模式

□乡村共同体自发模式　　□专业合作社主导模式

□家庭农场模式　　　　　□"政产学研+农工商"模式

2. 请您阐述模式最合适的理由？（填表说明：请您根据指标的满意程度，在相应的空栏打"√"，如果您对指标有其他意见成者推荐指标，请您巧在专家意见栏。）

一级指标	非常满意	满意	一般	不满意	很不满意	您的意见
生产要素						
经营要素						
环境要素						

生产要素：

指标层	非常满意	满意	一般	不满意	很不满意	您的意见
农业产业关联程度						
农业科技推广水平						
土地流转规模经营						
农业龙头企业带动						
家庭农场带动						
农民合作社带动						
职业农民培训						
农产品质量安全						
融资渠道						

经营要素：

指标层	非常满意	满意	一般	不满意	很不满意	您的意见
农产品批发市场						
农产品精深加工						
物流体系完善程度						
农产品行业协会						
产学研合作程度						
"互联网+农业"覆盖程度						

续表

指标层	非常满意	满意	一般	不满意	很不满意	您的意见
网络媒体宣传						
品牌产品效应						
公共基础设施						
农业多功能拓展						
利益联结机制						

环境要素：

指标层	非常满意	满意	一般	不满意	很不满意	您的意见
生态环境保护						
市场环境						
乡风文明						
政府扶持培育						
经济环境管制						
农村社会环境						
政府组织机构						
消费者满意度						

3. 您认为除以上表中所列指标，应该还需哪些评价指标？

_____

_____

感谢您的帮助，万分感谢！